北京旅游发展研究基地 标志性成果

A RESEARCH REPORT
OF ONLINE TRAVEL INDUSTRY
OF CHINA IN 2018

中国在线旅游研究报告 2018

李宏 主编

北京·旅游教育出版社

责任编辑：郭珍宏

图书在版编目（CIP）数据

中国在线旅游研究报告. 2018 / 李宏主编. -- 北京：旅游教育出版社，2018.11
 ISBN 978-7-5637-3864-9

Ⅰ. ①中… Ⅱ. ①李… Ⅲ. ①旅游业发展－研究报告－中国－2018 Ⅳ. ①F592.3

中国版本图书馆CIP数据核字(2018)第266389号

中国在线旅游研究报告2018

李宏　主编

出版单位	旅游教育出版社
地　　址	北京市朝阳区定福庄南里1号
邮　　编	100024
发行电话	（010）65778403　65728372　65767462（传真）
本社网址	www.tepcb.com
E - mail	tepfx@163.com
排版单位	北京旅教文化传播有限公司
印刷单位	北京玺诚印务有限公司
经销单位	新华书店
开　　本	787毫米×1092毫米　1/16
印　　张	12.25
字　　数	208千字
版　　次	2018年11月第1版
印　　次	2018年11月第1次印刷
定　　价	45.00元

（图书如有装订差错请与发行部联系）

总 序

北京旅游发展研究基地是北京市首批省部级哲学社会科学研究基地，成立于2004年。北京第二外国语学院作为主要建设单位，通过四方共建协议与北京市哲学社会科学规划办公室、北京市教育委员会、北京市旅游发展委员会共同建设基地。基地的建设宗旨是：以北京第二外国语学院北京市重点学科——旅游管理为基础，依托本校旅游管理学院、酒店管理学院、会展与经贸学院、国际商学院、中国旅游人才发展研究院、旅游教育出版社，联合校外北京市旅游发展委员会、首都旅游集团、北京高校旅游研究机构等单位，整合旅游及相关研究优势资源，紧紧围绕首都及全国旅游业发展过程中有待研究解决的重大理论和现实问题展开研究工作，推动我国及北京旅游研究领域的拓展、研究方法的创新和研究水平的提高，有效拉升北京旅游教学、研究和旅游业发展在国际上的层次和地位。

在前四个三年建设周期中，基地在北京市哲学社会科学规划办公室等各级领导、部门的关心和指导下，在北京第二外国语学院校领导的大力支持下，通过与北京市旅游发展委员会及各区县旅游局、各旅游企业、高等院校和科研院所的合作，取得了一批高质量的成果，同时举办了具有社会影响并逐步形成品牌的重要学术会议，为北京市及全国旅游研究和旅游行业发展做出了应有的贡献，实现了基地的建设目标，取得了优异的成绩。

从前四个建设周期的经验来看，"狠抓标志性成果建设，打造权威报告，提供观点和理论研究成果"是实现基地建设目标的重要途径。新一轮建设周期（2017—2019），基地将继续秉承"前瞻视野、开放平台、权威报告、理论高地"的建设理念，努力实现"在充分满足北京市各类决策支持需求的前提下，抓住中国和国际旅游发展前沿的重大问题进行研究，做到'北京旅游发展智库'和'中国一流旅游学术研究机构'的统一"的建设目标。为此，基地学术委员会经讨论决定，为更好地发挥"智库"服务北京乃至中国旅游业发展，第五个建设周期重新整合确立了三个研究方向：由首席专家邹统钎教授领衔的研究方向"旅游发展战略与政策研究"，重点研究国家、首都与地方旅游发展战略与产业政策规制、旅游服务国家"一带一路"" 京津冀协同发展"、北京首都"四个中心"建设等重大战略，结合重大事件、重大项目研究，密切配合政府和有关机构，建设首都旅游专业智库，系统产出重要咨政成果；由基地学术委员厉新建教授领衔的研究方向"现代技术、大数据与旅游改革创新研究"，将基于人工智能、大数据等现代技术，一方面重点关注人工智能对旅游业发展的影响机制，另一方面重点关注旅游大数据与旅游者行为规律与机制研究、目的地营销创新研究、旅游产品及业态创新研究、旅游产业空间优化、旅游企业管理与服务优化、目的地在线声誉管理、旅游市场监管新模式；由学术委员谷慧敏教授牵头的研究方向"旅游企业发展与创新"，以旅游产业运行规律及企业管理为研究特色，重点关注酒店、旅行社、会展、健康服务、旅游分享经济、主题公园、民宿、餐饮等产业演化及标准，相关旅游类企业的投融资、财务会计、市场营销、服务运营、组织行为、人力资源、国际化经营、企业社会责任的前沿理论及实践。

今年乃至今后几年，基地陆续出版的标志性成果主要体现在两个方面：面向北京市政府及其旅游管理部门和企事业单位的《北京旅游发展研究报告》；面向旅游学术研究领域、致力于旅游学科建设和人才队伍培养的《中国旅游企业发展年度报告》《中国旅游目的地发展年度报告》《中国在线旅游年度报告》《中国旅游法评论》等。

《北京旅游发展研究报告》作为北京市哲学社会科学重点规划项目，其目的在于对北京市旅游经济与旅游市场的整体发展、北京旅游各行业运行状况、旅游供需市场、旅游行政管理及年度热点与创新等问题进行充分研究和集中展示，以期对实践具有一定的指导作用。在历年报告的基本框架基础上，新的《北京旅游发展年度报告》包括旅游行业发展趋势运行总报告、旅游业中各细分行业发展报告以及旅游热点。基地专家将尽最大努力，对每年北京旅游产业运行状况以及旅游研究热点和创新点进行全面阐述。

前期建设中，我们出版了《中国旅游法评论》《中国景区发展年度报告》《中国在线旅游研究报告》《中国上市旅游企业社会责任披露与分析研究报告》以及《中国休闲与旅游研究峰会论文集》等，基地依托我校外语、旅游优势，从产业、行业、企业三个方面对我国旅游业进行了充分的研究，展示了基地专家原创和多元视角的研究成果。

新一期建设中，基地继续加强《北京旅游发展研究报告》的研究和出版工作，使其成为反映我国旅游业发展现状、发展趋势、行业热点以及最新学术理论的标志性成果。基地同时计划推出新一期《中国在线旅游研究报告》，结合大数据、电商、线上平台等新兴热点、趋势，为我国旅游业发展提供建议。

作为中国旅游教育和研究的中心和基地之一，北京第二外国语学院始终将旅游学科的发展作为学校的重要战略。北京旅游发展研究基地依托于二外,除了完成作为一个北京市市级研究基地本身应完成的任务外,也直接服务于国家整体发展战略。我们期待通过基地全体研究人员的不懈努力,推动我国旅游教育和旅游学科发展,促进旅游学术界与行业主管部门、旅游业界的密切合作,为国家建设旅游强国、为北京市旅游产业发展提供更优质的研究成果和最直接的智力服务,以承担起时代赋予我们的责任,完成学者的历史使命和责任。

在此,我也代表基地衷心期盼业界同仁对我们的工作提出意见和建议,并且参与到基地及相关工作中来,共同努力,合作发展,为首都和中国旅游事业的发展做出新的贡献。

北京旅游发展研究基地负责人、学术委员会主任
北京第二外国语学院校长、教授、博士生导师

前 言

在线旅游与互联网的发展及应用相伴相生,经过近二十年的发展,行业规模不断壮大,商务模式逐渐走向成熟,在线旅游交易的便利性和及时性极大地促进了旅游者消费行为模式的变迁,对中国旅游消费市场的形成与迅速壮大起到了不可低估的作用。

2017年在线旅游行业发展相对稳定,之前发生的各种引人注目的业内竞争相继平息,移动端APP的发展进入了快车道,而微信小程序的出现引发了新一轮的战略变迁。

本书为本系列第五本年度报告,内容延续前四本报告,记录在线旅游业的发展轨迹,总结发展脉络,分析发展趋势,在积累资料的同时,发现规律,希望能够成为学界和业界进行行业研究时的得力参考,在科研和咨询领域发挥应有的作用。北京第二外国语学院旅游管理学院研究生王多槐、罗晓堂、陈昕蕾和刘佳艺全程参加了报告的调研和撰写。

目 录
CONTENTS

第一篇 在线旅游电商发展

第一章 在线旅游电商发展特征及趋势 3
第一节 旅游电商发展现状 4
第二节 旅游电商发展特征 8
第三节 旅游电商发展趋势 11

第二章 综合性旅游电商介绍及企业解读 14
第一节 携程网 15
第二节 去哪儿网 25
第三节 途牛网 28

第三章 B2B2C类综合性旅游服务电商 37
第一节 同程旅游网 38
第二节 欣欣旅游网 43

第四章 旅游攻略社区类电商介绍及企业解读 48
第一节 猫途鹰 54
第二节 马蜂窝 59
第三节 穷游网 67

第五章 垂直搜索和市场细分类旅游电商 72
第一节 旅游垂直搜索引擎平台简介 72
第二节 市场细分类旅游电商 73

第三节 两类旅游电商简介 ·· 74

第二篇 传统旅行社的线上发展

第六章 传统旅行社的线上发展 ·· 81
第一节 2017年度传统旅行社的发展概况 ··· 82
第二节 2017年典型传统旅行社线上运营特点 ······································· 88
第三节 传统旅行社线上发展情况总结 ·· 112

第三篇 大型电商在线发展

第七章 大型电商在线市场发展动态 ·· 121
第一节 2017年大型电商在线旅游市场总体发展形势 ···························· 121
第二节 2017年大型综合电商旅游市场具体发展事件 ···························· 122
第三节 2017年团购电商旅游市场具体发展事件 ··································· 135

第四篇 旅游APP移动应用

第八章 旅游APP移动应用 ··· 153
第一节 旅游APP态势概述 ·· 153
第二节 旅游APP综合分析 ·· 156
第三节 旅游APP排名及分类详情 ·· 160
第四节 旅游微信小程序发展分析 ··· 178

第一篇
在线旅游电商发展

第一章
在线旅游电商发展特征及趋势

2017年，党的十九大报告多次提及互联网，互联网在经济社会发展中的重要地位更加凸显，中国互联网产业发展加速融合，网络强国建设迈出重大步伐，互联网建设管理运用不断完善，互联网、大数据、人工智能和实体经济从初步融合迈向深度融合的新阶段，转型升级的澎湃动力加速汇集，广大人民群众在共享互联网发展成果上拥有更多获得感，中国数字经济发展步入快车道。报告梳理了中国互联网产业发展的三次浪潮，探究了其获得快速发展的原因及影响，对新营销、泛娱乐产业、新零售产业、本地生活服务、在线旅游、在线教育、新金融、云计算、人工智能等领域进行了回顾总结，并对互联网产业的未来予以展望。

2017年，中国整体网民规模增长率进一步降低，以高额数量增长的互联网人口作为红利来进行迅速扩张的在线旅游企业们面临着流量消退的困局。面对这种局面，各家的应对方式各有其特点。通过这些解决方案，延长产业链，扩大产品提供品类，进行场景式营销，提高单客户消费金额是改变流量困局的关键。

随着游客个性化旅游需求的日益增长，旅游方式也变得越来越多元化，主题游伴随着旅游发展阶段的逐渐成熟后应运而生出更多形态。旅游业日益成为经济转型的新动能、消费升级的新引擎。进入2017年，新的热点不断凸显，行业变化持续进行。2017年，中国旅游业的国内旅游人次和收入双双保持了两位数增长的势头，旅游业日益成为经济转型的新动能、消费升级的新引擎、供给侧改革的新抓手。这一年，旅游被认为是"最好的投资"，以及"人类唯一昂贵的精神需求"。

过去五年，我国旅游经济快速增长，全域旅游如火如荼，市场规模品质同步提升，产业格局日趋完善，扶贫富民功能日益凸显，红色旅游蓬勃发展，文明旅游理念渐入人心，国民旅游休闲生活更加精彩，旅游业已成为幸福产业之首。李金早表示：景区、旅行社、信息化服务商、OTA和B2B平台们各自都位于各自命运的节点。未来，希望各领域联合起来，共同创造价值，正如沈龙泉提出的价值主张"同天下利"，共同助力旅游行业在不久的将来迈上新的台阶，助力中国由旅游大国成为世界旅游强国。

旅游市场作为满足人民群众日益增长的精神文化需要的重要的一环，理应是块肥肉。然而，由于高度分散，门槛极低，旅行社多如牛毛，价格战接连不断……在线旅游市场成了一个典型的"红海"市场。即使是携程、途牛之流也只是在扮演一个"中间商"的角色。它们的商业模式，就是整合线下的旅行社资源，采购设计旅游产品，在网上卖给用户，还包括从航空公司和酒店那里采购产品卖给自助游用户（携程）。总的来说，就是将在线旅游产业链中的中游产品组合及分销这一环给整合了，然后从两边赚差价。

不同于电商、互联网金融，旅游是个相对低频的行为，用户订旅游产品一年来回就那么几次。这就决定了携程、途牛的 APP 用户黏性不行，自身造流量的能力不行，获客成本就上来了。作为一个应用工具，没有自己的流量来源，获客需要"烧"大量的钱，这体现巨额广告投入和销售费用上，这就导致利润率很难看。而且即使花大价钱做广告，流量是上去了，但黏性却是脚一滑就趴下，携程（捆绑销售）就是这方面最好的反面例子。线上的性质又决定了 OTA 的江山又必须靠广告费来砸，途牛和携程基本上是跪着走到了今天。

第一节 旅游电商发展现状

2017 年，中国 OTA 行业保持稳步增长。据中国电子商务研究中心差旅 O2O 网统计数据显示，2017 年在线旅游市场交易规模超 7000 亿元。据中国电子商务研究中心发布的《2017 年（上）中国电子商务用户体验与投诉监测报告》数据显示，去哪儿、飞猪、携程、同程旅游、马蜂窝、途牛旅游、艺龙旅行、百度快行、发现旅行、穷游网，上榜"2017 年（上）全国 OTA 行业 TOP20 热点被投诉生活服务电商"，在线旅游平台占投诉平台 50%。中国电子商务研究中心生活服务电商助理分析师陈礼腾指出，随着人们生活水平以及消费水平的不断提升，旅游成为生活中的重要组成部分。在线旅游平台极大程度上方便了消费者的出行，但另一方面，居高不下的投诉比也成为消费者的担忧。在线旅游平台应重视消费的声音，努力做好消费全流程的人性化服务。

随着互联网对旅游产业持续渗透，线下和线上旅游企业融合逐步加深，在线旅游增长迅速，根据前瞻产业研究院发布的《2018—2023 年中国旅游产业发展趋势与投资决策分析报告》：2017 年中国在线旅游市场交易规模达到 7384.1 亿元，较 2016 年增长 24.3%，但随着市场空间的缩减，2018 年较 2017 年的增长率将会进一步降低到 16.5%。

为了追求更大的利益，各大电商都开始寻找其他领域，目的地服务就是抢占的一块高地。目的地服务的崛起一方面代表着OTA等在线旅游企业对高毛利率产品及服务的追求；另一方面代表着旅游消费者的消费意识发生改变，对旅游产品及服务的质量等要求提高。在目的地服务兴起的背后，主要有三种影响因素：一是旅游领域移动互联网化程度的提高，消费者在行程途中通过移动设备及移动互联网进行预订、查询、消费，使得OTA等在线旅游企业急需在旅游目的地铺展服务，通过高质量服务提高自身的客户留存率；二是旅游方式的个性化，消费升级的大环境使得传统的目的地服务难以满足消费者越来越多的个性化需求；三是P2P服务的发展，个人与个人的资源共享及资源交换弥补了大企业在目的地服务领域中的不足，促使目的地服务的升级和健康发展。

在线旅游平台存在服务同质化、缺乏明显特色，用户黏性不高、在线旅游地域发展不平衡，国际化进程缓慢等问题。此外，擅自取消订单、退款难、刷单、虚假宣传、搭售等问题依旧突出。2017年在线旅游市场最为重大的事件之一就是同程网络与艺龙的合并。通过近几年的发展，在线旅游平台逐步整合，通过优势互补的方式实现业务的发展。不难看出，在线旅游市场将进一步集中。

在线旅游用户大多分布在一二线城市，三线及三线以下的城市渗透率较低。在线旅游平台逐步着力布局三线及三线以下的城市，使我国在线旅游发展提供新的市场空间。互联网对目的地端的服务的整合要求线上线下有效打通，对旅游产业的进一步渗透也呈现出一体化、移动化、本地化等特征。2017年在线旅游的落脚点重点体现在度假旅游环节，并发现线下对于平台的重要性，持续发展线下，逐步实现线上线下融合。

国务院发布的《关于加快发展生活性服务业促进消费结构升级的指导意见》提出"积极发展客栈民宿、短租公寓、长租公寓等细分业态"，并将其定性为生活性服务业，将在多维度给予政策支持，推动生活性服务业便利化、精细化、品质化发展。政策向好有助于增强人们对短租行业的发展信心，吸引更多资源进入这一新兴行业中来，同时也为短租行业获得认可提供了依据。近年来，以家庭、朋友，甚至是"驴友"为团队组合模式的出游日渐成为新潮流，互联网助推新型旅游模式。相较传统跟团游、享受标准化的酒店服务，这些自由行的出游者对住宿也有了更多样化、个性化的需求。10月10日，途家网联合创始人兼CEO罗军通过内部邮件宣布，途家网在2017年完成线上、线下拆分以后，线上平台顺利完成E轮融资，此轮投资由携程与全明星投资基金领投，华兴新经济基金、Glade Brook Capital资本、高街资本跟投，此次融资后估值超过15亿美元，率先成为国内分享住宿领域的"独角兽"。

美团旅行继4月20日品牌亮相后，于9月9日正式推出独立APP，未来美团旅行将依托于美团APP、大众点评APP与美团旅行APP，采用多流量入口协同策略，致力于为年轻旅行者提供一站式旅行预订服务。美团旅行独立APP上线侧面透露出美团在线旅游方面的业务有了重大突破，成为美团业务中的重要组成部分。独立APP上线，功能更加完善，并拓宽了流量入口，给消费者带来全新的体验。10

月 19 日，中国最大的互联网+生活服务平台美团点评宣布完成新一轮 40 亿美元融资，投后估值 300 亿美元。此次引入了新的战略投资方 The Priceline Group 还与美团点评旗下美团旅行达成了战略合作。美团点评从团购到餐饮、外卖、酒店旅游、电影、丽人、亲子、休闲娱乐、结婚等，已发展成为覆盖全面的生活服务电商平台。此轮融资将提升科技创新及业务赋能。The Priceline Group 作为全球知名的在线旅游服务商，此次参与投资并与美团旅行达成战略合作可实现双方互惠互利。The Priceline Group 可借助美团旅行进行中国市场的布局，而美团旅行则可通过 The Priceline Group 进行全球市场的扩张。11 月 11 日，央视曝光丽江古城"风花雪月连锁客栈（初见店）"和"亲的客栈·丽江水墨印象店"两家客栈在网络平台上存在刷单炒信违规行为。此外，丽江部分酒店存在涉嫌"刷单""刷评论"的情况。中国电子商务研究中心主任曹磊认为，"刷单"存在的原因是多方面的，需要多方面协调治理。"刷单"是销量、好评、点赞等数据造假，和商品制假、售假如出一辙，其本质都是用"假"的，来实施欺诈的一种违法犯罪行为。这类网络造假产业链在国内根深蒂固、利益盘根错节，任何人、任何公司都无法凭借任何一方一己之力根除，需要从政府和司法、平台、商家、消费者、社会机构五个维度，通过"刮骨疗伤"方式来综合治理。

去哪儿网创始人庄辰超，现在的身份是斑马资本创始合伙人，出手投资的第一个项目，是叫作"便利蜂"的便利店，就是街边的便利店。浑身上下全是互联网气息的庄辰超，为什么居然会看好如此传统模式的便利店？因为旅游电商正在落地，线下渠道越来越重要。线上渠道增速大幅下降。

相对于线上产品资源及平台，旅游体验店更具备企业文化展示、互动沟通、顾问式服务等功能。旅游体验店可改进线上用户体验，适应新时代的旅游消费需求趋势，提升企业市场竞争力。增设线下门店，一方面能够让 OTA 平台在降低运营成本的同时加强对旅游资源的掌控；另一方面能够在拉拢线下消费者的同时拓展线下市场，提升服务体验。曾经被极度看衰的门店，似乎迎来了再度焕发生机的新春。事实上，随着线上流量成本的无节制上涨，线下渠道的价值确实正在被越来越多的人所认识，携程就是其中的典型代表。携程高调宣布在国内的 5500 多家线下实体门店正式开业，将重点在重庆、四川、云南、贵州西安等省市开启一场"旅游新零售"的布局实验。当然，这离不开其重要的合作伙伴——旅游百事通。上市三年来长期被认为容忍巨亏"烧钱"的途牛终于实现盈利。但是途牛仍然困于裁员风波，中国电子商务研究中心生活服务电商助理分析师陈礼腾认为，途牛在早期追求急速扩张，发展到后期难免存在人员过剩问题。今年途牛宣布单季度首次实现盈利。途牛目前为了提升盈利能力，可能就会减少人员开支，但如此大规模的裁员不排除有其他因素导致。

国内旅游业的高速发展开始放缓，但资本对旅游行业的投资热情仍然未减，他们将目光对准海外旅游市场。特别是国际大型项目"丝绸之路"开启后，大的合并举动频发，寡头经营的格局雏形已现。点燃了国内消费、投资热潮后，越来越多的旅游企业将目光放到更远的海外，携程向印度最大的在线旅游公司 MakeMyTrip 投资 1.8 亿美元，正式进军印度市场；由"中免集团"连同众信旅游、中国国旅、凯撒旅游、竹园国旅、凤凰假期共同设立的海外投资公司在香港注册成立，剑指中国出境游客，经营旅游零售业务。对此，业内人士表示，伴随着中国出境旅游的蓬勃发展，"走出去"逐渐成为越来越多中国旅游企业的必修课，中国旅游企业的海外投资已然进入"黄金时代"。

不同于电子产品，一般的工业品，携程和途牛这样的中间销售的"产品"很特殊！特别是重体验的旅游产品，旅游过程中的体验与质量无法把控，标准化的生产流程很容易遭到客户的反感。所以，近几年关于在线旅游过程中的虚假信息、天价商品，以及旅行社、景区天价商品与恶劣的服务质量与环境等负面乱象不断，这些乱象产生的本质在于 OTA 平台方对线下产业链的掌控能力缺失，以及服务体系环节的薄弱不无关系。产品不行带来直观反应就是，伴随着经济的发展，旅游需求的这块蛋糕越来越大，而在线旅游市场能占到的市场份额却不行。

在线旅游平台的捆绑消费，实质上是一种强制消费的违法行为，侵犯了消费者的消费自由权、知情权等。《消费者权益保护法》第九条规定：消费者享有自主选择商品或者服务的权利。消费者有权自主选择提供商品或者服务的经营者，自主选择商品品种或者服务方式，自主决定购买或者不购买任何一种商品、接受或者不接受任何一项服务。捆绑销售事件也对于携程的影响不小。但作为在线旅游行业的"老大哥"，携程第一个进行整改，在携程的带动下，更多的平台加入整改的队列中来，这对于整个行业的良好发展有着积极的作用。从整改页面不难看出，购票选项变得更加灵活，用户可以主动地选择自己需求的服务，这大大改善了用户的购票体验。而携程悄然提供无默认产品的背后，既是尊重市场和消费者的选择，也是在不断改进与"进化"。

12 月 29 日，同程旅游集团旗下的同程网络与艺龙旅行网宣布正式合并为一家新公司"同程艺龙"。新公司将整合双方大交通、酒店等优势资源，打造更领先的旅行服务平台，同时腾讯、携程将会成为新公司主要战略大股东，包括万达、鸥翎投资在内的多位股东均积极支持此次合并。腾讯是艺龙的第二大股东和同程的第三大股东；携程是艺龙的第一大股东和同程的第二大股东，只有双方合并后的上市，才能让携程和腾讯这么多年的投资获得更多资本上的回报，不然总有竞争和冲突，就不能形成 1+1＞2 的效应。合并让双方实现业务上的互补。同程卖票务比较在行，艺龙则是 OTA 业务都涉及，两者之间有上下游关系，合作大于竞争，所以合并上市能产生 1+1＞2 的效应，同时双方公司还可以趁机剥离一些不良资产，为未来 IPO 打造更多的可能。

第二节 旅游电商发展特征

一、市场规模增长放缓，但趋于稳定

随着互联网对旅游产业持续渗透，线下和线上旅游企业融合逐步加深，在线旅游增长迅速，根据前瞻产业研究院发布的《2018—2023年中国旅游产业发展趋势与投资决策分析报告》：2017年中国在线旅游市场交易规模预计达到7384.1亿元，较2016年增长24.3%，但随着市场空间的缩减，2018年较2017年的增长率将会进一步降低到16.5%。

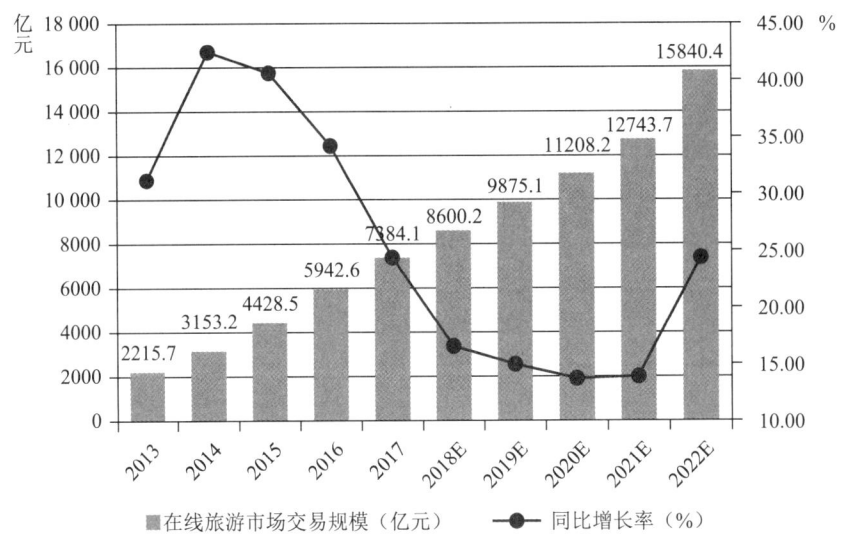

图1-1 2013—2022年我国在线旅游市场交易规模及预测

资料来源：前瞻产业研究院整理。

二、机票市场仍占主导，但整体呈下降趋势

从交易额格局来看，2017年机票市场份额仍为最大，但占比有所下滑，降至55.78%；住宿市场的增速相对稳定，占在线旅游市场总体份额的17.91%；而在线度假市场份额进一步提升，占比16.72%。未来在线度假市场仍将保持高速增长，其市场份额在2018年将突破20%。

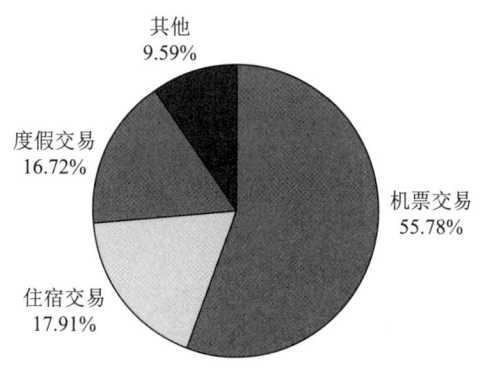

图 1-2 2017 年中国在线旅游市场结构图

资料来源：前瞻产业研究院整理。

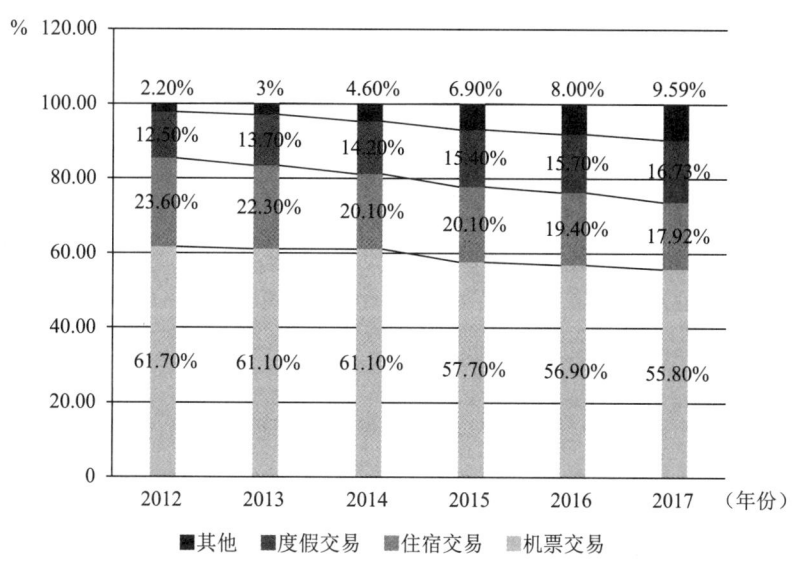

图 1-3 2012—2017 年中国在线旅游市场结构变化趋势图

资料来源：前瞻产业研究院整理。

三、在线度假市场占比持续上升

2009 年以来，中国在线度假市场交易规模占在线旅游市场交易规模的比重持续上升，且其增长率持续超过在线旅游市场交易规模增长率，原因主要有以下两点：第一，随着中国的消费升级，旅游消费者在旅游形式上不再只满足于景区观光，而是产生了更高的需求，如旅游体验和休闲度假等，因此度假交易规模在很长一段时间以来以高于整个在线旅游行业的增长率保持增长；第二，随着在线旅游市场的进一步扩张，行业内竞争激烈，传统的机票酒店预订产品毛利率逐渐下滑，以 OTA 为首的在线旅游企业急需寻找新的利润增长点，而度假产品以其高毛利率性及多样性吸引了在线旅游企业的关注。在线旅游市场中，在线度假市场发展最为迅速，其占在线旅游行业比重从2009年的5.8%，增长至2017年的16.73%。整体而言，在线度假市场前景广阔，预计未来几年增长率将保持在25%以上。但目前，机票酒店规模仍高于度假规模，在线度假市场未来如何进一步成长仍需行业共同探索。

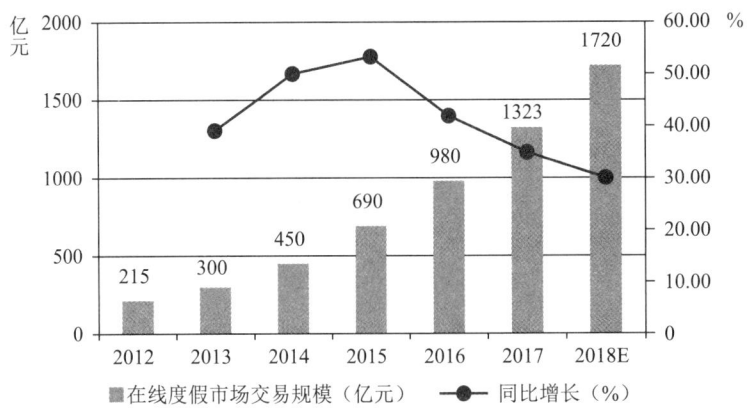

图1-4　2012—2018年中国在线度假市场交易规模变化趋势图

资料来源：前瞻产业研究院整理。

四、住宿市场占比较为稳定

2017年中国在线住宿占比为17.92%，较2015年下降1.48个百分点。在消费升级和中产阶级崛起的背景下，人们对出游的品质逐步提高，对住宿的需求也呈现个性化，因而未来中高端酒店及民宿等产品将逐渐受到用户的青睐。

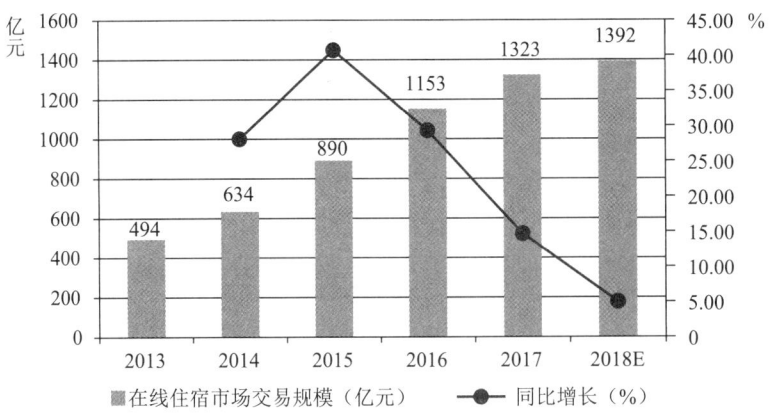

图1-5　2013-2018年中国在线度假市场交易规模变化趋势图

资料来源：前瞻产业研究院整理。

五、在线旅游移动端占比超过 PC 端

2012 年至 2014 年中国移动互联网呈现爆发式增长，带动中国在线旅游移动端市场规模迅速扩大，2014 年市场规模达到 1406 亿元人民币，2015 年后增速将逐渐放缓，2017 年达到 6549 亿元人民币，中国在线旅游移动端占比已超过 PC 端，2017 年移动端占比达到 76.5%。

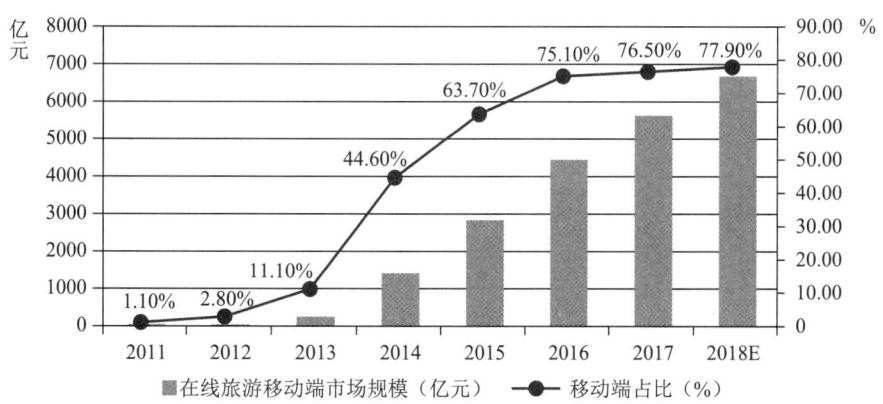

图 1-6　2011—2018 年中国在线旅游移动端市场规模及份额变化趋势图

资料来源：前瞻产业研究院整理。

由于移动互联网有不受时间、空间限制的优势，能让消费者充分利用即时性、个性化及配套性资源，移动化成为平台发展重点，携程、艺龙等 OTA 平台进驻微信小程序、美团旅行独立 APP 的上线均明显表露出移动化的趋势。

第三节　旅游电商发展趋势

一、"旅游+"产业四大发展趋势

1. 消费端呈现大变化

群体的细分化，体验丰富化，出行设计自助化，交易过程电商化或者叫线上化，旅游购物理性化，品质、渠道、价格均成为游客购物的考虑因素。

2. 细分市场空间很大

旅游与生活方式的融合会不断扩大旅游边界，需求越来越多元化，这就促使旅游与其他产业的融合加深，市场细分、消费场景细分进一步深化。这一系列的变化需要互联网的覆盖广度和细度持续升级。

3. 产品价值深度挖掘

旅游业最终要回归产品和服务的价值挖掘上，除了互联网的信息技术外，SaaS

技术、大数据技术，甚至人工智能等技术将帮助产业用户端需求挖掘与匹配、资源互联互通、产品体验升级。

4. 线上线下多元融合

不管是互联网企业还是传统企业都在寻求线上线下的融合，但是目前更多的是渠道的融合，随着互联网在旅游行业的渗透，在渠道融合基础上，不同场景下的线上线下服务融合、体验融合将更多地出现在用户面前。

二、未来发展预测

进入2017年，旅游行业的整合会加速，旅游线上线下一体化发展步伐加快。旅行社会朝品牌化、网络化发展，集中度也将越来越高。艾瑞数据显示，2016年中国在线旅游市场交易规模达5903.6亿元，增长率33.30%，线上渗透率为12.00%较去年相比提升1.3个百分比。尽管当前在线旅游业进入稳定发展阶段。行业增长速度开始放慢。但在线旅游行业整体增长速度仍高于中国旅游业总收入增长速度，线上渗透率将保持增长。预计2019年线上渗透率将超过16%。

在线旅游市场经过多年的发展之后，通过将线下流量不断聚合到线上，成就了携程等OTA企业，但由于人口红利带来的流量红利开始逐步消退，行业增速变慢，消费者习惯的改变，这个行业的投资逻辑其实应该做一些改变。

在今天OTA相对稳定的局面里，一线梯队里的携程、飞猪、途牛等几大OTA以及航司直销已经占据了差旅市场的绝对份额，二三线OTA平台百花齐放。然而乍看之下，大家的日子并没有多好过。移动红利的高速增长过后，涨势艰难的渠道流量，日渐高昂的获客成本，是每个公司都在面对的问题，OTA行业该如何求变，谁又具备逆转局势的基因？

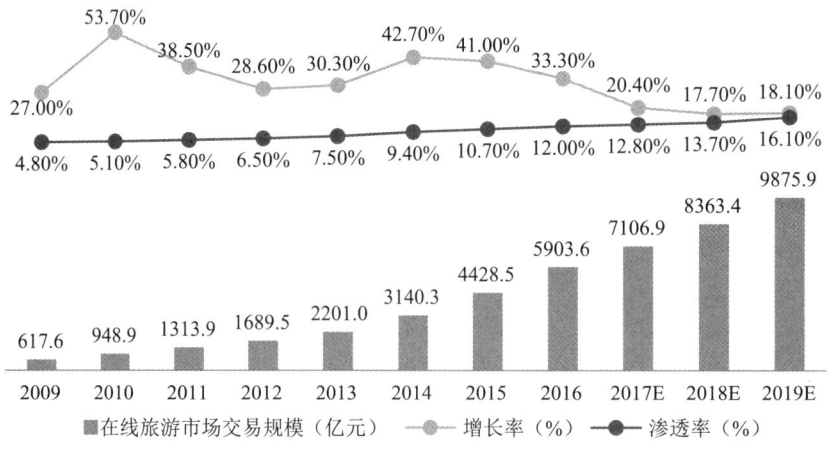

图1-7 2009—2019年中国在线旅游市场交易规模

（2017年部分月份数据为估计值）

资料来源：艾瑞咨询。

三、旅游市场的变局

1. 日益高涨的流量价格

线下流量聚合到线上，成就了携程等 OTA 企业，但由于人口红利带来的流量红利开始逐步消退，行业增速变慢，线上流量变得日益昂贵，用户需求从追求性价比向中高端优质服务需求转变。对于平台来说，旅游线上获客成本日趋高涨，无论是 PC 端还是移动端，OTA 流量遭遇天花板，APP 覆盖的人数很难再出现较大涨幅。

2. 用户需求从追求性价比向中高端优质服务需求转变

随着 80 后、90 后开始成为旅游产品消费主力，在线旅游信息多元化，消费需求且呈现个性化和碎片化的趋势，用户对于个性化信息和产品的需求加强，消费者在做旅游产品决策时更为注重个性化与趣味性消费。反应中现实中的表象就是，在整个在线旅游的增量中，出境游市场规模达到 56%，增速最快。整个在线旅游行业的市场趋势发生了变化，用户需求从追求性价比向中高端优质服务需求、从周边游逐渐向周边国家游转变。消费者的个性化需求也在持续演变——从过去依赖搜索引擎或者 OTA 平台去搜索已确定的目标地到如何发现全球好玩的目的地演变。这也是今天全球旅游产品更加多样化以及各种旅游信息大爆发、消费升级趋势下需求多样化的必然结果。

3. 拥有线下"资产"的企业，在逆转的生态中更具有机会

而当前在线旅游市场整体上陷入了同质化竞争的格局。从大的 OTA 平台到许多传统旅行社以及二三线旅游平台在定位上与服务模式上重合，同质化明显。传统机票＋酒店的模式难以满足用户旅行更为细分化与场景化的需求，旅游过程中的体验与质量无法把控。

当前在线旅游的整体服务品质并没有随着用户需求的变化而做出转变，留给线下和产业链上的机会与空间还非常大。某种程度上说，在线旅游市场虽然表面看起来格局稳定，但基于新一代消费者的痛点挖掘与需求满足可能还会产生很多新的机会与新的模式。

前主流的 OTA 平台它虽然连接了线下的旅游资源与服务并缩短了用户旅游决策的时间，但它并没有改善消费者在旅游过程中的痛点与服务体验的质量——说到底，它无法掌控到线下全产业链的服务流程以及补齐旅游过程中的体验短板。

而随着达人导游、陪游，个性化定制的兴起，在线旅游市场未来从单一的"线上平台＋线下旅游资源"的模式发展到线上线下渠道与全产业综合资源与服务能力的竞争比拼是可以预见的趋势。在这个市场领域，消费者对于服务质量需求更大，它对平台方的线下产业链掌控的能力提出了更高的要求。具有庞大的线下资源的企业，则具备不可复制性，对原有 OTA 模式具备构成一定的冲击力的可能性——因为旅游未来是资源导向型，这是推动在线旅游市场营收规模与渗透率持续增长的关键。

第二章
综合性旅游电商介绍及企业解读

2017年我国在线旅游企业线上线下融合趋势进一步加强，并产生多起并购事件，旅游市场格局也被改变，但综合来看，在线旅游企业主要模式仍分三种：综合性旅游电商（OTA）、社区点评类（UGC）和垂直搜索类。由于垂直搜索类电商代表酷讯网于2015年10月被美团网收购，本报告将其归类于垂直细分型旅游电商中。目前，国内旅游电子商务企业可分为三种类型：一是以机票加酒店销售为主导的旅游电子商务企业，以携程、艺龙、真旅网为代表；二是以旅游垂直搜索服务为主导的旅游电子商务企业，以去哪儿、酷讯为代表；三是提供旅游景点、旅游线路服务的旅游电子商务企业，以悠哉网、途牛为代表。

在国内发展三者在产业链中对应相应的盈利模式分别为：综合性旅游电商依靠佣金，垂直搜索靠CPC及广告等收费，UGC靠广告收费或闭环分销。从国外发展历史及中国目前发展现状来看，各种模式中，综合性旅游电商变现能力最强，是整个在线旅游市场的主流模式；垂直搜索模式为消费者提供比价功能，更加便捷，客户覆盖度增长较快；UGC主要依赖于广告收费，往往会成为以综合性旅游电商模式为主的公司进行产业链整合和覆盖过程中的模式补充。从国外经验来看，全球最大市值在线旅游公司Priceline、美国占据市场份额第一的Expedia均是以OTA模式为核心，OTA模式是在线旅游行业中已经被验证的核心盈利模式，国内的在线旅游龙头企业携程是典型的以OTA为核心模式的在线旅游企业，诸多旅游企业也逐渐向综合性OTA转型。

B2C类综合性旅游服务电商是最为典型的旅游电商模式，他们专注于综合性的业务，并具有较高的发展潜力，这种形式的电子商务一般以网络零售业为主，借助于互联网开展在线销售活动。除携程、艺龙等传统旅游电商外，去哪儿网也通过业务的扩张从垂直搜索平台加入综合性服务电商的行列。此种类型的旅游服务电商大多从"机+酒"的传统模式发展而来，并不断地扩充板块，比如进军休闲旅游、门票市场等。携程Ctrip.com与艺龙Elong.com都是专注于旅游度假产品的预订，二者侧重于"机+酒"商务旅行服务。携程网是国内最早为旅游散客提供酒店和网上机票预订业务的旅游电子商务企业，实现了传统旅游和互联网的无缝结合，因此，机票加酒店模式又被称为携程模式。

第一节 携程网

一、企业简介

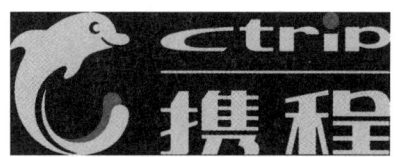

创立于 1999 年，总部设在中国上海，员工 30 000 余人，目前公司已在北京、广州、深圳、成都、杭州、南京、厦门、重庆、青岛、沈阳、武汉、三亚、丽江、中国香港、南通 15 个城市设立分支机构，在南通设立服务联络中心。2010 年，携程旅行网战略投资台湾易游网和香港永安旅游，完成了两岸的布局。2014 年，投资途风旅行网，将触角延伸及北美洲。作为中国领先的综合性旅行服务公司，携程成功整合了高科技产业与传统旅行业，向超过 2.5 亿会员提供集无线应用、酒店预订、机票预订、旅游度假、商旅管理及旅游资讯在内的全方位旅行服务，被誉为互联网和传统旅游无缝结合的典范。凭借稳定的业务发展和优异的盈利能力，CTRIP 于 2003 年 12 月在美国纳斯达克成功上市，上市当天创纳市 3 年来开盘当日涨幅最高纪录。今日的携程在线旅行服务市场居领先地位，成为全球市值前三的在线旅行服务公司。

服务规模化和资源规模化是携程旅行网的核心优势之一。携程拥有世界上最大的旅游业服务联络中心，拥有 1.2 万个座席，呼叫中心员工超过 10 000 名。携程在全球 200 个国家和地区与近 80 万家酒店建立了长期稳定的合作关系，其机票预订网络已覆盖国际国内绝大多数航线。规模化的运营不仅可以为会员提供更多优质的旅行选择，还保障了服务的标准化，确保服务质量，并降低运营成本。

携程一直将技术创新视为企业的活力源泉，在提升研发能力方面不遗余力。携程建立了一整套现代化服务系统，包括：海外酒店预订新平台、国际机票预订平台、客户管理系统、房量管理系统、呼叫排队系统、订单处理系统、E-Booking 机票预订系统、服务质量监控系统等。2013 年携程发布"大拇指＋水泥"策略，构建指尖上的旅行社，提供移动人群无缝的旅行服务体验。依靠这些先进的服务和管理系统，携程为会员提供更加便捷和高效的服务。

先进的管理和控制体系是携程的又一核心优势。携程将服务过程分割成多个环节，以细化的指标控制不同环节，并建立起一套精益服务体系。同时，携程还将制造业的质量管理方法——六西格玛体系成功运用于旅行业。目前，携程各项服务指标均已接近国际领先水平，服务质量和客户满意度也随之大幅提升。

携程管理团队在资源合作、管理技能、业务经验上的完美组合，以及团队间紧密无缝的合作保证了公司迅速稳健的发展。高层管理团队集合了美国、瑞士、中国两岸的 IT 业、旅游业及金融业多年业务运作与管理的经验；中层管理团队汇集了中国 IT 业、酒店业、航空代理业及旅游业的精华。

2017 年公司继续加强了自身在低线城市中的地位。低线城市中的新客户获取和用户参与度均在 2017 年第二季度中大幅改善。到季度末为止，携程网和去哪儿网已经开设了超过 400 家线下零售店，此外还有大约 200 家正在筹备中。天巡网已经正式推出了"直接预订"业务，给旅客带来了无缝的预订体验。直接预订合作伙伴的移动流量转换率已经提高了 50% 左右。正如携程执行董事会主席梁建章所言，携程的根基在于旅游产品的创新、一站式服务体验、业界一流的全天候客服。2017 年第四季度天巡的直接预订收入几乎是 2016 年同期的 2 倍。得益于天巡的直接预订，Trip.com 的机票预订量连续五个季度都取得了三位数的增长。2017 年公司在目标城市的渗透率平均增长超过 50%。公司共新开了 1000 多家携程和去哪儿品牌加盟店。这些线下门店以及 5000 家旅游百事通品牌门店的总交易额在 2017 年共增长超过 30%。

2017 年携程因为机票搭售风波，国庆期间被演员韩雪的一条微博给推向风口浪尖，生存空间受挤压，转战线下成为大势所趋。事实上，搭售是整个 OTA 行业的普遍现象，此前，电子商务研究中心对 15 家知名机票销售平台进行的评测表明，携程、艺龙、同程、途牛、美团、驴妈妈、飞猪等多家主流平台均存在搭售现象。面对媒体和用户的一致口诛笔伐，OTA 们只能高喊着"我们也是没办法"，一边进行危机公关，一边因为难言之隐暗暗叫苦。实际上，过去机票代理佣金高，代理商都依靠"差价"赚钱，而 OTA 平台让机票价格透明化，互联网也在不断提升航空公司的直销能力，代理费用越来越低，OTA 只好采取搭售的下策。其实，机票只是挤压 OTA 们生存空间的冰山一角，旅游行业的信息化让直销为主、代理为辅的销售模式开始被越来越多的酒店、景区等单向资源和拥有一手资源的地接社所接受，代理利润低逼迫着 OTA 们转型，而组批和门店所提供的优质服务体验感又是 OTA 线上售卖所提供不了的；所以，为了解决体验感缺失给用户带来的距离感这个硬伤，也为了转亏为盈，转战线下成为了 OTA 们的趋势。

目前，携程的线下门店正在大范围铺开。OTA 们能否既借鉴传统店铺的优势，又以互联网的思维提升自身的竞争力，从而实现完美落地并取得巨大经济效益，目前尚未可知。

二、携程网 2017 年企业财报分析

截至 2017 年 12 月 31 日，全年归属携程股东的净利润为 21 亿元人民币（3.29 亿美元），相比 2016 年为净亏损 14 亿元人民币，2017 年第四季度归属携程股东的净利润为 5.04 亿元人民币（7700 万美元），相比 2016 年同期为 6.45 亿元人民币，同比下滑 21.8%；截至 2017 年 12 月 31 日，全年毛利率为 83%，相比 2016 年为 75%。全年住宿预订收入为 95 亿元人民币（15 亿美元），同比增长 30%。2017

年住宿预订收入占总收入的35%，2016年为37%。全年交通票务营业收入为122亿元人民币（19亿美元），同比增长38%。2017年交通票务营业收入占全年营业收入的45%，与2016年的占比保持一致。全年旅游度假业务营业收入为30亿元人民币（4.57亿美元），同比增长29%。2017年旅游度假业务收入占总收入的11%，2016年为12%。全年商旅管理业务营业收入为7.53亿元人民币（1.16亿美元），同比增长24%。2017年商旅管理业务收入占总收入的3%，与2016年的占比保持一致。

全年毛利率为83%，相比2016年为75%。全年产品开发费用为83亿元人民币（13亿美元），同比增长7%。2017年全年产品开发费用占净营业收入的31%。若不计股权报酬费用，全年产品开发费用占净营业收入的27%，相比2016年为29%。全年销售与市场营销费用为83亿元人民币（13亿美元），同比增长42%。2017年全年销售与市场营销费用占净营业收入的31%。若不计股权报酬费用，全年销售与市场营销费用占净营业收入的30%，与2016年的28%相比有所上升。全年管理费用为26亿元人民币（4.03亿美元），同比增长4%。2017年全年管理费用占净营业收入的10%。若不计股权报酬费用，2017年全年管理费用占净营业收入的7%，与2016年保持一致。全年的营业利润为29亿元人民币（4.5亿美元），相比2016年为亏损16亿元人民币。若不计股权报酬费用，营业利润为48亿元人民币（7.32亿美元），相比2016年为20亿元人民币。全年营业利润率为11%，相比2016年为-8%。若不计股权报酬费用，营业利润率为18%，相比2016年为10%。全年所得税费用为13亿元人民币（1.97亿美元），相比2016年为4.78亿元人民币。全年归属携程股东的净利润为21亿元人民币（3.29亿美元），相比2016年为净亏损14亿元人民币。若不计股权报酬费用，归属携程股东的净利润为40亿元人民币（6.11亿美元），相比2016年为21亿元人民币。全年经稀释每存托凭证盈利为3.82元人民币（0.59美元）。若不计股权报酬费用，全年经稀释每存托凭证盈利为6.90元人民币（1.06美元）。

表2-1　2016—2017年携程经营情况

项目	2016年（亿元）	2017年（亿元）	同比变化（%）	2016年占比（%）	2017年占比（%）
住宿预订	73	95	30	37	35
交通票务	88	122	38	45	45
旅游度假	23	30	29	11	12
商旅管理	6	8	24	3	3
其他收入	8	13	74	4	5
收入合计	193	268	39	100	100
毛利	144	222	54	—	—

资料来源：企业年报，前瞻产业研究院整理。

（一）季度营收概况

携程第一季度净收入 61 亿元（8.84 亿美元），同比增长 46%。2017 年第一季度净收入比上季增长 20%。归属于携程股东的净利润为 8200 万元，去年同期净亏损为 16 亿元。第二季度净营收同比增长 45%，达 64 亿元人民币（约合 9.46 亿美元）；归属于携程网股东的净利润为 3.27 亿元人民币（约合 4800 万美元），而去年同期为净亏损 5.21 亿元人民币。第三季度净营收为人民币 79 亿元（约合 12 亿美元），同比增长 42%，环比增长 23%；归属于公司股东的净利润为人民币 12 亿元（约合 1.85 亿美元），相比之下去年同期归属于普通股股东的净利润为人民币 2400 万元，上一季度归属于普通股股东的净利润为人民币 3.27 亿元，同比增幅高达 50 倍左右。归属于公司股东的净利润为人民币 12 亿元（约合 1.85 亿美元），相比之下去年同期归属于普通股股东的净利润为人民币 2400 万元，上一季度归属于普通股股东的净利润为人民币 3.27 亿元；第四季度携程净营业收入为 64 亿元（9.8 亿美元），同比增长 26%。净营业收入环比下降 19%，主要受季节性因素和国内机票产品调整的影响。截至 2017 年 12 月 31 日，全年净营业收入为 268 亿元（41 亿美元），同比增长 39%。

（二）住宿市场营收

2017 年第一季度住宿预订净收入为 21 亿元（3.01 亿美元），较 2016 年同期增长 28%，主要是由于住宿预订量增加所致。第一季度的住宿预订收入比上季度增长了 12%，主要是由于季节性的；第二季度宿预订营业收入为 23 亿元人民币（约合 3.41 亿美元），同比增长 30%，主要受益于住宿预订量的增长。第二季度住宿预订营业收入环比增长 12%，主要由于受到季节性因素的影响。第三季度酒店预订营业收入为人民币 28 亿元（约合 4.24 亿美元），比去年同期增长 36%，主要由于酒店预订业务量的增长。携程网 2017 年第三季度酒店预订营业收入比上一季度增长 22%，主要由于酒店预订业务量的增长以及受到季节性因素的影响。第四季度住宿预订营业收入为 23 亿元人民币（3.56 亿美元），同比增长 25%，主要受益于住宿预订量的增长。2017 年第四季度住宿预订营业收入环比下降 18%，主要受季节性因素影响。

（三）交通票务营收

第一季度交通票务收入是 29 亿元（4.18 亿美元），较 2016 年同期增长 48%，主要是由于票务数量增加和 Skyscanner 财务业绩合并；第二季度交通票务营业收入为 30 亿元人民币（约合 4.41 亿美元），同比增长 49%，增长主要来源于票务预订量的增长和自 2016 年 12 月 31 日起合并天巡的财务业绩。第二季度交通票务营业收入环比增长 4%，主要由于受到季节性因素的影响。第三季度交通票务服务营业收入为人民币 34 亿元（约合 5.15 亿美元），比去年同期增长 41%，主要由于订票量增长以及合并了 Skyscanner 自 2016 年 12 月 31 日以来的财务业绩。第三季度交通票务服务营业收入比上一季度增长 15%，主要由于订票量增长以及受到季节性因素的影响。第四季度交通票务营业收入为 29 亿元人民币（4.5 亿美元），同比增长

20%。增长主要来源于票务预订量的增长以及自 2016 年 12 月 31 日起对天巡财务业绩的合并。2017 年第四季度交通票务营业收入环比下降 15%，主要受国内机票产品调整的影响。

（四）度假 & 商旅管理业务营收

2017 年第二季度旅游度假业务营业收入为 6.12 亿元人民币（约合 9000 万美元），同比增长 29%，主要来源于团队游和自由行业务量的增长。2017 年第二季度旅游度假业务营业收入环比下降 13%，主要由于受到第一季度春节带来的季节性因素影响。商旅管理业务营业收入为 1.99 亿元人民币（约合 2900 万美元），同比增长 36%，主要受益于旅行产品覆盖的扩大。第二季度商旅管理业务营业收入环比增长 38%，主要由于受到季节性因素的影响。第三季度旅游度假业务营业收入为人民币 10 亿元（约合 1.55 亿美元），比去年同期增长 27%，主要来源于团队游和自由行业务量的增长。2017 年第三季度旅游度假业务营业收入比上一季度增长 69%，主要由于受到季节性因素的影响。商旅管理业务营业收入为人民币 2.03 亿元（约合 3000 万美元），比去年同期增长 22%，这种增长主要来源于旅游产品覆盖范围的扩大。第三季度商旅管理业务营业收入比上一季度增长 2%。第四季度旅游度假业务营业收入为 6.23 亿人民币（9600 万美元），同比增长 34%，主要是由于团队游和自由行业务量的增长。2017 年第四季度旅游度假业务营业收入环比下降 40%，主要受季节性因素影响；商旅管理业务营业收入为 2.07 亿元人民币（3200 万美元），同比增长 15%，增长主要受益于旅行产品覆盖的扩大。2017 年第四季度商旅管理业务营业收入环比增长 2%。

（五）利润和税收

第一季度：包装旅游收入 7.20 亿元（1.02 亿美元），较 2016 年同期增长 26%，主要是由于有组织的旅游和自导游量增长；旅游收入 1.14 亿元（2100 万美元），较 2016 年同期增长 25%，主要是由于旅游产品覆盖面扩大；一季度毛利率为 80%，而 2016 年同期为 73%，前一年为 78%；产品开发费用下降了 18% 为 20 亿元（2.85 亿美元），主要是由于股权补偿费用减少所致；营运收入 4.14 亿元（6000 万美元），去年同期亏损 18 亿元。扣除股权激励费用后，2017 年第一季度营业利润为 9.36 亿元（1.36 亿美元），去年同期营业利润为 800 万元，上季度营业利润为 7.97 亿元；一季度营业利润率为 7%，而 2016 年同期为 -44%，上季度为 4%。扣除股权补偿费后，非 GAAP 营业利润率为 15%，而 2016 年同期为 0%，前一季度为 16%。一季度的所得税费用为 1.48 亿元（2200 万美元），相比于上年同期的 0.94 亿元，上季度所得税费用为 1.1 亿元。携程实际税率的变动主要是由于某些具有优惠税率的子公司的税收差额以及不可抵扣的费用。一季归属携程股东的净利润为 8200 万元（1200 万美元），去年同期净亏损 16 亿元。上季度归属于携程股东的净利润为 6.45 亿元。

第二季度：运营利润为 6.45 亿元人民币（约合 9500 万美元），相比之下去年同期的运营亏损为 3.96 亿元人民币，上一季度的运营利润为 4.14 亿元人民币。若不计股权报酬费用（不按照美国通用会计准则），第二季度的运营利润为12亿元人民币（约合1.73亿美元），相比之下去年同期为1.82亿元人民币，上一季度为9.36亿元人民币。运营利润率为10%，相比之下去年同期为-9%，上一季度为7%。若不计股权报酬费用（不按照美国通用会计准则），2017年第二季度的运营利润率为18%，相比之下去年同期为4%，上一季度为15%。所得税费用为5.29亿元人民币（约合7800万美元），相比之下去年同期为5300万元人民币，上一季度为1.48亿元人民币。集团有效所得税率的变化主要由于本季度确认的投资收益以及一些不可纳税抵扣的损失。第二季度归属于携程网股东的净利润为3.27亿元人民币（约合4800万美元），相比之下去年同期的净亏损为5.21亿元人民币，上一季度的净利润为8200万元人民币，主要受益于从多项投资活动中认列的净收益。2017年第二季度的每股美国存托凭证摊薄利润为0.59元人民币（约合0.09美元）。若不计股权报酬费用（不按照美国通用会计准则），2017年第二季度的每股美国存托凭证摊薄利润为1.49元人民币（约合0.22美元）。

第三季度：携程网2017年第三季度的营业利润为人民币14亿元（约合2.04亿美元），相比之下去年同期的营业利润为人民币4.47亿元。若不计股权报酬费用（不按照美国通用会计准则），2017年第三季度的营业利润为人民币17亿元（约合2.62亿美元），相比之下去年同期的营业利润为人民币10亿元，上一季度的营业利润为人民币12亿元。第三季度的营业利润率为17%，相比之下2016年同期为8%，上一季度为10%。若不计股权报酬费用（不按照美国通用会计准则），2017年第三季度的营业利润率为22%，相比之下2016年同期为18%，上一季度为18%。第三季度的所得税支出为人民币3.13亿元（约合4700万美元），相比之下去年同期的所得税支出为人民币2.21亿元，上一季度的所得税支出为人民币5.29亿元。携程网有效税率的同比变化，主要是来自于享受优惠税率的特定子公司的税收差别以及不可抵扣费用。第三季度归属于公司股东的净利润为人民币12亿元（约合1.85亿美元），相比之下去年同期归属于公司股东的净利润为人民币2400万元，上一季度归属于携程网股东的净利润为人民币3.27亿元。第三季度经稀释每存托凭证盈利为人民币2.10元（约合0.32美元）。若不计股权报酬费用（不按照美国通用会计准则），2017年第三季度经稀释的每存托凭证盈利为人民币2.70元（约合0.41美元）。截至2017年9月30日，携程网的现金、现金等价物、限制性现金及短期投资余额为人民币470亿元（约合70亿美元）。

第四季度：营业利润为5.08亿元人民币（7800万美元），相比2016年同期为2.07亿元人民币，上个季度为14亿元人民币。若不计股权报酬费用，营业利润为9.08亿元人民币（1.4亿美元），相比2016年同期为7.97亿元人民币，相比上个季度为17亿元人民币。营业利润率为8%，相比2016年为4%，上个季度为17%。若不计股权报酬费用，营业利润率为14%，相比2016年同期为16%，上个季度为22%。所得税费用为2.89亿元人民币（4400万美元），相比2016年同期为1.1亿元人民币，相比上个季度为3.13亿元人民币。集团有效所得税率的变化主要是由于税率不同的子公司利润的变动以及一些不可纳税抵扣的损失,如股权报酬费用。归属携程股东的净利润为5.04亿元人民币(7700万美元),相比2016年同期为6.45亿元人民币,相比上个季度为12亿元人民币。若不计股权报酬费用,归属携程股东的净利润为9.04亿万元人民币(1.39亿美元),相比2016年同期为12亿元人民币,相比上个季度为16亿元人民币。

三、2017年大事记

2017年1月:携程参与了共享单车平台摩拜单车D轮的2.15亿美元(约合人民币15亿元)融资;携程宣布收购海外专车品牌唐人接。

2017年5月:携程已经关闭了包括6人游在内的定制旅游供应商的后台账号,单方面终止合作,而6人游合伙人发文宣布脱离携程定制平台。

2017年8月:携程上线"酒+X",开始帮酒店卖起了附加服务。

2017年9月:携程旗下的美食品牌"携程美食林"已和阿里旗下的口碑达成战略合作,双方将打通资源、共同打造美食旅行一体化平台。

2017年11月:上海携程商务有限公司向长宁警方反映携程亲子园存在工作人员伤害在园幼儿的行为,引起社会广泛关注;携程旅行APP已上线"玩转当地"功能,旨在无缝解决用户出行中的消费需求,对于携程打造的旅游生态圈而言,是一次重要的完善。

2017年12月:携程APP首页出现了专车和租车业务的入口,并且正式推出了打车的功能。这项打车业务名称为携程用车,是携程联合滴滴、首汽、AA租车共同推出的;携程签证系统首获国家专利;携程推出"机器人酒店前台"30秒内完成刷脸入住;布局线下上海携程旅游门店正式营业;携程商旅与东方航空共同举办的绿色出行活动正式启动,旅客通过携程商旅首次预订东方航空国际航班,携程商旅和东方航空还将共同向中国绿化基金会捐赠单棵树苗一份,为在内蒙古阿拉善地区的"携程林"添砖加瓦,以实际行动支持祖国西部绿化工程;携程上线百度Wi-Fi翻译机。

四、战略剖析与企业解读

1. 重视技术的提升和改进

如果用几个关键词来概括携程的竞争优势,服务、呼叫中心、供应链、商旅客户等词汇可能会率先浮现。在这些关键词下,外界很少把携程和技术联系在一起。但技术对于携程的重要性可能超乎外界想象,在内部,携程对技术的重视正与日俱增。仅以机票业务为例,数量繁多的航线加上多程中转、航空公司的不同政策、代理商的价格策略等,不同元素的组合意味着巨大的数据量。同时,机票的库存和价格在实时发生变化。面对规模如此大且变动频繁的数据,技术体系怎样让用户能够在前端体验几秒钟就把票订到,做到价格所见即所得,这是技术团队需要解决的重点问题。酒店业务同理:房态、房价、房型等各种细节因素叠加,同样意味着巨大的数据量。为此，携程需要构建非常庞大的分布式系统，去解决数据的存储、搜索、价格一致性等问题。实体电商会不一样，因为它是库存制，库存价格可能不变，可能很久才会调一次，这样就会少很多维度，数据的变化会很小。携程在旅游电商业务上面临的基本问题，甚至是所有电商形态中最复杂的一种。技术对于携程的意义远不止于此。

作为一家开创了在线旅游时代的老牌公司，携程的发展贯穿了中国互联网、移动互联网从无到有的过程，随着系统不停积累，有很多老旧的系统需要更新、技术体系需要升级。同时，一些团队的职能在彼时非常重要，但随着业务、技术的发展和时代变迁，技能需要转移到新的领域，需要时间适应。历史包袱客观存在，公司的发展又对技术提出新的要求，他们把这一更新迭代的过程形容为在汽车还在奔驰的时候换轮胎、在飞机还在飞行的时候加燃油。在不影响业务正常运转的前提下对技术体系进行改造和提升，需要更长的改造周期，预期需要两年。

携程在供应链、价格、客户群上有优势，如果技术能够把效率问题解决，会非常厉害，这个时候其他公司再用同样的打法来比拼效率，优势就不会那么强，因为携程也在不停地去解决这类问题。如果对手的弱项不能提升，那竞争优势就会反过来，两家公司的竞争一定是综合的竞争。除了对携程技术体系进行改造，同时也在解决携程与去哪儿的技术融合问题。携程未来会在北京成立研发中心，充分利用去哪儿技术体系的优势，实施一些携程去哪儿深度合作的技术项目。目前携程内部在垂直领域比如大数据、无线、服务端架构、质量、安全等领域，都有自己专业的委员会来做技术决策。在用技术提升竞争力的过程中，携程正在尝试最新工具：人工智能。

2. 运用新型武器——AI 技术

普通用户可能很难感知到，携程上的一部分功能已经被人工智能接管，改变的源头始于 2015 年。2015 年，随着移动互联网流量红利到达顶峰，在智能手机上广为普及，而人群的出游需求呈现井喷式发展的背景下，携程积累下的数据量大幅增长。数据量的急速扩充为携程发展机器学习提供了基础条件。2016 年，携程成立了智能客服团队，这一团队随后同时启动了个性化导购项目。智能客服不难理解，个性化导购是基于用户的历史数据，为其量身推送内容或者产品。在人工智能之前，这些内容输出大多依赖于经验丰富的编辑进行人工操作。目前，在酒店售后场景上，智能客服已经能够解决 70% 的问题，未来会逐渐拓展到机票、旅游、用车的售后服务上。更难的挑战在于售前，与售后场景相比，售前场景面临的问题更加复杂多样，这对智能客服会提出更高的技术要求。对于人工智能技术的发展规划，携程的整体目标是提升收入、提高效率以及降低成本。具体实现上，携程将场景划分为售前和售后。在售前，帮助用户更精准地了解其需求并满足其需求，帮助其做决策；在售后，快速、准确地回答并解决问题。在纵向维度上，根据不同业务在售前、售后遇到的不同问题，细分出更多场景，基于大数据研发更有针对性的解决方案。

在采用AI技术提升产品体验的过程中，携程秉承非常开放的心态。目前，携程的智能客服项目采取PK式发展模式：将目标场景的数据导入平台，数据向第三方公司（如追一科技、助理来也）算法与自研算法同等开放，最终谁的结果做得最好，谁就能保留下来作为场景的解决方案，如果大家都没达到，就继续分别训练。通过这样互相学习和竞争的方式，可以拓展AI技术在场景里可能触碰到的天花板，每一家解决的问题、最终要解决的场景在固定场景下可能都差不多，但是每一家既然能独立成为一家公司，能拿到投资、帮其他企业解决问题，也能够帮助到携程，在这一点来上携程会以比较开放的心态去看待。同时也坚持自研的道路，最终的目标都是为了解决业务遇到的问题。无论是庞大的数据量与复杂的技术体系，还是新技术对现有体验和效率的提升，这些都让携程离不开复杂网络技术的支持。在携程服务、业务已有的竞争优势上，随着数据量越来越大，新技术不断发展，未来整个旅游行业里会呈现技术驱动改变整个旅游体验的态势。

3. 布局线下，服务更周到

2017年12月9日，携程旅游门店在上海正式开始营业，第一批8家门店在上海6大区成功举办开业活动，同时也在携程APP上全新登台亮相。这意味着各地市民可以到身边的门店得到专业人员一对一服务，并获得全平台的百万级度假产品、价格优惠政策、统一服务保障。携程旅游门店主要提供携程平台上自营和2万多家合作旅行社的跟团游、自由行、定制游、当地玩乐等度假产品。最新发布的数据显示，截至11月，携程旅游门店已经签约600多家，开业近300家，包括北京、上海、成都、武汉、南京、深圳、杭州、西安、重庆等重点城市。携程旅游、旅游百事通、去哪儿三大品牌的门店数量，已超过6000家，覆盖了除新疆、西藏、东三省之外，全国200多个一、二、三、四线城市。以首家试营业的惠南门店为例，近一个月营收额达133万元，其中将近70%的订单都为出境产品。人均单价达到4500元。销售额和单价大幅超过单一旅行社的传统门店。而在北京，不到半年，11个行政区均有携程门店开业，交易总额近1亿元。

在线旅行社的"未来门店"主要是品牌、差异化产品、服务、大数据等方面的优势。携程旅游门店不仅背后有中国最大旅游集团携程的品牌，而且打破传统门店产品品类单一、以中低端产品为主、客户年龄层也很单一的局限，在产品品类、丰富度、消费者售后保障服务等方面优势突出。可提供覆盖全球的产品，单品超过100万个。不仅有丰富的国内外跟团游、自由行度假产品资源，还可自由组合产品，随机打包，满足所有年龄结构的个性化需求。携程每年百万级的在线度假订单大数据，也能更好地让门店和用户找到合适的产品。携程领先全球的"六重旅游保障""跟团游新钻级标准"等，将极大降低消费者的购买顾虑。比如，在出现重大自然灾害、生病住院、怀孕、拒签等情况下，都有无损失退订等保障。

为了线上线下结合随时随地提供服务，携程旅游还把门店搬上手机端，APP上线"附近门店"新功能，让开业的携程旅游门店，通过下载量高达30亿的手机端与移动互联网大潮相连接,真正实现了"线上线下打通"的新零售新模式。新功能上线以来很短的时间内,门店都有来自线上的订单产生。

4. 提倡绿色生活理念

作为国内领先的差旅管理公司,携程商旅秉承携程集团"绿色环保"的发展理念,致力于通过推广自动化差旅流程、助力电子发票报销入账,在差旅流程中减少纸张消耗,通过携程商旅的差旅管理系统,出差申请、审批、预订、报销皆可实现全程无纸化,不仅节约了巨量的社会成本,自动化的操作也为企业带来了差旅效率与差旅体验的大幅提升,达到"绿色差旅"与"高效差旅"的完美结合。而东方航空作为"绿色飞行"的积极践行者,率先在相关机型中启用电子飞行包,成为国内首家全机队撤除机载纸质资料的大型航空公司,双方在环境保护理念上的不谋而合正是促成此次合作的基础。携程商旅与东方航空共同捐赠的绿色树苗将会被种植在有中国秘境之称的阿拉善,作为携程集团"碳补偿"(Carbon Offset)公益项目的又一延续。2011年10月,中国绿化基金会"绿色公民行动——带你走进阿拉善"项目启动,携程旅行网成为首家参与此项目的旅行公司,与中国绿化基金会签订战略合作协议。

5. 跨平台营销战略

携程或 Priceline 等旅游行业垂直平台所吸引的用户群体,显然具备更加明确的旅游购买意向。然而,借助用户分析技术(Profiling),大众媒体和垂直平台亦可以联手创造协同效应。在营销渠道方面,携程从自身官网和 APP,到持股的去哪儿网和艺龙网等在线渠道,还延伸到微博、微信等媒体平台。随着营销渠道的多样化,携程认为自身在为全球目的地开发多渠道营销解决方案方面,具有独特优势。携程已经和微博、腾讯、Google 等主流互联网平台建立了深入的合作,整合自身积累的大数据和跨平台的用户流量,进行定向广告营销国际化新品牌形象:Trip.com 转型成为英文版携程。

6. 上线"酒 +X",附加服务增收益

OTA 帮助酒店销售附加服务,一边打造用户的全流程体验,一边提升综合收益。近些年,传统酒店的业务正在逐步延伸,从原有的住宿场景,向更广阔、更多样化的消费场景挖掘商机,一方面可以满足旅客越发多样化的需求,另一方面能够提升酒店的整体营收。而这些附加服务,除了在酒店自有渠道中销售,当然也希望得到渠道商的支持。携程上线了"酒 +X"功能,帮助酒店销售客房以外的附加服务产品,比如餐饮、接送机、SPA 或者代卖门票等。目前,这些服务只支持与预付类的房型一起预订,据了解,现付房型的附加服务预订还在开发之中。在携程的 PC 端和 APP 中已经有餐食的展示体现:在 APP 的酒店预订页面,底部已经设置了"酒店美食"的按钮,在当前的预订页面也增加了"酒店美食"的相关信息。

第二节 去哪儿网

一、企业简介

去哪儿是一个旅游搜索引擎中文在线旅行网站，创立于 2005 年 2 月，总部在北京。去哪儿网为消费者提供机票、酒店、会场、度假产品的实时搜索，并提供旅游产品团购以及其他旅游信息服务，为旅游行业合作伙伴提供在线技术、移动技

术解决方案。去哪儿网致力于建立一个为整个旅游业价值链服务的生态系统，并通过科技来改变人们的旅行方式。去哪儿网通过其自有技术平台有效匹配旅游业的供需，满足旅游服务供应商和中国旅行者的需求。对旅游服务供应商而言，去哪儿网通过移动客户端及在线平台为其提供技术基础设施；对旅行者而言，去哪儿网通过网站及移动客户端的全平台覆盖，随时随地为其提供国内外机票、酒店、度假、旅游团购及旅行信息的深度搜索，帮助旅行者找到性价比较高的产品、较优质的信息和便捷的预订方式，聪明地安排旅行。

二、2017 年大事记

2017 年 4 月：去哪儿网三、四线酒店业务同比增速近 90%；去哪儿网签约赵丽颖为形象代言人。

2017 年 5 月：完成私有化交易，去哪儿网从美国退市。

2017 年 11 月：上海知名网贷平台你我贷首次携手全球知名的中文在线旅行网站去哪儿网，尝试跨界合作。

2017 年 12 月：去哪儿网首次对外宣布将联手酒店集团建立生态圈，同时创建会员机制，将和酒店打通会员制积分，共享权益。去哪儿网的"共享会员"创新方式，主要是与酒店集团会员进行身份互认、积分交换，在平台直接享受酒店官网才能享受的权益。

三、企业解读

（一）创建"共享会员"，建立在线旅游新生态圈

去哪儿网将联手酒店集团，创建会员制，与酒店集团互相打通会员制积分、权益共享，建立在线旅游新生态圈。在此背景下，酒店集团能利用去哪儿的大流

量平台,来推广差异化的创新服务。去哪儿网的"共享会员"创新方式,主要是与酒店集团会员进行身份互认、积分交换,在平台直接享受酒店官网才能享受的权益。目前,去哪儿网已与速8中国、亚朵等国内外顶尖连锁酒店集团签约,同时也和艺龙等在线OTA打通了会员权益。去哪儿网会员和酒店集团会员可进行身份互认、积分交换,在平台直接享受酒店官网才能享受的权益。此外,去哪儿网可智能推荐低价,并对比服务、价格、消费偏好等,智能服务新生代酒店用户。

业内人士分析认为,去哪儿网在酒店会员上的这一创新方式,彻底打破了行业屏障。从消费端来说,消费者能拥有更多更优质的服务;从行业端来说,平台和酒店集团结束了过往的单向竞争关系,共同打造了一种新型互利的生态圈。此外,在去哪儿和酒店构建的新生态圈里,其还推出了"酒店旗舰店"发展方式。以往,传统酒店业的竞争包括免费早餐、提供睡眠系统等。但"去哪儿网酒店旗舰店"除此以外,还将在线下电商、社交等各方面进行拓展。酒店集团可利用去哪儿的大流量平台,进行差异化的创新服务推广等。去哪儿网CEO陈刚指出:"去哪儿网将不断发挥自身技术优势,在一站式平台上,用搜索向客户进行全面推荐。"未来,去哪儿网不仅提供全行业最丰富的库存和价格,在新的搜索平台上,还会主推酒店集团的官网直订,推广"官网最低价"的模式。而去哪儿网在年轻群体中,广受欢迎的"智能搜索",则能将更多的客户智能地推荐到酒店。

随着当前在线旅游市场竞争越来越激烈,线上获取流量成本也越来越高,去哪儿网转攻酒店会员意在获取新的用户群,不过其他旅游企业也在不同维度和酒店集团合作,去哪儿网要想产生实际收益仍然需要时日。去哪儿网的转型能加速平台发挥深度价值。而"共享会员"的创新型方式,将达成平台、供应商以及消费者之间的三赢。

(二)跨界合作,提升品牌价值

11月9日,上海知名网贷平台你我贷首次携手全球知名的中文在线旅行网站去哪儿网,尝试跨界合作。双方此次合作以流量推介为核心。2017年11月9日至2017年11月13日期间,去哪儿用户均可领取由你我贷与去哪儿网联合发出的"火车票红包"。用户在2018年1月31日前通过去哪儿网旗下火车票务平台购买火车票时,该红包可直接当购票现金抵用。

作为国内知名网络借贷信息中介平台,你我贷此次与国内大型的在线旅游网站"去哪儿"进行深度跨界合作,将有助于双方优势互补,发挥协同效应。合作致力于推崇便捷、健康、环保的出行理念。你我贷方面表示,选择与去哪儿网合作的另一个重要原因是双方的用户人群高度契合,满足了双方用户群体出行与投融资需求,增强了双方平台活跃度,提升了双方品牌价值。

你我贷是新三板挂牌公司嘉银金科(832031)旗下网络借贷信息中介平台,于2011年6月上线运营。你我贷基于大数据金融风控模型为有融资需求的中小企业主和个人提供信贷信息服务,同时将这些优质的普惠资产与广大互联网投资用户进行有效连接。你我贷目前已拥有超过 3000 万注册用户，累计撮合资金超 600 亿人民币，累计交易笔数超过 5000 万次，被认为是中国众多互联网金融公司中持续稳健经营的代表之一。

（三）技术性"地推"，抢占市场的基石

去哪儿网通过"地推"的方式下沉三四线城市，与低星级酒店签约合作，希望加速抢占三四线市场。去哪儿网首席运营官张强认为，地推需要依靠成熟完善的计算，而不是人海战术。所以团队根据内部的数据、系统，为每一位销售人员匹配了 CRM 系统，提供需求、任务和解决方案，这套系统令这个千人团队有章可循，业务效率大幅提升。其次就是招聘工程师，实现酒店预订高度自动化。酒店从预订到成功入住有一个流程，要确保酒店有房才能销售给消费者，在线旅游跑马圈地的进程中，自动化为去哪儿网的竞争提供了不可撼动的技术基础，这也是张强所强烈认同的。

技术性"地推"战略的决定对于去哪儿来说，毋庸置疑是最正确的，奠定了成功转型的基础。互联网是工具，从物流加互联网，再到整个云端，再到实体，交互融合。对去哪儿网来说，大数据、云计算不仅是站稳市场的基石，同时也是未来发展的一板斧。

（四）以技术为驱动力，打造在线旅游服务闭环

作为一家"以技术为驱动力"的在线旅游服务公司，去哪儿网创立的初衷，是希望改变旅游的既有形式，通过技术的力量，让消费者找到与自身契合的旅游产品；同时利用技术重新整合和匹配全产业链信息，缩短产业链条，提高服务效率，从而推动整个行业的在线化进程。去哪儿网推出了大数据预测类机票产品"智惠飞"，为用户提供更精准的在线购票和预订服务；推出了"再出发"系统，是在线旅游交易系统的再升级，其包含库存管理系统、订单管理系统、ebooking 系统和分销系统，能够帮助代理商减少运营成本，提高生产力，完成业务闭环。

目前，去哪儿网的流量处理流水线每天需要处理的业务日志量大约 60 亿条，总计约 4.5TB 的数据量。其中许多任务都需要保证在稳定的低延时情况下工作，快速迭代计算出结果并反馈到线上业务系统中。因此利用大数据处理保证数据的可靠性以及低延时，对去哪儿网系统开发和运维来说十分重要。

云计算、大数据代表着未来，一个公司云计算能力的高低很大程度上决定着技术水平的高低。去哪儿网的未来，要做"聪明你的旅行"。未来的旅游，将借助云计算的力量延展增值体验，为用户提供新闻资讯、出租车送机、特色美食、周边游、生活等方方面面的服务，旅游将会在这里形成一个闭环。在"互联网＋时代"下，云计算正被越来越多的行业和企业认可。《腾讯云会客厅》作为云计算行业首档高端人物对话栏目，是由腾讯云副总裁曾佳欣亲自主持，在分享云在各领域最佳实践的同时，也邀请到众多创投界资深人士和明星，分享云端创投经验，从资本、技术、渠道、服务等方面，打通整个产业链，构建云端创业生态。

第三节 途牛网

一、企业简介

途牛旅游网创立于2006年10月,以"让旅游更简单"为使命,为消费者提供由北京、上海、广州、深圳等180个城市出发的旅游产品预订服务,产品全面,价格透明,可以全年365天24小时拨打400电话预订,并提供丰富的后续服务和保障。目前,途牛旅游网提供100万余种旅游产品供消费者选择,涵盖跟团、自助、自驾、邮轮、酒店、签证、景区门票以及公司旅游等,同时基于途牛旅游网全球中文景点目录以及中文旅游社区,可以更好地帮助游客了解目的地信息,妥善制订好出游计划,并方便地预订旅程中的服务项目。

途牛作为专注在线休闲旅游市场的企业,坚持不懈实现"让旅游更简单"的使命。为广大游客提供以下产品。跟团游:包括周边短线游、国内长线、出境游,行程透明、质量可靠;自助游:海岛、港澳、三亚、丽江、九寨沟等既有国内外自助游套餐亦可单订某项产品或任意搭配组合;公司旅游定制服务:针对游客的独特需求量身定制个性化的旅游产品。途牛具有以下优势:产品丰富,精选出性价比高的优质线路,组成丰富的产品线,满足游客国内外出游需求;性价比高,同类产品选择途牛更实惠,数百位专业的旅游顾问专业筛选出市场上高性价比的旅游产品;省心便捷,在线轻松预订,专属客服24小时快速反应,更有牛到家服务,足不出户,服务到家;量身定制,专业旅游顾问团,丰富的产品线,满足游客量身定制的个性化需求;双重保障,售中、售后跟踪服务以及质检,使游客的权益得到切实保障。

到2017年,途牛网在短短的时间里,发展迅猛,通过互联网绝对性的优势开辟了创新的在线旅游预订模式,规模和影响力不断扩大,快速成为中国旅游行业知名品牌,继携程、去哪儿、艺龙之后,成为中国第四家上市的OTA企业,其电子商务发展模式已经被同程网的旅游度假频道等多家公司借鉴,部分公司成立了"学牛办"来研究途牛的经营模式。

二、途牛2017财报分析

(一)综合分析

2017年全年的营收总计为22亿元人民币(约合3.369亿美元),与2016年同期非美国通用会计准则（Non-GAAP）下的净营收增长53.3%。2017年全年的毛利润达到了12亿元人民币（约合1.795亿美元），与2016年同期非美国通用会计准则（Non-GAAP）下的毛利润相比增长80.9%。途牛2017年全年的亏损为7.713亿元人民币（约合1.186亿美元），相比之下2016年同期为亏损24亿元人民币。不按照美国通用会计准则（Non-GAAP），途牛2017年全年的净亏损为5.311亿元人民币（约合8160万美元）。2017年全年归属于途牛普通股股东的净亏损达到了7.730亿元人民币（约合1.188亿美元），相比之下2016年同期属于途牛普通股股东的净亏损为24亿元人民币。不按照美国通用会计准则（Non-GAAP），2017年全年归属于途牛普通股股东的净亏损达到了5.328亿元人民币（约合8190万美元）。

表 2-2　2016—2017年途牛（TOUR）经营情况

项目	2016年全年（千元）	2017年全年（千元）	同比变化（%）
打包旅游产品收入	1 061 299	1 589 353	49.8
其他收入	386 283	602 747	56.0
收入合计	1 447 582	2 192 100	51.4
净收入	1 430 275	2 192 100	53.3
营业成本	−784 540	−1 024 206	30.5
毛利	645 735	1 167 894	80.9

资料来源：企业年报，前瞻产业研究院。

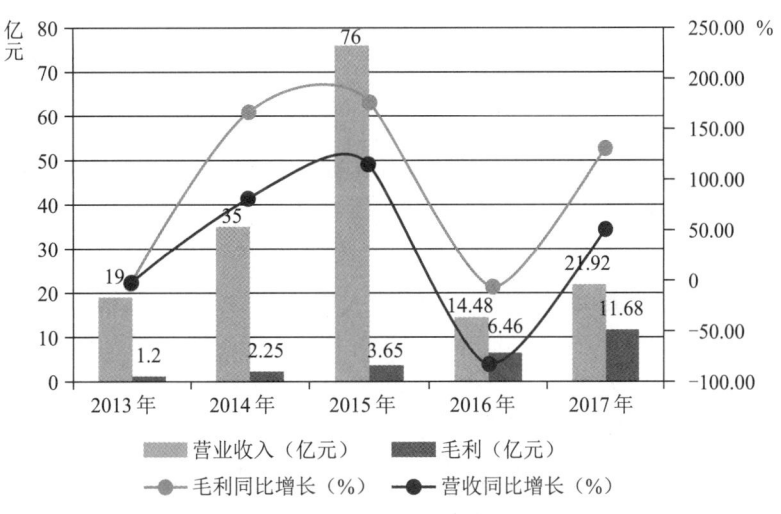

图 2-1　2013—2017年途牛（TOUR）经营情况变化趋势图

资料来源：企业年报，前瞻产业研究院。

(二）季度分析

1. 第一季度

2017年第一季度，途牛旅游网净收入为4.56亿元人民币（合6630万美元），同比增长60.6%（与非美国会计准则下净收入相比）；打包旅游产品收入为3.559亿元人民币（合5170万美元），同比增长53.5%（与非美国会计准则下打包旅游产品收入相比）；2017年第一季度毛利为2.513亿元人民币（合3650万美元），同比增长170.8%（与非美国会计准则下毛利相比）。

表2-3 第一季度收益表

	净收入（亿元）	打包产品收入（亿元）	毛利（亿元）	移动端渗透率
2016年Q1	2.84	2.319	0.928	80%
2017年Q1	4.56	3.559	2.513	90%
同比增长率	60.6%	53.5%	170.8%	

2017年第一季度，中国在线度假旅游市场交易规模达到218亿元人民币，同比增长30.8%。其中，途牛市场份额达26.56%，位列第一。这已是途牛连续7个季度位居中国在线休闲旅游市场第一名。途牛可以提供320个出发城市的旅游产品预订，较上个季度的290个城市再增加了30个；途牛目的地产品共覆盖全球160个国家和地区，较2016年第四季度的150个有所增加；与途牛达成合作的全球供应商共有1.6万家。

2. 第二季度

2017年第二季度途牛旅游网净收入为4.601亿元人民币（合6790万美元），同比增长53.8%；毛利为2.406亿元人民币（合3550万美元），同比增长84.5%。

从财务数据来看，2017年第二季度，途牛旅游网打包旅游产品和其他收入均有大幅增长。其中，打包旅游产品收入为3.393亿元人民币（合5010万美元），同比增长57.7%。这一增长主要源于跟团游和自助游净收入的增长。其他收入为1.208亿元人民币（合1780万美元），较2016年同期增长37.7%。这一增长来源于金融服务收入和单项旅游产品（如交通和住宿等）佣金收入的增长。

3. 第三季度

2017年第三季度净收入为8.061亿元人民币（合1.212亿美元），同比增长53.5%（与去年同期非美国会计准则下净收入相比）。2017年第三季度毛利为4.409亿元人民币（合6630万美元），同比增长73.5%（与去年同期非美国会计准则下毛利相比）。净利润为3970万元人民币（合600万美元）。

2017年第三季度公司业绩表现强劲。净收入同比增长53.5%，毛利同比增长73.5%。途牛在销售网络、服务网络和智能网络建设上已取得成效，并将继续加强。这些已形成了途牛的核心竞争力，并实现差异化，进一步巩固了公司在中国在线休闲旅游市场的领先地位。途牛前期实施的战略已见成效，对公司的运营和财务起到了积极作用。本次公司实现了上市以来首个单季度盈利（非美国会计准则）。随着核心战略的执行和内部运营的优化，途牛将继续为客户和股东创造价值。

4. 第四季度

表2-4 第四季度收益情况表

	营收（亿元）	净亏损（亿元）	毛利润（亿元）	股东净亏损（亿元）
2017年Q4	4.699	1.861	2.352	1.849
2016年Q4	3.16	5.679	1.685	5.611
同比增长率	48.7%		39.6%	

三、2017年大事记

2017年4月：三声母域名xhy.com中六位被途牛收购；

2017年11月：杭州众译行科技有限公司与途牛旅游网合作，首次推出了讯飞晓译翻译机产品，双方合作内容涉及出境游、自助游等多种旅游服务，通过提供随身翻译机租赁服务，进一步升级出境游服务体验；总裁兼COO严海锋及CFO杨嘉辞去现有公司职位，原副总裁辛怡将担任新任首席财务官，严海锋将继续担任公司董事，杨嘉宏将担任公司高级顾问；首次实现单季度盈利。

2017年12月：途牛、连云港携手共推港城冬季旅游产品，打造"四季游"旅游品牌；途牛"牛淘客"开放注册，打造旅游社交分享平台。

四、企业解读

（一）案例分析

途牛VS携程：负重的途牛为何抢占高地

比起OTA的巨头携程，在逆转的生态局势中，途牛还是挺有发展潜力。原因是途牛更具备转战线下优势。途牛每年营业额都大增，但就是不盈利，到最新一季的财报好不容易才进入了盈亏平衡点。自2014年上市以来，由于业绩不佳，途牛的股价走势一直呈波动式向下。当前股价为8.36美元，远低于24美元的IPO价格，当前途牛的市值仅仅只有10.57亿美元。

1. 业务比较

途牛走出这样的行情结结实实要归因其商业模式，它能逆转也基于它的商业模式。我们看看途牛和携程的主营业务就可以看出些猫腻。直观两者的营业模式，就可以看出途牛的营收高度依赖于跟团游这一业务，而携程则是百花齐放。途牛营收有 90%都是由团队游这个板块的业务贡献的,而团队旅游中赚取的是差价,说白了就是从供应商那里批发来各式的旅游产品,然后分拆出来卖。而由于其他专做OTA 的平台竞争十分激烈,再加上旅游产品(旅游线路)的高度同质化,途牛并不具有垄断地位。这导致途牛议价能力缺失,产品的附加值低。携程与途牛不同之处在于,携程更像是一家平台化的互联网公司。它是为供应商提供平台,提供增值服务,销售流量,提取佣金和广告费用。虽然在提取佣金上也算得上是携程的辛苦钱,但是携程的网站流量所带来的收益是十分巨大的。

而团队业务所占比重大则意味着高营销成本。途牛每年的营收增加的根本原因就是团队游业务收入的增加,而跟团游是要花费大量的。但是团队游给途牛带来的高营收增长的同时,也带来了"匹配度"十分高的成本开销。但是如果我们能看到事情的另一面,则有完全不一样的逻辑。途牛依赖跟团游的另一个导向是:途牛有1400 名员工,其中研发团队和旅游顾问人员占很大比例。途牛有 400 个旅游顾问、15 个线下服务中心,不亚于传统的线下旅行社。这样的"资产包"比起携程的轻资产是非常重的。在互联网大行其道的时期,"携程鼠标+水泥"的模式在能解决旅游资源信息不对称的短板,所以能快速吃到市场的蛋糕。但随着用户个性化旅游与即时性旅游的需求愈加彰显,单一个机票、酒店、"机+酒"等产品难以满足消费者的体验需求,行业需要新的资源供给方式出现。途牛的线下研发团队和旅游顾问这个资产包应该被重新估值,在这轮大逼平中,途牛的优势显然不是线上,而是线下。

2. 产品和体验感

途牛今年前三季度的老客户占比已达到 60%。作为一贯怨声载道的旅游业,这说明其黏性还不错。途牛首创的跟团游品牌"牛人专线",产品综合满意度高达96%。另外途牛旗下的产品,口碑都还不错,目前跟团游和自助游产品 SKU 数总量超过 200 万。产品能力和客户体验提升,营销费用就可以省出来了。而最新一季的财报,途牛扭亏为盈很大一部分原因得益于大幅降低品牌投放预算,营销费用 2.219亿元,同比下降 64.3%,在净营收中占比降至 48.2%,低于去年同期 207.6%。低费用下的高增长,实现盈利。互联网流量逐步消退是不可逆转的大趋势,途牛营销费用的降低也是不可逆转。

3. 管理层开始转变战略

从今年的途牛的第一季度的财报问世,途牛费用的大头—营销费用,同比将近减少了一半。自此之后,途牛管理团队不断压缩成本,减少营销费用、售后费用等各项支出。而最新一季的财报,途牛扭亏为盈很大一部分原因得益于大幅降低品牌投放预算,营销费用 2.219 亿元,同比下降 64.3%,在净营收中占比降至 48.2%,低于去年同期 207.6%。更重要的是,途牛商业模型在经历一个深刻的变化:自 2017财年开始,途牛除了执行新的收入准则外,其与供应商所签订的合同也发生了变化,在跟团游的安排中,途牛由主要责任方变为代理方。这样的角色变更,使得途牛的成本有所降低,降低了亏损幅度。同时途牛开始积极布局线下门店,尤其二三线城市的布局。更改合同内容、布局直采和线下门店,缩减营销费用,控制成本,提高运营效率。这些战略都在表明途牛在走一条新路子。

4. 线下门店采用自营模式

事实上，拓展线下门店并不是途牛一家在线旅行社正在采取的发展策略，近年来，在线旅行社的市场争夺战明显呈现出由线上转移至线下的趋势。以途牛竞争对手携程为例，携程旗下包括携程旅游、旅游百事通和去哪儿三大品牌在内的门店数量已超过 6000 家。途牛的门店数量乍一看远远少于携程，但值得注意的是，携程的门店属于平台加盟模式，途牛的则是自营模式。相比能一边收取加盟费，一边又能实现迅速扩张的加盟模式，自营模式无疑投入更大，扩展速度更慢。途牛高层认为，自己来运营，自己来管理，最主要的考虑是在质量。能把细节做好，变成一个标准和规范来进行运营，随时随地发现问题、改进问题。虽然自营成本投入明显更高，但每一个门店的开设都有模型，途牛会预算它的投入和产出。目前来看，（自营门店）比很多渠道的收益率要高，所以开设门市是基于这样一个投入产出比的计算，来保证它是一个划算的事情。除了线下门店外，现在途牛还在建设自营的地接社，到 2017 年年底要建 13 个，2018 年还会再增加 10 个以上。

历史上的每一次变革，都是机遇与挑战并存的，在生态逆转的今天，途牛运气好拿了一手更好的牌。如果管理层给力，调整战略方向能执行到位。途牛一改颓势也大有可为！

（二）盈利的背后——结构调整

途牛现在的盈利并不是简单缩减成本来实现的，更重要的是结构的调整。老客户的比例提高到 60% 以上、直采比例明显提升等都帮助公司在投入产出比方面有所优化，并进而实现盈利。一些结构性调整的工作还会继续，还会建设销售网络，销售网络包括了途牛对于线下门店的建设。

1. 专属会员服务

在途牛的会员服务体系中，分为专属会员服务和专业会员服务，日常客户的投诉和咨询全部由专属的会员服务直接处理，而专业的问题则再升级到专业会员服务团队去，一同协助解决。途牛的专属会员服务团队从去年的 200 人已经增加到现在的超过 1200 人。在今年的前三个季度，途牛老客户占比已经超过一半达到 60% 左右，这个突破使得途牛可以大幅降低营销费用投入，优化营销投入产出。同时在今年前三个季度营销费用同比降低超过一半的情况下，仍然实现了收入超过 50% 的同比增长。

2. 自营门市的结构调整

目前途牛自营门市数量虽然还是 180 个，但实际上门市的结构已经发生了很大的调整，关掉了很多写字楼门市，开设了临街门市和商超门市。这样和客户离得更近，能够争取到更多给客户服务的机会，有更多地曝光和露出，还能给客户提供线上线下结合的服务。

3. 地接社网络的完善

途牛的自营地接社从去年的 1 家增加到今年的 11 家，再加上海外 2 个一共 13 个，而明年还会再增加 10 个以上。客户预订的时间只占到出游中很小的比例，而出游中的时间明显是大于预订的时间，因此途牛不仅要保证预订过程中的体验，还要保证整个出游过程中的体验。途牛高层下决心，把地接业务做起来，要能够有突破，今年在自营的地接业务上面，国内和境外加起来，地接力量达到了60万左右，这是一个很大的突破。

（三）旅游网社交分享平台——牛淘客

12月19日，途牛旅游网社交分享平台——"牛淘客"正式上线。依托旗下"牛人专线""瓜果亲子游""朋派定制游""乐开花爸妈游"等众多产品品牌海量明星线路及优质服务体验，途牛旅游网致力于打造度假旅游市场品类最丰富、用户口碑最好的社交分享平台，实现从普通会员向"会员+营销"双角色的转变，提升碎片化流量的变现。

1. 会员碎片化流量变现有新招　推当季产品迎合市场出游需求

自12月19日起，用户登录途牛旅游APP发现频道，点击"牛淘客"频道页即可申请加入分享平台，成为"牛淘客"一员。"牛淘客"可以随时随地将途牛优质爆款线路，分享至新浪微博、微信、QQ等社交平台，如有消费者通过分享链接预订线路并成功出游，该名"牛淘客"将获得一定的返佣金额。借助"牛淘客"，途牛将激发普通途牛会员社交渠道的流量价值，同时通过全民营销模式实现最大引流。

微店主要辐射微信朋友圈，是移动社交营销的有效方式之一，然而，微店刷屏式营销很容易引发朋友圈好友反感甚至屏蔽，且多数店主并不依靠佣金赚钱，因此不愿意过多花心思进行微店运营。与之相比，"牛淘客"覆盖的社交渠道更广，且用户不需要专门花时间、花精力运营，只需"一键转发"就可以坐等佣金。从目前"牛淘客"分享平台选品来看，主要为满足游客冬季出游需求的温泉游、海岛游等应季产品。由于冬季天气寒冷，泡温泉成为游客心仪的冬季休闲度假方式，来自国内云南以及出境方向日本富士山等地的温泉游产品让游客出游倍感暖意。除了温泉游之外，平台还甄选了塞班、文莱、沙巴等温暖海岛，将游客暖冬出游体验升级。

2. 体验更优质，打造度假旅游社交分享平台

目前，市场上各平台"分享"功能不断更新迭代，运营模式也在不断创新，这对"分享客"的学习能力提出了更高的要求。途牛"牛淘客"平台通过简化操作流程重点优化了用户的参与门槛，针对"牛淘客"推出平台操作指南、"牛淘客"运营心得等培训课程，有助于KOL快速上手。同时，对于目前线上分享平台存在的产品质量低下、缺乏售后服务、对社交友好度损害较大等问题，途牛"牛淘客"平台也分别对选品质量、售后服务以及朋友圈体验进行了优化。在线路品质方面，"牛淘客"所甄选产品皆来自途牛"牛人专线""瓜果亲子游""朋派定制游""乐开花爸妈游"等产品品牌优质线路，产品满意度有保证；在售后服务方面，所有"牛淘客"将获得途牛平台的全力支持，任何关于线路的活动运营、售前咨询或售后问题均由途牛负责提供，并保证"牛淘客"的信息安全；在社交体验方面，途牛依托海量主题游线路，通过具体的场景化推送，使"牛淘客"的分享更接近游客真实出游需求。

随着用户碎片化和体验化需求不断提升，用户与线上平台的交互也在不断升级。从上线"哪里值得玩"频道页，到途牛旅游 APP "结伴""游记""玩法""直播""旅图"板块的火热，途牛持续致力于推动场景化营销，多维度助力 KOL 实现内容价值的挖掘和变现。"牛淘客"分享平台将以更细的粒度渗透到消费场景之中，以优质、口碑旅游线路为内容，形成从普通会员向"会员＋营销"双角色的转变，以场景营销触达用户，更深入地渗透到客户身边，进一步完善途牛销售网络。

五、未来展望

2017 年完成了专属会员服务、自营门市结构调整、自建地接社等多项升级。对于途牛未来的战略，这些结构性调整的工作还会继续，包括销售网络多样化，从线上为主到线上线下、分销、企业等多渠道，明年实现 50% 直采的比例，自营地接社明年增加 10 个以上。未来途牛计划在门市结构、直采比例上做到结构调整，以帮助公司实现长期盈利。不同于其他在线旅行社采用加盟模式迅速扩展线下门店，途牛将会以全自营的方式来建设线下门店，同时还将建一批自营地接社。同时还将加强智能网络，实现供给需求的智能匹配。根据途牛方面公布的门店数据显示，目前，途牛线下门店数量约为 190 个，到 2017 年年度将有约 220 个门店，在交易额占比中不到 10%。到 2018 年上半年，途牛旅游网的门店数量将增加约 150 个，届时，线下门店在交易额中的占比也将超过 10%。

从整体趋势上看，途牛的盈利能力在逐步加强，而接下来途牛的重点仍然会继续放在销售和服务网络的结构调整上。

1. 销售网络方面

途牛明年自营门市的数量将再增加 150 个以上，总量达到 370 个以上。除了原有的线上渠道，以及门市、会员渠道，途牛还建设了企业、运营商、笛风分销平台等多个销售渠道。这些渠道将继续得到加强，同时途牛将继续围绕客户场景拓展更多机会。一方面，途牛将在横向上拓展、分散、丰富市场渠道；另一方面，将在纵向上碎片化销售节点，更深入地渗透到场景中和客户身边，继续围绕客户场景拓展更多机会。同时，途牛将重新加强线上内容投入，激活内容基因，通过内容和工具方便客户出游，服务更多客户。

2. 在服务网络方面

途牛明年的直采比例将达到 50% 左右，这是一个重大转折，标志着途牛能够创造优质的服务供给，具备了属于自己的服务能力。据悉，途牛明年自营地接社将再增加 10 个以上，总数达到 23 个以上。在目的地服务的场景下，加强线下服务与线上平台的打通。在自营地接社网络之外，途牛将继续探索其他目的地自营品类，通过深入服务细节、改善服务细节，来实现供给侧的提升和创新，满足客户的消费升级需求。在目的地服务的场景下，加强线下服务与线上平台的打通，通过技术与移动端，提供更加舒适的出游体验。

3. 技术学习

途牛将加强在深度学习、机器学习等新技术上的投入，通过构建智能网络，实现供给和需求之间的智能匹配。目前途牛已建立了强大的全品类动态打包系统，每增加一个目的地产品，就可以连接各种交通工具并销售到每一个出发地，拉平地域的差别，实现本地采购全国销售，提供比单项预订更便宜的打包价；每增加一个销售网络节点，就可以销售全球目的地的产品，从而大大提升每个节点的服务范围，满足客户多样化需求。途牛将升级以动态打包为核心的平台为智能网络，通过智能网络连接销售网络和服务网络，放大双边网络效应。通过数据、深度学习、清晰的规则以及店小二的心态，可以实现更加高效的供给与需求的连接，更快速地围绕需求迭代创新供给。

第三章
B2B2C类综合性旅游服务电商

　　垂直化 B2B2C 平台主要是在某一细分行业或市场由生产商或品牌商与零售商之间；零售商与消费者之间；品牌商与消费者之间，集批发、分销、零售于一体的综合性平台。线下供应商管理，利于统一标准上架商品，对供应商进行网站操作的要求低；线上供应商管理，将供应商直接作为电商对待，管理成本下降，但对供应商正确积极进行电子商务交易管理要比较困难一些。企业对企业交易我们叫 B2B，这里的前一个 B 通常指批发商 Business，后一个 B 通常指零售商 Business。在线收直客，我们称为 B2C，这个 B 一般是零售商，有时也由批发商在扮演这个角色，C 即是我们潜在直客。B2B 和 B2C 这两者都搬到互联网上来，实现企业与企业之间和企业与游客之间在线交易的目的。Business to Business to Customer，不只是两种模式的简单组合，而是要打通 B2B、B2C 之间的供应链与客户关系链之间的管理，因此在旅游系统建设方面也就有很大的不同了，不是两者简单相加。

　　现在，这类电商的利润空间等一直被压缩，许多企业开始寻求转型。欣欣旅游网表示：平台困局中，应该有壮士断腕的决心。同样日子不好过的，还有欣欣旅游网这类旅游 B2B 们。作为发展比较早的平台之一，欣欣旅游网也发现了行业的机会。传统旅游行业存在的问题，如供应链冗长、产品交易次数多、价格层层递增、信息技术落后以及由于服务标准不统一导致的交易成本高，效率低下等，曾经给众多像欣欣旅游网这类旅游 B2B 们带来了机会并提供了无限的想象空间。然而，旅游 B2B 行业的发展并不是一帆风顺，B2B 企业遭遇经营危机的情况每天都在上演。旅游交易本身是低频的公司行为，很难让客户产生黏性与忠诚度，B2B 平台只能以高额返点提高交易频率，这类 B2B 企业除了给供应商带来一时短暂的利益外无其他核心价值。如今，欣欣旅游网的 CEO 赖润星也表示：商业模式的基础就是为用户产生价值，而不是补贴用户，补贴本身是不理性的，市场一定会回到最理性的状态也就是回归商业的本质。

　　在 B2B 整体发展处于资源整合难、同质化高、产品类型单一，难以满足 B 端旅行社对于差异化和价格优势的需求，且缺乏流量，常受制于渠道商和 OTA 的情况下，欣欣旅游网也在困境中谋求服务转型。目前欣欣网定位于服务中小型旅行社，帮助他们建立数据分析工具、提供金融解决方案以及同行社交等。赖润星认为，除了平台业务本身，欣欣旅游网也希望能为中小旅行社提供技术、社交、金融服务。此外，正在艰难中的欣欣旅游网也希望能通过发展ERP业务来谋求生机，为此旗下的欣欣ERP近期也喊出了"同天下之利者得天下"的口号，有意无意地迎合行业领头羊同天下的价值主张，以此宣传，希望能跟上行业领头羊的步伐。面对困境，B2B企业也需要有壮士断腕的转型决心和毅力，也希望对行业领头羊的借鉴和跟随能帮助所有正处在悬崖边缘挣扎的B2B企业找到一丝生机。

第一节　同程旅游网

一、企业简介

同程网络科技股份有限公司（简称同程旅游）是中国领先的休闲旅游在线服务商，创立于2004年，总部设在中国苏州，员工12000余人，注册资本20269万元。同程旅游的高速成长和创新的商业模式赢得了业界的广泛认可，2014年先后获得腾讯、携程等机构逾20亿元人民币投资。同程旅游是国家高新技术企业、商务部首批电子商务示范企业，"同程"商标荣获"中国驰名商标"，同程旅游连续四年入选"中国旅游集团20强"，2015年位列第8名，是中国在线旅游行业三大企业集团之一。新的十年，公司以"休闲旅游第一名"为战略目标，目前公司在中国景点门票预订市场和邮轮领域处于领先位置，并积极布局境外游、国内游、周边游等业务板块。2016年同程旅游宣布投资30亿元，打造同程旅行社（集团），运营以休闲度假游及景区目的地为核心的业务板块。同程旅游另一大板块同程网络则以机票、酒店、火车票等标品为主要业务，目前已实现规模化盈利。同程旅游整并万达旅业，携程推信用担保服务，并成立"百旅会"。

2017年对于主营度假业务的同程旅行社集团而言是"提质增效"的一年。整个旅行社集团充分发挥了已完成的"线上+线下"优势，针对当前消费升级大趋势，全力发展品质游，初步形成了以"同程专线"为核心的品质游产品线体系，以差异化竞争策略在极地旅游、邮轮旅游、高端定制游等细分领域取得了突破性进展。同时，面对文旅这一迅速升温的"风口"，同程迅速整合资源成立了同程文旅集团，未来将涵盖以下主要业务板块：以门票为入口的综合目的地消费；目的地综合精选套餐，酒景餐娱产品；赋能目的地，"旅游+技术"文娱；全域旅游咨询、策划和整合营销。目前，同程控股旗下已形成了"旅行社集团+文旅集团"两个成熟业务，同时着眼全产业链与消费升级,"同程基金+同程众创"还在不断投资孵化新的业务板块。

同程旅游是中国旅游行业第一个通过该认证的旅游企业,这代表着同程旅游的服务水平再上一个新台阶,完成了从规模发展到精细化服务的转变。同程旅游集团意在搭建面向未来的新旅游生态平台,围绕用户口碑、品质服务和管理效率三大目标,在各个板块之间充分发挥竞合效应与协同作用。集团鼓励成熟的板块独立进入资本市场。业内人士认为,从产业链的布局与各大板块的发展潜力来看,同程成长为一个千亿级的旅游产业集团未来可期。

二、同程网 2017 财报分析

同程网络的在线标品业务保持了迅猛增长,2017 年净利润超过 5 亿元人民币;同程控股旗下的同程旅行社集团、同程金服等板块也完成了全年目标预期,预计在 2018 年取得盈利,并成立了文旅板块开拓新蓝海。数据显示,同程旅游整个集团 2017 年总交易额超过 1000 亿元,服务人次超过 5 亿。目前,同程旅游在集团层面完成了搭建新旅游生态平台的角色,初步奠定了其全产业链的布局。

三、2017 年大事记

2017 年 1 月:同程旅游线上线下联动,全面布局小程序。

2017 年 3 月:同程旅游完成对精品民宿品牌花间堂的战略投资;继全国中老年旅游服务品牌"百旅会"之后,同程旅游将针对不同的细分人群和市场定位,打造生态社群矩阵,陆续推出"同程好妈妈会""同程精英会",以及"同程企福会"等社群品牌。

2017 年 4 月:同程旅游将以南通兴东国际机场为主运营基地,以 10 亿元注册资本,成立同程捷运航空有限公司;同程旅游推出定制化自由行产品;从民宿到目的地,同程旅游打造内容 IP 新路径。

2017 年 5 月:马来西亚旅游部长到访同程旅游,双方达成多项战略合作意向。

2017 年 7 月:同程集团整体终于实现了超过 3000 万元以上的规模性盈利;同程入股红土,在线旅游跨界航空。

2017 年 9 月:同程旅游与新加坡航空公司酷航达成协议,双方将共同探索移动互联时代的机票销售新模式,并在数据分析与应用、精准营销、多元化产品方面开展深入合作,为旅客提供便捷服务与优质的个性化产品。

2017 年 8 月:挪威国家旅游局与同程旅游正式签署战略合作协议。此次签约合作,将更加偏重于挪威冬季旅游产品的开发及宣传,并借助同程旅游的平台,对挪威旅游产品进行全方位、深层次的推广及销售。

2017 年 10 月:同程旅游上线火车票"自主选座"服务。

2017 年 12 月:因应消费升级趋势,同程旅游推出新文旅战略;同程旅游发布"慧行"解决用户出行痛点;"人工智能翻译机"在同程旅游上线,众译行引领旅游新热点;荣登胡润百富《2017 胡润品牌榜》并获得"最具成长力中国旅游品牌"的奖项；同程旅游集团旗下的同程网络与艺龙旅行网宣布正式合并为一家新公司"同程艺龙"。

四、企业解读

1. 新文旅战略

同程旅游宣布将正式推出新文旅战略，同时联合各方发起成立了"新文旅联盟"，吹响了其进军文旅产业的号角。同程旅游创始人、同程国旅（集团）总裁吴剑表示，在目的地消费不断升级的趋势下，同程旅游推出新文旅战略，意在通过整合内外部资源，聚焦旅游目的地的打造，去创造更多文化和衍生产品，目的是希望有能力去给更多旅游目的地赋能。

同时，同程旅游联合新华网发布了《2018新消费时代的目的地营销趋势预测》分析报告，报告认为，中国的消费社会已经进入"第四消费社会"，并且这一趋势正在推动旅游消费的升级。旅游消费升级不仅包含了规模的升级，而且还包含了品质的升级、旅游购买方式的变化以及个性化、多元化、全域化趋势，等等。报告预测，2017年度我国国内游和出境游的整体出游人数将达到49亿人次，旅游总收入预计将达到5.2万亿元左右，再创历史新高。报告引用同程旅游最新一次面向全年龄段旅游者的在线问卷调查数据指出，当前旅游者在旅游花费以及具体的交通、住宿等方面的消费层次上均有明显的升级趋势。数据显示，2017年旅游者单次出游人均预算水平为3722.96元/人，相比一年前增长了7.73%，主要得益于人们对于高品质旅游服务（交通、住宿等）需求的增长。旅途住宿消费方面的需求品质化趋势主要表现为标准化的经济型酒店需求比例有所下降，高品质的星级酒店以及精品度假酒店的需求比例上升，个性化的民宿、短租公寓合并占比也达到了19%。

具体而言，旅游消费升级不仅包含了市场规模的升级，旅游者的消费方式也在发生根本性改变，消费内容品质化、多样化，消费方式移动化、社交化都在对整个旅游产业产生着深刻影响。从"门票经济"到"旅游经济"的转变过程中，目的地内容正在不断重构，已经不再局限于"目的地点评+目的地介绍"的传统内容。用户通过旅游网站希望购买到的不再只是一张门票，多元化的景区产品会更受青睐。旅游经济时代中，核心是目的地能够提供哪些更全套的产品。未来整个链条中以景区门票为入口的产品会增加更多的旅游项目，例如演艺类、文化类、餐饮住宿类的产品。此外，对于景区升级改造而言，人工智能、大数据等前沿科技的应用也不容小觑。旅游行业营销当前最大的两个痛点，一个是用户旅游行为分散，需求更为个性化；另一个则是出行时间各异，以往以长假出游为主，现在还会选择错峰出行。

2. 旅游消费升级，聚焦品质旅游

由消费升级驱动的旅游品质升级，对于行业而言，既是挑战也是机遇。在旅游消费大升级的背景下，同程旅游将聚焦品质旅游，解决用户出游痛点，为用户提供集高品质、优服务、好口碑为一体旅游体验，让更多人享受到旅游的乐趣。其实同程旅游在品质旅游方面早有探索，在2015年就提出的专注品质出游的同程专线。

同程专线主要针对行程中的各项痛点，开发出具有特色餐饮、100%成团、专属大巴等品质旅游产品。其一经面市，就受到了广大用户的推崇，好评率均在95%以上。

除了行程设计外，体验也是旅游中比较重要的因素之一，同程旅游联合区域分公司、体验店、旅游顾问、海外地接服务、客户体验中心和产品研发为游客带来全方位的体验。如同程邮轮贵宾厅，舒适的休憩环境、免费茶点、码头接驳等VIP体验让游客享受到美好的邮轮旅程。又如通过各类营销活动增强游客体验，同程将在明年针对各个节假日开展各式主题活动，平日里也会有诸如超级24H、疯狂星期五、引爆周三等大流量促销活动。面对游客的需求更趋多样化、个性化，为他们提供丰富、差异的旅游产品是用户品质出游的关键所在。未来，同程旅游还将不断发展IP产业，包含同程专线、超级自由行、包团定制、爸妈游、亲子游、私家团和学生游，让消费者在景中学，在景中有所感受。

3. 技术产品服务，升级旅行体验

同程旅游方面表示，"旅游的本质是服务，只有将技术创新、产品创新和优质的服务相结合，才能为游客提供更有效率、更高品质、更加贴心的旅行体验"。如何利用好互联网技术，改善游客在行前、行中和行后中的旅游体验，提升工作人员的服务效率，是对在线旅游服务商的一大考验。同程旅游一直致力于旅游全流程信息化研发和完善，在2017年不断寻找订单处理流程效率的提升方法并升级EB-APP1.0版本，先后完成了EB入驻页面的升级改造、团队定制EB抢单功能、合作伙伴个人自费库建立、供应链全融贷款、EB对账迭代改进等功能。

同程旅游还一直秉承"一站式，快响应，暖服务"的服务理念，在服务品质提升的道路上不断向前。7×24小时一站式服务，为游客打造从用户预订到行程结束各个环节一站式的服务体验。截至2017年10月，同程旅游大度假总好评率为91.4%，同比提升了4%，而总差评率仅为2.1%，同比下降了5‰。在业内率先提出"零差评"的目标，推出多种举措实现信息平台的快速响应，实行首问责任制、24H处理制、先行赔付制和监控报备制，让用户享受到更加轻松、便捷、高效的高品质服务体验。据悉，同程旅游是行业唯一通过4PS、CC-CMM、CCCS、COPC四项服务认证的单位，更是首家通过COPC认证的旅游单位。

4. 从民宿到目的地，打造内容IP新路径

OTA签署战略目的地并不罕见，不久前，同程旅游完成了对花间堂的战略投资，双方将在打造高端旅游度假产品、提升游客度假体验方面展开深入合作。而在花间堂为数不多的全国布局中，就有一处设在了古镇同里。从布局酒店到签署目的地，同程旅游背后的意图很明显，即进行从渠道到内容的转变与打造。作为一家线上与线下融合的旅行社集团，梳理同程旅游近期一连串的动作，不难发现这家公司在民宿、精品酒店乃至特色小镇等新兴旅游目的地进行布局的一些端倪。

在国家打造特色小镇和消费升级的大背景下，目的地对于IP内容的渴求越发强烈。类似花间堂这种注重特色和具备文化内涵的民宿，已经成为目的地的一大流量入口。而在目的地与优质内容之间做好对接与服务，就是同程旅游试图布局的下个

重点。具体来看,在特色非标酒店领域,起步于2009年的花间堂,将高端精品酒店与特色民宿合而为一,既有高端精品酒店的理念,又与地方民居等人文特色高度融合,是许多目的地非常欢迎的IP。借助投资花间堂,同程在产业链布局上能够进一步发挥同程旅游在景区、周边游和线上线下领先优势;与此同时,同程还得以加大在旅游目的地投资规划和建设运营的战略布局,强化其在旅游市场的竞争力。近期同程旅游与淮安市洪泽区旅游局等各方也共同签署战略合作协议,宣布将支持蒋坝旅游的发展,共同将蒋坝打造成苏北、江苏乃至全国知名目的地。无论是蒋坝还是同里,都属于比较知名的特色旅游小镇,随着旅游形态的不断变化,现在逐渐形成以历史文化旅游为特色的小镇型综合旅游目的地,本身带有强烈的文化IP的属性。同程旅游通过投资花间堂或者与特色小镇合作,等于找到做内容IP的载体,通过线上线下结合的优势,将创意、文化等元素植入,从而孵化、衍生出一系列产品,使之成为更具集群效应的"旅游IP"。

可以说,一方面通过投资并购等资本手段布局优质酒店和目的地内容,另一方面同程旅游在试图链接目的地,为中国特色小镇提供产业集群的意图也逐渐明显。"内容+电商"成为未来产业发展的新趋势,各家都争相在内容端进行布局,切入目的地优质IP和内容,得以让同程旅游抢占先机,进而在特色小镇的打造上具备足够的话语权。为配合旅游IP的打造,同程旅游目前也在全球旅游顾问学院的课程体系中,加大对民宿、特色小镇领域培训和人才的倾斜。

5. 布局微信小程序

随着微信小程序正式上线,瞬间引爆了移动互联网全新生态的无限畅想。同期,同程旅游宣布,作为小程序的首批内测企业,同程旅游已在旗下各产品线完成小程序的布局,并正式全面开放上线。同程小程序是一款无须下载安装,只需扫描二维码即可实现产品订购和增值服务的应用,目前开放了火车票、飞机票、汽车票、酒店、景点等多个产品入口并已完成全部小程序的搭建。在不久的将来,用户在到达火车站、机场、汽车站、景区、门店等场景时,可轻松实现扫码购票和到场服务。

同程致力于打造不同场景的差异化服务,将对旗下产品做全线智慧升级,以更丰富多元的产品依托小程序,领跑智慧出行。作为国内领先的在线旅游服务商,此次同程旅游全面布局小程序,就是以用户需求价值为使命的一次有力践行。同程旅游小程序全面开放,其目的就是为用户持续打造差异化服务,提升用户体验。比如在汽车站场景,同程小程序将帮助用户实现扫码购票进站,无须软件下载,告别排队烦恼,使出行更加便捷高效;在火车站场景,同程小程序则可以提供更加快捷高效的火车票预订功能,更具品质的VIP候车厅服务。据了解,同程旅游还将持续探索火车站场景的创新体验服务,力争为用户提供更多到站的特色服务和价值。在机场场景,同程小程序将对现有机票业务进行高度系统化整合和深度开发,以扫码体验贵宾厅为发力点,专注打造机场场景的创新体验,为用户提供机场餐食、扫码订票等到场特色的一体化服务和价值。

此外，作为智慧景区解决方案供应商，同程旅游深耕景区服务多年，在景区市场上占有绝对优势。此次通过景区小程序的搭建，同程旅游的用户可轻松实现扫码购票，快速入园，同程小程序的使用将大大提升景区的智慧化、信息化水平，降低景区的运维成本，为游客提供更好的购票、入园、游玩等服务体验。随着同程小程序的开放，目前同程旅游的直营体验店已经完成全部小程序的铺设，用户只需扫描二维码便可触达身边的一对一专属旅游顾问，开启"贴心服务、一键享受、缤纷活动、触手可及"的智慧体验。同程旅游将继续秉承用户第一的核心价值观，打造线上与线下相融合的新型旅行社集团。

五、2018年发展布局

2018年，同程旅游将推出增强EB移动化、系统效能提升、在线客服体系、导游激励制度、智能数据中心、信息同步机制等6大举措，继续提升行业效率和服务效率，推动游前、游中、游后整个旅游服务流程信息化、一体化，形成服务闭环，让游客体验得到全面升级。

同程将利用ABC，即人工智能、大数据和云服务进行赋能，升级"大数据+人"，从1.0版本到2.0版本。通过分析用户的搜索行为、浏览行为、基础标签等行为大数据，加上集语义理解、实时翻译、机器学习、呼叫中心为一体的AI营销机器人，让旅游变得更美好。未来还将继续在完善信息系统、提高产品品质、优化服务流程等方面进行不断的创新和探索，帮助合作伙伴提升工作效率，为用户缩短决策时间，提供更多、更好的产品和服务，让品质出游成为新常态，满足人们对品质出游的需要。第一，继续把客户放在第一位，关注产品，关注用户体验；第二，精细化经营流量；第三，用投资的视角，创业的心态继续出发。

第二节　欣欣旅游网

一、企业简介

厦门欣欣信息有限公司（以下简称欣欣）创立于2009年，总部设在中国厦门，并在北京、苏州、青岛三个地区设立了区域运营中心，目前在职员工超400人。作为国内领先的旅行社平台，欣欣旅游是一家以信息技术创新为核心竞争力，以综合服务凝聚和重塑行业力量，打造行业共生长平台的旅游科技公司。九年的积淀，一直致力于解决单一旅行社无法解决的问题，提供涵盖资源采购、营销管理、内部管控、行业监管、创业孵化等旅游企业的相关服务。并依托线上平台欣欣旅游（B2C 平台）、欣欣同业（B2B 平台）、笨游平台，线下腾邦欣欣旅游产业园，做好渠道建设，吸引近 13 万的旅行社同行入驻。其独特的商业模式赢得了广泛认可，2014 年获得腾邦国际（股票代码：300178）1.95 亿元注资。

欣欣旅游网作为中国首创的旅游 P2C 平台，会集了上万名旅游顾问，为游客提供专属的、贴心的，出行前、出行中、出行后的全方位服务。艾瑞市场咨询公布欣欣旅游网在旅行预订类网站排名国内前五，拥有最全的生活旅游出行实用查询工具平台；拥有中国最大的旅行社信息联盟体，全国 11 万多家分销商强势加盟；拥有中国最大的旅游产品库，荟萃 130 万条国内外的旅游线路和 70 万单项旅游服务信息，每天为 300 万以上游客提供最专业的旅游线路搜索、比较、预订服务。

拥有全国 395 个一级城市的旅游门户阵群，提供中国所有地级市以上城市的最详尽的旅游信息服务。欣欣平台为旅游顾问对接旅游线路、机票、酒店、门票、用车等各类旅游要素，并保证这些产品真实可靠和服务质量。同时，还为旅游顾问提供多种便捷高效的分销工具和管理系统，结合移动分销，为旅游从业者和游客架起新型对接桥梁。目前欣欣平台聚集了超过 10 万家旅行社，在售旅游产品超过 200 万件，交易流水突破 25 亿元人民币，是中国最大的旅行社平台。未来这些旅行社从业者将逐渐转变为旅游顾问，为广大游客提供最贴心和专业的服务。

2015 年，基于旅行社的"智慧服务"、政府主管部门的"智慧监管"、游客的"智慧体验"、目的地的"智慧营销"等多方需求，欣欣相继研发出旅行社 ERP 系统，成立福建智慧旅游有限公司，积极整合平台现有行业资源，深入挖掘旅游目的地大数据，为全国旅游企业及主管部门提供智慧旅游政务管理、智慧景区、智慧旅行社等一整套的信息化管理工具和个性化智慧旅游解决方案，并基于"政务＋商务"的合作模式，建立多维度服务体系，打造智慧旅游生态圈。欣欣近九年的行业积淀，把提升整个旅游行业的在线化和信息化作为切入点，面向旅游行业提供旅游信息化整体解决方案，也帮企业完成链接，通过旅游 B2C 平台"欣欣旅游网"（www.cncn.com）及旅游 B2B 平台"欣欣同业"（www.cncn.net），打通旅游供应链。目前平台日均流量超 400 万人次，旅行社会员 11 万多家，覆盖全国，精准到县一级行政单位。平台的会员更可通过 PC 端、手机 APP、手机 WAP 网站、微店等多种通道接入，随时随地掌握商机。

二、2017 年大事记

2017 年 2 月：欣欣旅游助力福建旅游实现"智慧"监管。

2017 年 4 月：数据保全大鳄牵手"签约宝"欣欣旅游电子合同重磅推出；欣欣旅游与存证云就旅游电子合同达成合作。

2017 年 5 月：欣欣旅游亮相旅博会，现场为两岸旅游企业展示了独特的复合型 B2B2C 平台，推动了海峡两岸旅游企业的交流合作。欣欣的参与为旅博会及旅游业各方带来更多"智慧"元素。

2017年7月：欣欣旅游成为上海迪士尼签约合作伙伴。

2017年11月：欣欣旅游亮相中国国际旅交会ERP助力旅行社实现"新突破"；深圳市腾邦梧桐投资有限公司与厦门欣欣信息有限公司关于全域旅游全面合作协议签约仪式在深圳腾邦大厦举行，双方将在全域旅游方面开展深入合作。

三、企业解读

（一）欣欣ERP系统（erp.cncn.net）

旅游ERP已在行业内推行了十几年，然而普及率却远远低于其他行业。究其原因，或因系统价格高昂，旅行社无力承担，或因系统不成熟无法满足业务需求。因此，大多数旅行社还是依赖纸质报表以及"电话+传真"的方式经营，造成效率低下。欣欣正是看到了这样的市场需求与难题，结合近九年旅游行业经验，综合自身强大技术实力，通过对6000多家旅行社进行实地走访调研，研发出这套高效、安全、兼容的旅行社实用ERP系统（erp.cncn.net）。数千家旅行社已成功部署欣欣ERP。欣欣ERP以"重新定义旅行社ERP"为己任，正在为旅行社行业带来一场系统的变革。对于旅行社来说，它不仅是一套旅行社内部管理软件，更是一套具有前瞻性和实战性的业务解决方案，其全面涵盖大中型旅行社的组团业务、地接业务、单项业务、综合业务应用，帮助旅行社从销售、服务、运营、大数据等方面重新组合业务流程，提高工作效率，提升市场竞争力，从简单业务管理向营销、服务转型升级。

欣欣ERP系统（erp.cncn.net）正是欣欣结合九年多旅游行业经验，通过对6000多家旅行社调研，为旅游同业者实际业务场景和管理需求开发的解决方案。它通过计调操作、订单管理、客户管理、财务管理、数据报表等五大管理系统，重构内部业务流程，实现产供销一体化，为旅行同业者实现分销增量、效率提升、成本缩减、风险管控。目前已经有13万家旅游同业者正在享受欣欣ERP带来的一场系统变革，实现了经济效益的最大化。

欣欣ERP系统不只是一个分销渠道、一个旅行社的管理软件、一个提供技术的服务平台，而是为旅行社更好地"开源节流"提出的业务解决方案。欣欣通过技术解决内部管理问题，配置了DMS数据管理系统，将多个渠道的产品、订单统一整合，实时进行库存的动态管理，轻松对账，提升效率；通过技术归集分销渠道，打通上下游产业链，一键无缝对接OTA、组团社等系统，搭建自有的分销渠道，降低成本，使分销更简单。除了这些基本的企业管控以外，欣欣ERP系统可以免费升级，并拥有最专业的产品经理进行平台服务的指导，通过UKEY保障数据的安全，限制员工的对应权限，离职员工也无法带走用户信息，实现了客户资料的分级管理和业务来源的实时跟踪，锁定重要客户不流失。目前，欣欣ERP全面涵盖大中型旅行社的组团业务、地接业务、单项业务、综合业务等，在业内备受广泛好评，已有数千家实力旅行社成功签署欣欣ERP系统。

欣欣研发的旅行社ERP，真正实现了"五通"：第一是实现了"渠道通"。各渠道的归口统一管理。可通过一个后台将门店、微店、网店及包括携程、飞猪等各个OTA平台多个渠道的产品、订单统一归集管理，实现产品、库存、价格、订单信息均双向同步；第二是实现了"产品通"。通过欣欣同业提供更多标准化产品和旅游产品的采购。ERP后台接入了机票、酒店、门票、线路等优选供应商和优选旅游资源，用户在ERP上即可查询或采购这些产品；第三是"数据通"。搭建大数据的分析平台。根据旅行社的业务数据，进行各维度的数据分析，实现精准营销和经营指导；第四是"资金通"。欣欣实用ERP还提供了供应链金融服务。实现门店与客户支付结算，门店与总部的资金清算，后续可根据旅行社的交易情况和数据，提供供应链融资等金融服务；第五是"监管通"。实现与政府监管部门的系统对接。实现政府数据的实时报送，与游客间电子合同的签订，等等。

（二）电子合同为旅游保驾护航

大型旅游行业B2B2C复合型平台欣欣旅游与国内领先的电子数据综合服务平台存证云就"旅游电子合同"达成了合作。"电子合同"对于旅游行业并非新鲜词汇，早在2012年前后，国家旅游局曾明确提出过要加快电子合同在旅游行业的应用，并相继出台了行业试点和相关落地政策，"电子合同"一词也就此成为旅游行业的热门词，然而，几年来电子合同始终未能真正落地成为行业标配，一方面是因为合同签约不规范、矛盾复杂难化解、合同管理成本高等"顽疾"的长期存在，更重要的是，行业内缺少能够真正贴近真实旅游行业生态的系统性解决办法，由此严重影响了用户体验和行业转型升级的进程，而本次欣欣旅游最终选择与存证云达成合作，恰是看中了存证云的"电子合同+存证解决方案"能够真正解决旅游行业的发展痛点。

大众化旅游时代是满足多种旅游形态需要的时代，更是制度保证旅游便利化的时代。对于游客来说，如何保障自身合法利益实现"轻松游"；对于旅行社来说，如何在合规操作的前提下明确责任实现"轻松签"；对于主管部门来说，如何提高监管能力实现"轻松管"。而欣欣旅游"签约宝"旅游电子合同，无疑是为旅游保驾护航的有力武器。日前国家旅游局召开新闻发布会，通报"不合理低价游"专项整治行动中查处的20起典型案件。20起案件中，涉及不合理低价游案件10起，未签订旅游合同案件5起。由此可见，电子合同的引入对于整个旅游行业来说意义重大。欣欣旅游负责人表示，电子合同的应用可以让整个服务更为透明化，对整个旅游的服务内容进行明确规定，对纠纷争执进行权责划分。签订附加服务，明确服务内容、资费，杜绝强制消费现象，从根本上扭转原有的病态竞争圈，也让苦闷已久的旅游行业得以喘息和发展。

自3月31日欣欣旅游"签约宝"新品上线发布以来，约有数百家旅行社来电咨询电子合同相关业务。作为福建省内的重要组团社，福建宝中将逐步把签约宝旅游电子合同应用到线上线下的各大渠道中去，实现真正的合同无纸化。

（三）数据保全助力"签约宝"强强联合，打造品质服务

作为国内领先的复合型B2B2C平台，欣欣旗下拥有四大业务板块，12家分子公司，在售的旅游产品超过200万件，为全国近11万的旅行社供应商、分销商商家

和近千万的游客提供电子商务服务。其旗下福建智慧旅游有限公司成立于2015年，公司利用云计算、物联网等互联网技术，深入挖掘旅游目的地大数据，整合欣欣旅游现有行业资源，为全国各目的地旅游主管机构、旅游企业提供成熟的信息化管理工具和个性化智慧旅游解决方案，目前已为福建省旅游局建设有智慧旅游服务监管平台、旅行社ERP云节点、旅游产业运行监测、清新福建多语种门户网站、笨游APP等多个平台。而作为是电子数据取证与网络空间安全专家，美亚柏科在2005年便获得了福建省司法厅颁发的电子数据"司法鉴定许可证"，建立了国内四大主要电子数据司法鉴定中心之一——福建中证司法鉴定中心。2012年，该中心推出电子数据存证云，为企业提供完整而全面的电子合同数据保全服务。

"欣欣旅游、美亚柏科及福建智慧旅游三方达成战略合作，可以各展所长，加速旅游合同电子化、'云'管理，确保合同有效、安全、便捷。这对提升旅行社服务和行业监管能力都有着重要意义，也为促进旅游产业融合创新打下良好基础。"赖润星表示，在旅游业日益蓬勃的今天，欣欣将持续不断地努力，为全国智慧旅游事业的发展锦上添花。

（四）技术为基，服务为魂 "欣"时代关注旅行社业务场景需求

欣欣旅游自2009年进入旅游行业，就致力于为旅行社提供整体的信息化解决方案，打造共生长平台。在流量为王的时代，欣欣先后推出欣欣网店、欣欣建站，随着移动互联网的发展，又为旅行社量身打造手机网店和微店，推出"旅游顾问"APP，让旅行社更好地进行移动分销；大数据时代，欣欣研发出涵盖多角色的ERP系统，以及旅行社数据分析工具——旅数宝。同样，欣欣推出签约宝旅游电子合同，也是基于旅行社实际业务场景需求。从流量服务到数据服务，从线上服务到线下旅行社实际业务场景支持，欣欣要做的，就是围绕旅行社的价值创造、效率提升，针对不同阶段旅行社的痛点，提供有效的产品和服务。而旅游电子合同的推出，也标志着公司开启"欣"时代：从以前更多关注的旅行社线上营销，到今后更加关注旅行社的实际业务场景需求。

第四章
旅游攻略社区类电商介绍及企业解读

旅游攻略社区类电商是以内容为导向，以用户共享为核心，通过 UGC 的模式进行网站的运营，搭建旅行服务平台。随着自助游的兴起，旅游攻略成为出行必备，以 LonelyPlanet 为代表的旅游指南开创了旅游攻略先河。然而，随着互联网的快速发展，用户在线分享旅游经历的意愿越来越强，互相沟通交流旅游心得的需求也越来越大，在线旅游攻略社区应运而生，传统付费形式旅游指南路书逐渐被在线旅游社区免费攻略内容取代。在线旅游攻略社区以众包形式的 UGC 攻略内容日益丰富，攻略社区功能日渐完善，马蜂窝、穷游及携程等旅游网站攻略频道等众多 PC 网站成为用户查找攻略的主要渠道。与此同时，攻略社区 PC 端的商业模式崭露头角，从广告费到导流佣金，再到推出酒店等产品预订，企业商业化逐步布局。随着移动互联网快速发展，攻略社区企业 APP 逐一上线，同时纯移动端企业如面包旅行、淘在路上等也渐渐涌现，移动端更新迭代迅速。随着智能设备的普及，用户移动阅读已成习惯，移动端占据用户碎片化时间。用户由 PC 端向移动端转移，APP 逐渐成为出游或者计划出游用户设备里的查询攻略的必备利器。同时攻略社区商业模式逐渐成形，攻略社区企业纷纷推出移动端产品预订，根据海量信息抽离标准 POI，接入自由行等资源，帮助用户完成消费决策，旅游攻略社区 APP 端迅速崛起。

一、用户需求分析

1. 用户特征

该类应用的用户群体主要是自主旅行的游客，角色细分可分为以下几类。

利用假期约好友或者家人自助旅游的白领等；利用空余时间独自或者同学间出门旅游的学生；经常在外户外旅行的驴友或旅游群。用户特征主要有几点：非团体旅游，规划能力强，有自己的游玩方式，爱好旅行交友，旅行开支较少。

2. 场景分析

出游前：

①查查目的地有哪些景点，哪些景点比较有名，哪些景点感兴趣。

②制定自己的游玩日程，根据自己的出游日期来安排行程。

③看别人的攻略，别人的行程与别人的游玩感受，给自己参考。
④说走就走的旅行，稍作参考直接到达目的地。
游玩时：
①查景区之间的路线，交通方式。
②在景点一张张拍照，休息时发朋友圈。
③查看景区交通，介绍，游玩线路等详细介绍信息。
④找找身边的朋友，搭讪交友。
⑤查看大家对景区照片的分享。
⑥在路上遇到问题寻找周边人的帮助。
游玩后：
①把自己游玩的行程、照片、心得整理成游记分享。
②对玩过的地方进行评价。

3. 需求分析

出游前：
①容易地查找到符合自己出行需求的景区介绍信息来筛选自己的目的地。
②游记等能直观地展示行程与景点列表作为参考。
③能够自助制定行程安排与攻略，在离线时随时查看。
④能够了解到目的地各方面的用户评价信息及其他用户信息。
出游时：
①能够把当地的游玩感受或图片分享让大家看到。
②出行中能够获得实时的帮助。
③能够了解行程中每一环节的交通到达方式。
出游后：
①能够将自己的照片、感受等方便地整理成游记。
②应用分析。

二、主要应用

（一）在路上

在路上 APP 依靠用户 UGC 生成内容，内容以游记和目的地的贴士为主。

贴士功能：贴士是在路上的 UGC 的主要内容，形式以是图片和文字结合，附上标签，标签类别包括了景点、游玩方式等。比如用户想评价景点或约伴，都可以在贴士中附上景点、约伴的标签。贴士覆盖面广泛，用户发表容易，但是由于内容碎片化，用户要花比较大的成本查找搜索。

游记：游记的形式包含了行程单和游记内容。行程单按游玩时间生成并包括线路图等。游记的内容是由照片串成，照片下附注文字和地点。这种描述行程的游记方便用户查看和参考，只是照片多了点。

目的地：目的地页面显示当前旅游贴士列表，支持用户通过标签选贴士。同时也有所有游记和景点的列表。目的地的所有信息都由用户生成，信息量大但不易查找。

好友：用户通过加好友关注好友发的贴士。个人页面会记录用户去过的地方、游记列表、勋章等。社交上类似于微博形式。

评价：在路上的模式是完全通过用户UGC的分享生成，利用贴士将旅游要素碎片化，整合各种碎片来填充旅行各个方面的内容，满足了用户"在路上"的诉求。目前在路上还推出了一个旅游电商的APP——淘在路上，从社区向移动端进军。

使用感受：标签化的信息太杂乱，贴士检索起来非常困难，且有很多我不需要的信息；对于目的地缺少系统介绍，只有贴士列表；实时添加照片的过程中，拍照后写感受上传的过程太烦琐。用户不会一直在游玩途中写感受。游玩后上传照片与感受需要不断地添加地理位置也太麻烦；根据实时发表的状态制作游记较为轻松，也很直观。

（二）蝉游记

蝉游记的内容是UGC和系统整理相结合的形式。UGC的内容主要是游记，系统再将目的地与用户发表的游记整理成攻略等。

游记功能：蝉游记将游记的内容根据景点分隔成类似于贴士的内容，整体按照时间和景点游览次序排列。游记中的每个景点都标出该景点游览时间价格。被分割的游记内容会整理到相应景点栏中，让用户作为参考。分隔游记的形式能够将用户UGC的内容用在多个地方，而且方便阅读。

目的地：目的地里包括景点攻略下载，建议行程安排和景点列表。景点的用户评论都是来自用户所发表游记中相应的内容，包括照片和评价。有了系统的攻略信息和用户的游玩感受，目的地的内容比较丰富。

用户：包含用户的游记和收藏内容。支持用户加好友但很少有好友互动的功能。

评价：蝉游记与在路上的不同在于包含自身的攻略等内容，打造了很多专题，同时将用户UGC的内容整合后以不同的形式展现给用户，很好地利用了海量信息。在攻略上能够多个角度满足用户，但是用户分享交流环节比较少。

使用感受：1.对照片的展示较为直观；2.游记内容细分到每一个景点，但很难让用户做一个整体性的参考。

（三）面包旅行

面包旅行也是UGC和系统产生内容结合的方式。用户自主发游记，系统将游记等整合成目的地的介绍信息。

游记功能：游记中记录了用户游玩地图路程等概况，并附有时间、线路和经过的景点。游记具体内容和在路上较类似，以照片和附注文字形式串成游记。这些照片在目的地介绍中还会用来展示。比起其他应用面包旅行的游记内容和方式都是更加完善的。

目的地：目的地的信息比较多，有系统产生的总体与具体景点等介绍，也有用户 UGC 的游记、图片展示和评论列表、动态等。此外还有旅游套餐卖。图片内容来自于游记中，支持用户评论。面包旅行各个细分的景点也有详细介绍和用户图片动态等，而且信息多样化。只是信息类型过多显得有些杂乱，入口太隐蔽。

用户：以地图的形式显示用户旅程，并总结出旅行成就的各项数据，将用户的旅行通过数据和图直观地显示出来，也提供给他人参考。同时支持通过第三方应用加好友。尽管在好友互动方面也很少，但对用户本身的运营比较完善。

评价：面包旅行的特色是直观化用户的旅行成就。同时和蝉游记一样，将用户 UGC 的内容整合后以不同的形式展现给用户，突出了用户的分享内容如图片，只是在目的地中海量的信息整理稍微有些乱。

使用感受：①景区分类清晰，每个景区的模块太多；②将游记中的图片单独列出来分享，较直观，但贴士和动态有点累赘。

（四）穷游

穷游客户端是穷游网站旗下的一款应用。

穷游是系统内容和用户发表相结合的形式，更偏重旅行攻略方面的服务，设有行程参考，让用户自定义行程的功能。依托穷游网的大量用户和数据丰富攻略内容，做用户出游的行程规划助手。

目的地功能：穷游的目的地页面包含了推荐行程、景点列表、锦囊、游记列表等功能，注重向用户传递攻略内容。每个目的地都有专门的锦囊下载供用户离线查看。

行程：穷游目的地中的具体行程内容来自于穷游网积累的大量用户和 UGC 内容，然后系统总结用户的精华行程。行程的形式则是按时间和地点排列成列表，每天的内容含有景点、交通、酒店等信息，点击后有具体的介绍。行程表现形式直观且简单。在穷游网上支持用户创建自己的行程，选择目的地等生成旅行单。在行程的推荐和规划上穷游做得很到位。

用户：用户的行程、锦囊与足迹都会有记录。社区方向的功能主要放在了网站上，APP 中比较少。貌似也没有好友功能。

折扣：穷游也踏入了电商，在 APP 中有专门的一栏卖旅行折扣商品，在目的地中也有。

评价：穷游客户端的特色是旅行的行程规划，行程展现形式非常直观，而且比内容过于丰富的游记更能满足用户的需求。如果自己规划行程的功能能够放在 APP 中，那么这款应用就是一个完全的行程助手。穷游的游记形式比较简单，类似于状态等实时社交功能也比较少，但网站上的用户已经积累了相当多。

使用感受：穷游 PC 端的行程规划比较好用。

（五）马蜂窝的应用

马蜂窝打造了好几款移动端的应用，包括了注重旅行社交的嗡嗡，作为攻略的旅游攻略，专门列游记的游记，以及旅行翻译官等。马蜂窝凭借着自己海量用户数和游记数，利用整合UGC内容的方式为用户提供各方面的旅游帮助。

游记：该应用依靠马蜂窝社区中海量的用户UGC形成的游记资源，按旅游目的地分类让用户查看。

功能：游记是由图文混合组成，用户可以像写文章一样写游记、处理正文，游记包含了目的地的信息和评论列表。

评价：马蜂窝游记应用只包含了游记功能，对目的地的介绍信息较少。游记以文章形式呈现，可读性不及之前的应用。

旅游攻略：旅游攻略专注与提供目的地的旅游攻略下载和相关信息，以目的地分类的形式呈现给用户。信息内容以系统所整理的用户UGC内容为主。

功能：提供锦囊下载离线查看景点美食、相关的评论、游记。借助于马蜂窝网站的信息量还是不小的。

评价：旅游攻略尽管简单，但却是马蜂窝最热门的一款应用。路书的形式很好地帮助用户查看旅行信息。尽管功能创意上比较少，但信息本身能让用户满足。

使用感受：

（1）目的地的景点列表杂乱，介绍简单，以评价为主，攻略都在路书中；

（2）游记只是单纯的内容展示，没有分出行程单，看起来比较吃力，写游记也一样。

嗡嗡

嗡嗡是一款旅行社交应用，也是马蜂窝最具创新味道的一款应用。嗡嗡有点像旅行版本的微博，特色是基于用户的LBS定位，支持用户实时发表状态。

周边功能：系统会获取用户所在位置，用户可以看到周边发表的所有状态和用户。状态的形式是图片和说明文字。用户可以在自己的位置发表状态。这种基于LBS的社交可以满足旅行中用户实时的诉求，但是难以界定用户是否处在旅行状态，微博形式的状态本身不一定会拉近陌生用户的关系。

目的地：目的地的功能有相关攻略、活动、宝藏、结伴等，与旅游攻略不同，介绍性质的内容较少，多以各种形式的活动、发现等零散信息为主。

用户：除了LBS发表状态，系统支持用户加好友，关注后可以查看状态，也可以私信聊天，如前所述，类似于旅行中的微博。

评价：旅行社交确实是用户在旅行中存在且还未完全被挖掘的需求，比如旅行途中实时需要帮助或者约伴等。而嗡嗡的场景主要是基于用户好友与地理位置的状态分享。用户可以从中了解目的地的动态，或者与好友分享旅行信息，但是旅行中真正的社交需求则很少涉及到。

（六）去哪儿攻略模块

去哪儿APP的攻略数据来自于网站端，包含了对目的地各方面的介绍和游记离线下载。依靠去哪儿的酒店、门票海量资源，在攻略模块中也有对这些内容资源的引用。

功能：目的地包含景点等列表、酒店等预订信息、游记、点评和路线。攻略都是用户的游记,可以离线下载与筛选。游记中列出行程单。

景点:包含介绍、点评与预订的信息。点评内容来源与游记,以用户感受为主,会比较乱。

路线:路线来源于用户,包含景点顺序、餐饮住宿的信息。图片较多,但是餐饮住宿对路线的影响不大,篇幅占太多。

评价:在去哪儿 APP 上的攻略模块不详细,以用户 UGC 的形式形成攻略内容,主要还是参考游记为主,其他功能较为一般。

(七)携程攻略模块

携程的攻略包含目的地的各方面介绍和游记查看,同时支持用户自主写游记。与去哪儿一样,攻略中有各个海量资源的入口。携程 APP 还有一块旅行日程服务,支持把几个景区添加到旅行日程以便查看。

目的地功能:景点美食信息、行程推荐、游记、酒店预订甚至是结伴信息都有,覆盖面较广。每项信息介绍比较详细。

景点:除了介绍有用户专门的评价,可以写点评,还可以添加到日程。

日程管理:携程 APP 日程的一级入口可以更好地管理自己的行程。内容包含景点、门票等,但是没有具体行程顺序。

行程:来源于系统对精华游记的筛选,分成了行程单,包括景点的顺序、建议时间,以及景点间的交通和基于景点的周边预订信息。行程的形式最为直观而且最符合用户的需求。

评价:除了用户 UGC 的内容,携程对行程推荐与管理做得最好,行程参考起来最为方便。

三、产品几大功能点分析

表 4-1 各类旅游电商功能比较

	特 点	问 题	评 价
嘟嘟	类似于社交应用的形式。结合LBS的位置信息发表状态,以图片为主。用户可以关注身边的状态,以及加好友	好友社交层面比不上专门的社交应用。真正需要帮助的内容太少容易被淹没。用户不在出行的时候不会用到	每个用户都有向大众分享当时当地感受的需求,比如拍照等。分享状态除了让大家看到,还需要以地点和陌生人为主,有别于传统的熟人社交应用。用户也需要在旅行途中通过动态获得来自周边实时的帮助。此外系统最好能做到区分用户是否为出行状态,因为不出行时不会用到
在路上贴士	整合UGC的内容,看到用户对景点等的评价和游玩时的感受等信息。类似非常多,通过标签区分。游记的具体内容也可拆分出来	用户发表的信息类型多样化,很难整合,标签的形式造成用户查找困难	用户的需求一点是获得来自用户的景点评价与感受信息作为参考,可以包含景点评论和游记中的相关内容截取;另外一点是搜寻到对目的地各个方面信息,比如不同的旅游方式、找伴、活动等信息。用户UGC的信息多且乱,需要有一种方式来分类整合

续表

特 点	问 题	评 价
穷游的目的地	整合UGC内容，利用离线路书等形式让用户随时参考。提供推荐的行程、景点列表等。细分的内容中包含用户的感受	不同用户的旅行需求不同，一套攻略很难打天下。海量UGC攻略的信息筛选机制不好，用户不方便查找	用户需要对目的地信息大体了解，查找到符合自己所需求的攻略、游记等作为参考。由于众口难调，需要有个筛选游记的功能，让符合用户口味的游记或行程安排展示给用户。此外最好能够帮助自己完成行程的规划与安排，如智能的行程助手功能。有些内容用户在旅行中实时需要，因此路书或个别游记需要支持离线查看
面包旅行的游记	由用户UGC形成，详细提供参考的行程列表。景点等介绍与感受。能够拆分	游记内容太多，且以图片分享和游玩感受为主。一篇游记中供用户提取的信息不多	用户看游记的需求首先是为自己行程做参考，了解目的地状态和行程攻略；其次是好看，了解他人经历，或好友分享。游记本身信息杂乱，用户需要能直观地看到游记中的行程列表、景点列表等核心内容。比如将行程单独提取出来。用户筛选游记信息比较困难，因此其中的细分内容也能让用户做参考，比如单独提出某景点感受

第一节　猫途鹰

一、企业简介

TripAdvisor（官方中文名猫途鹰）是一家旅游点评网站，拆分前的 Expedia 旗

下子公司。2011 年 12 月 20 日拆分后以代码 TRIP 在纳斯达克独立上市交易。酒店预订一直都是一个稳定的商业价值入口，TripAdvisor 的布局是在酒店核心利益来源外探索新的路径。此外，TripAdvisor 于 2015 年 7 月正式发布其全新中文名"猫途鹰"，推出中文手机应用，进一步深耕中国在线旅游市场，全面升级其中国品牌的发展战略。猫途鹰（TripAdvisor）及其旗下的网站组成了极具规模的全球化旅游社区，旨在帮助全球旅行者规划和预订行程，并享受优质的旅游体验。在中国，猫途鹰（TripAdvisor）的愿景是汇聚全球智慧，为中国旅行者带来极具参考价值的出境旅游点评及建议，展现全球各个目的地的酒店、景点和餐厅的真实情况，帮助中国旅行者以不同视野看世界，规划并预订完美的出境旅程。

猫途鹰（TripAdvisor）是全球领先的旅游网站，帮助旅行者发现每次旅行中的更多精彩。提供超过 6 亿条点评和建议，全面覆盖全球的旅游商户——超过 750 万

个住宿、航空公司、景点和餐厅信息，汇集众智帮助旅行者选择吃住玩乐。猫途鹰（TripAdvisor）还搜索超过 200 家网站，帮助旅行者找到当日优惠的酒店价格并预订。猫途鹰（TripAdvisor）及旗下网站构成了全球领先的旅行社区，在全球 49 个市场月均独立访问量达 4.55 亿。猫途鹰（TripAdvisor）：懂得更多，订得更好，玩得更棒。

二、2017 年企业财报分析

猫途鹰的业务分两部分，酒店业务（占收入的八成以上）和景点、餐馆和度假租赁（约占总收入的 15%）。

2017 年第一季度收入 3.7 亿元，同比增长 6%，运营收入 2700 万元，同比下降 36%，净利润 1300 万元，同比下降超过 50%。净利率 3.5%。第二季度公告盈利 2700 万美元，上一年同期为 3400 万美元。收入从上年的 2.91 亿美元升至 4.24 亿美元。第三季度则为 3.12 亿美元。与此同时，非酒店收入从 2015 年的 7500 万美元增加到 1.27 亿美元，其第三季度总收入同比增长 4%，而利息、税项、折旧和摊销前利润总额同比下降了 17%。主要是因为酒店利润从去年同期的 9900 万美元下降到 5100 万美元，跌幅达到 48%。第四季度亏损 8400 万美元，税改相关费用 7300 万美元。销售额从上年的 3.16 亿美元升至 3.21 亿美元。

三、2017 年大事记

2017 年 3 月：APP 餐厅功能全新升级，全球海量餐厅收录、热门餐厅免费订座、双语推荐菜。

2017 年 4 月：点评数超 5 亿旅游点评飞速增长价值凸显，平均每分钟收到超过 290 条用户提交的内容；猫途鹰（TripAdvisor）跨界联手 Kindle 推出 2017 套限量联名电子书阅读器套装。

2017 年 5 月：挪威、丹麦、瑞典、芬兰旅游局联手猫途鹰展开主题为"不同视野，发现北欧惊喜"的全新整合营销活动，面向热爱北欧风情的中国年轻游客，展开线上线下全方位的互动推广（观看北欧四国与猫途鹰联合制作的完整视频，请搜索：https://v.qq.com/x/page/l0503qzswgt.html）。

2017 年 6 月：公布 2017 年"旅行者之选"全球最佳主题公园和水上乐园榜单，美国奥兰多环球冒险岛蝉联全球最佳主题公园榜单榜首，长隆欢乐世界和长隆海洋王国双双进入中国十大最佳主题公园榜单。

2017 年 7 月：携手 Club Med 度假村联袂打造吉尼斯世界纪录挑战亲子夏令营，"亲子游"品质升级，"点评"文化价值凸显。

2017 年 9 月：在北京 798 艺术区包豪斯广场开启"世界的任意门"旅行主题创意艺术展；联手南非旅游局、天使和坚果派推出"海洋守护者"家庭短期游学项目。

2017 年 12 月：猫途鹰（TripAdvisor）助力苏州市旅游局深耕入境游市场，打造国际一流旅游目的地。

四、发布报告汇总

（1）《全球自驾指南》：联合滴滴发布，为出境自驾游用户提供13个热门海外目的地国家的自驾路线、沿途信息、安全贴士等权威全面的自驾游资讯，帮助更多出境游用户获得自驾游灵感，拥有更加精彩和安心的自驾旅行体验。

（2）《2017中国滑雪消费者调研报告》：联合全球"精致一价全包"度假品牌Club Med地中海俱乐部发布。这是双方联手首次针对中国滑雪消费者的调研，分析了超过3300份样本数据，展示了目前中国滑雪消费者的人群画像、对滑雪运动的认知、需求及预订习惯等。报告旨在为旅游及滑雪行业提供消费者洞察，并引领中国滑雪旅游市场的对话和交流。

（3）《中国游客出境游最"惠"报告——机酒消费指数》：报告显示，以每人每次旅行预算为人民币10000元计，中国游客可前往马来西亚吉隆坡游玩17天，若前往香港、印度尼西亚巴厘岛或菲律宾长滩岛则可停留7天，而前往英国伦敦或法国巴黎则可停留3天。

五、"旅行者之选"榜单

2017年"旅行者之选"全球最佳主题公园和水上乐园榜单如下所示。

表4-2 2017年"旅行者之选"全球十大最佳主题公园

排名	主题公园	国家
1	环球冒险岛（Universal's Islands of Adventure）	美国
2	探索湾（Discovery Cove）	美国
3	欧洲公园（Europa-Park）	德国
4	神奇王国（Magic Kingdom）	美国
5	好莱坞环球影城（Universal Studios Hollywood）	美国
6	狂人国公园（Le Puy du Fou）	法国
7	贝托卡雷洛世界公园（Beto Carrero World）	巴西
8	奥兰多环球影城（Universal Studios Florida）	美国
9	未来世界主题公园（Epcot）	美国
10	迪士尼动物王国（Disney's Animal Kingdom）	美国

表 4-3　2017 年"旅行者之选"全球十大最佳水上乐园

排名	水上乐园	国家
1	暹罗公园（Siam Park）	西班牙
2	海滩公园（Beach Park）	巴西
3	巴厘岛水上乐园（Waterbom Bali）	印度尼西亚
4	水上历险乐园（Aquaventure Waterpark）	阿联酋
5	Thermas dos Laranjais	巴西
6	台风潟湖（Disney's Typhoon Lagoon Water Park）	美国
7	温泉公园（Hot Park）	巴西
8	疯狂河道水上乐园（Wild Wadi Waterpark）	阿联酋
9	海洋世界水上乐园（Aquatica Orlando）	美国
10	阿布扎比亚斯水上世界（Yas Waterworld Abu Dhabi）	阿联酋

表 4-4　2017 年"旅行者之选"中国十大最佳主题公园

排名	主题公园	城市
1	香港迪士尼乐园	中国香港
2	香港海洋公园	中国香港
3	哈尔滨冰雪大世界	哈尔滨
4	长隆欢乐世界（新）	广州
5	杭州宋城旅游区	杭州
6	中国民俗文化村	深圳
7	珠海长隆海洋王国（新）	珠海
8	上海迪士尼乐园（新）	上海
9	深圳世界之窗	深圳
10	北京欢乐谷	北京

表 4-5　2017 年"旅行者之选"——全球 & 亚洲 25 大最佳地标景点榜单

	世界最佳地标性景点	亚洲最佳地标性景点
1	吴哥窟（柬埔寨暹粒）	吴哥窟（柬埔寨暹粒）
2	谢赫扎耶德大清真寺（阿联酋）	泰姬陵（印度阿格拉）

续表

	世界最佳地标性景点	亚洲最佳地标性景点
3	科尔多瓦清真寺及大教堂（西班牙）	慕田峪长城（中国北京）
4	圣彼得大教堂（意大利梵蒂冈城）	卧佛寺（泰国曼谷）
5	泰姬玛哈陵（印度阿格拉）	伏见稻荷大社（日本京都）
6	基督复活教堂（俄罗斯圣彼得堡）	双子塔（马来西亚吉隆坡）
7	慕田峪长城（中国北京）	瑞光大金塔（缅甸仰光）
8	马丘比丘（秘鲁马丘比丘）	古芝地道（越南胡志明）
9	西班牙广场（西班牙塞维利亚）	大皇宫（泰国曼谷）
10	大教堂/中央教堂（意大利米兰）	金阁寺（日本京都）
11	金门大桥（美国旧金山）	天坛大佛（中国香港）
12	林肯纪念堂（美国华盛顿）	琥珀堡（印度Amer）
13	埃菲尔铁塔（法国巴黎）	滨海湾金沙娱乐城（新加坡）
14	国会大厦（匈牙利布达佩斯）	玉佛寺（泰国曼谷）
15	巴黎圣母院（法国巴黎）	新加坡摩天观景轮（新加坡）
16	耶稣基督救世主雕像（巴西里约热内卢）	斯瓦米纳拉扬神庙（印度）
17	大本钟（英国伦敦）	清水寺（日本京都）
18	卫城/阿克罗波利斯（希腊雅典）	万人冢（柬埔寨金边）
19	大集市广场／中央广场（波兰克拉科夫）	颐和园（中国北京）
20	雅典人书店（阿根廷布宜诺斯艾利斯）	吴哥通王城（柬埔寨暹粒）
21	卧佛寺（泰国曼谷）	景福宫（韩国首尔）
22	哈利法塔（阿联酋迪拜）	婆罗浮屠（印度尼西亚）
23	伏见稻荷大社（日本京都）	佛牙寺（斯里兰卡康提）
24	图伦玛雅遗址（墨西哥图伦）	阿南达寺（缅甸蒲甘）
25	悉尼歌剧院（澳大利亚悉尼）	胡志明市中央邮局（越南）

表 4-6 2017 年"旅行者之选"——中国 10 大最佳地标性景点榜单

	中国最佳地标性景点	
1	慕田峪长城（北京）	查看2017年"旅行者之选"全球最佳地标景点完整榜单，请前往：http://www.TRIPadvisor.cn/TravelersChoice-Landmarks
2	天坛大佛（香港）	

续表

3	颐和园(北京)	
4	天坛公园(北京)	
5	西安城墙(西安)	查看2017年"旅行者之选"全球最佳地标景点完整榜单,请前往: http://www.tripadvisor.cn/TravelersChoice–Landmarks
6	八达岭长城(北京)	
7	大三巴牌坊(澳门)	
8	东方明珠塔(上海)	
9	广州塔(广州)	
10	布达拉宫(拉萨)	

第二节 马蜂窝

一、企业简介

马蜂窝(www.mafengwo.cn)是旅行分享网站,提供全球旅游攻略、旅行点评等综合服务,并帮助过亿旅行者制订旅游方案。2010年正式成立公司投入运营。自2006年上线运营以来,马蜂窝注册用户量持续攀高,其中大部分用户来自北京、上海、广州、深圳、香港等一线大城市,也不乏海外旅居人士。马蜂窝旅行网站在自由行消费者的角度,帮助用户做出最佳的旅游消费决策。UGC(用户创造内容)、旅游大数据、自由行交易平台是马蜂窝的三大核心竞争力,社交基因是马蜂窝区别于其他在线旅游网站的本质特征。马蜂窝的发展历程分成了三个阶段,"2012年之前一直在做社区,鼓励用户写游记,2012—2014年是把内容数据化结构化的过程,2015年初发布自由行战略,开始尝试'内容+交易'的商业闭环"。这是一条与传统OTA不同的营运模式,马蜂窝基于用户的UGC旅行攻略,构建旅行产品交易平台,连接起内容与旅游供应链。

大量的内容和用户基础,是马蜂窝最大的优势。目前马蜂窝的收入来源广告占一半,酒店和自由行的交易分另外一半。显然之后酒店、自由行的比重会越来越高,GMV增长都很快。2017年公司总GMV接近100亿元人民币,目前注册用户

1.3亿，覆盖全球6万余个旅游目的地。2017年全年人均出游将达3.6次，而这其中，国内自由行人数占比97%，出境自由行人数占比53%，自由行成为当下主流的旅游模式。目前马蜂窝并没有竞争对手，携程、途牛等都是合作伙伴。

2017年马蜂窝整体营收较2016年出现成倍增长，成为近两年来中国成长最快的在线旅游公司。马蜂窝2017年的自由行业务全年交易额突破100亿元人民币，已连续三年实现100%增长。"马蜂窝自由行"APP下载量已超过5.9亿，并且拥有全球最大的中文酒店信息平台，提供全面的酒店预订攻略，已对接全球15000多家自由行产品供应商，SKU超过138万，覆盖全球超过5100万个POI，随着自由行攻略系统不断升级，马蜂窝可以帮助用户轻松预订门票、餐饮、一日游等新奇的当地体验。马蜂窝计划在三年内成为中国最大的旅游流量平台，致力于在人类能抵达的任一目的地，为每一位中国人提供优质的旅行服务，实现每一个旅行梦想。

2017年将是"老旅游死，新旅游生"的拐点。随着80后、90后进入旅游消费市场，更为深度化、个性化的自由行市场将开始崛起。传统产业模式下，低质量的跟团游将逐步退出市场。在新旧旅游交替的时代，正是新旅游机构崛起的大好时机。如果说老旅游机构靠的是渠道、资源和信息不对称；新旅游机构要脱颖而出则要靠差异化产品、靠服务、靠品牌，以用户为核心，以内容为驱动，帮助用户更"自由"、更高效地进行消费决策。这是马蜂窝商业化道路的源头，也是其为合作伙伴持续赋能的动力所在。

二、2017年大事记

2017年4月：马蜂窝宣布成立AI事业部，拟发布超智能旅行机器人"蚂蜂1号"；天巡携手马蜂窝发布2017旅行趋势导航。

2017年5月：亚马逊中国携手马蜂窝发布2017户外运动地图；马蜂窝发布2017丝绸之路旅游大数据报告。

2017年7月：马蜂窝发布《2017中国世界遗产探索攻略》；马蜂窝联合腾讯社交广告发布2016—2017年出境游市场研究报告。

2017年8月：马蜂窝发布"二次元旅游攻略"：90后驱动新兴旅游市场；马蜂窝携手北欧四国旅游局共同打造北欧官方攻略；马蜂窝推出"旅游蜂向标"解读全球目的地热度走势。

2017年9月：马蜂窝联合今日头条发布《2017国庆出游趋势报告》。

2017年11月：马蜂窝开创的全新在线旅游商业模式，主要从系统赋能、数据赋能、营销赋能、资源赋能、人力赋能、金融赋能和课程赋能七大方面，为各类型旅游商家提供全套解决方案。

2017年12月：完成D轮融资，融资金额为1.33亿美元。新一轮融资由鸥翎投资；马蜂窝联合亚朵打造"旅行人格酒店"，深度布局个性化旅行新时代。

三、企业解读

（一）战略分析

1. 扩大旅游攻略优势重塑自由行产业链

马蜂窝继续扩大旅游攻略在旅游消费决策上的优势，并加强旅游大数据的技术壁垒，帮助旅游行业重塑自由行产业链，为中国旅行者提供效率更高的全球旅游消费指引和服务。新的资金还将用于加强优秀人才的引进和品牌的打造。优秀的人才永远是公司发展的重要驱动力，人才策略一直以来是马蜂窝发展的重要手段。随着用户体量、产品品类和交易规模的倍数扩大，马蜂窝对人才的需求也在迅速增加。目前，马蜂窝的员工中 70% 为技术类员工，体现了马蜂窝作为以技术和数据为核心驱动力的在线旅游企业的一大特征。因此，在完善人才配置、优化人才结构的同时，马蜂窝将继续加强技术团队的打造，拓实旅游大数据技术壁垒。另外，马蜂窝将着力塑造自身品牌，继续深化市场认知，致力于成为中国旅行者心目中无可替代的旅行圣经和全球旅游消费指南，同时也与全球更多优秀的旅游企业达成合作，共享自由行市场发展的红利，共同为消费者提供优质的旅行产品和服务。

2. "内容＋交易"模式自我进化为"新物种"

从社区开始，马蜂窝已经走出了一条与 OTA 截然不同的道路，如今的马蜂窝是由内容决策为入口的全新平台模式，该平台强调是旅行决策，打造的是整个旅行的闭环，而非仅仅是交易的闭环。目前还很难在市场上看到与马蜂窝相同模式的公司，而随着壁垒的形成，如今再复制一个马蜂窝也已经没有了可能。或者说，马蜂窝是旅游行业自我进化过程中独一无二的"新物种"。

3. 迎合年轻消费者需求打造一流旅行品牌

马蜂窝将 90 后定义为"浪一代"，数据显示，42% 的 90 后愿意为追动画、影视剧、综艺取景地而开启一场旅行，同时为了偶像演唱会、粉丝见面会而旅行的有 29%。90 后在旅行中更关心"玩得好"，对住宿、用餐的品质都有要求，也乐于寻找一些更个性、更有趣的玩法。90 后带来了旅游市场的变革，也带来了新的市场机会。当今自由行用户的需求是多样化、个性化、碎片化的。马蜂窝凭借行业领先的大数据实力和强大的供应链体系，一站式解决每一位用户从信息到交易，包括社交需求。2017 年马蜂窝展开了一系列经典的营销活动，例如"攻略全世界网红墙""我的旅行人格""赤水河谷音乐季"，还有"未知旅行实验室"旗下的系列未知旅行活动。这些活动的共同特征是年轻、新潮、创新。马蜂窝独立用户数量已突破 1.3 亿，主要来自中国一二线城市，18~35 岁用户占比达到 62%，紧扣 80 后、90 后追求个性、崇尚自由的旅行特征，用前卫的玩法和独特的产品迎合年轻消费者需求，打造一流的旅行品牌，是马蜂窝在营销方面的思路。

4. 打破传统旅行社经营模式

未来的旅游产业链是这么运作的：新型的地接社会扎根于某个目的地，对当地的文化、特色、特立独行的玩法烂熟于心；并且很懂用户，通过服务、文化附加值赢得更多利润空间,从而摆脱资源(如舱位酒店)价格战的泥潭。批发商则根据新的资源行情,更灵活地去组建自己的产品库和线下门店,在陈罡看来属于典型的"夕阳业态"。"未来都是线上门店了,24小时营业。"而马蜂窝在这个新产业链中扮演的角色,则是用户需求的"传达室"和流量入口:从游记攻略内容中找到真实的用户体验、需求,给到旅游服务商,作为设计产品、提供服务的依据;作为平台对接服务商和用户,让交易顺畅发生;以及最重要的,发挥UGC的社区效应,让越来越多的旅游用户会聚于此。从这个角度而言,马蜂窝一方面需要扶持优质的旅游服务商,另一方面需要吸引更多的用户参与进来,由此才能持续做大供需两端的体量,成就自身平台的定位。从这家公司的动作来看,它确实是这么做的。比如,11月马蜂窝在举办的供应商大会(华南分站)上,公布了其全新的模式:如何从系统赋能、数据赋能、营销赋能、资源赋能、人力赋能、金融赋能和课程赋能七大方面,为各类型旅游商家提供全套解决方案。另外,大会上马蜂窝也宣布将进军定制游板块——这可以看作引领平台商家服务升级的某种举措。

5. 从旅行社区到旅行攻略平台

最初的马蜂窝并没有很明确的商业化目标,更谈不上什么路径,两位创始人仅仅是基于对"分享旅行经验很酷"的这个共同认知,后来的马蜂窝的发展赶上了国内旅游业发展的第一波红利——双休日、带薪休假制度陆续出台,在这波红利之下,马蜂窝于2009年拿到了天使轮融资,带着累积的10万注册用户数,开始摸索商业化发展之路。2010年,马蜂窝正式开始公司化运作。直到马蜂窝成为了中文世界最大的旅游社区,但海量的用户游记如何变现是面临的问题。最传统的做法当然是选择广告的生意,马蜂窝平台上会集的这群"有钱有闲"的用户正是他们所定义的优质潜在客户。但广告收入存在不稳定性,一旦新平台诞生,用户发生转移,平台的广告价值也会一落千丈。他们希望找到能够将用户长期留存在平台上,且能让用户持续产出优质内容的新模式。从2011年开始,马蜂窝就有意识地将核心内容从UGC转向旅游攻略。有了之前人工打捞和大数据算法等手段的积累,将住宿、交通、景点等碎片化的POI信息点分析抽离,集合成不同目的地的旅行攻略,包含用户在一个目的地旅行的衣食住行游购的全部信息。由于旅游攻略的工具属性和便于传播,马蜂窝在第一波"旅行红利"势能的助推下,用户和流量获得爆发式增长。

6. 从旅行大数据到自由行平台

随着移动互联网的快速发展和旅行的快速普及,用户对旅行信息的颗粒度要求越来越高,他们不再满足于简单的"读攻略——规划行程"的传统模式,而是追求更加精准、个性化的信息。在这一需求之下,旅行攻略的价值逐渐被它背后的数据价值所取代。基于这一认知,马蜂窝创始人带着大数据团队开始了为期数年的数据挖掘和语言分析"之旅",将数以亿计的攻略进行"提纯"。除了对以往积累数据的结构化,马蜂窝也在引导用户的游记写作方向,对新产生的数据进行处理。目前,马蜂窝的月活跃用户达到8000万,注册用户已超过1亿,其中80%来自移动端;每天产生的游记数量超过3000篇,平均每篇游记的写作时间超过10个小时,每日新增数据达到 2T，每日新增目的地旅游问答 19 万，累计点评数量超过 3000 万。这些 UGC 信息和结构化数据的背书，使得马蜂窝开展自由行业务成为自然选择。作为联合创始人、COO 的吕刚，是最早带领马蜂窝试水酒店业务，并由此建立了有型电商部门的人。他带领马蜂窝酒店团队从 2013 年与 Agoda 中国业务的首次合作试水，到 2014 年酒店板块的规模化发力，再到 2015 年跃居 Booking.com 和 Agoda 的前三大中文订单的外部渠道贡献者。如今，经过探索商业化之路的六年中，马蜂窝的酒店业务对接了 140 万家国际酒店和民宿产品。在现在的马蜂窝自由行 APP 上，当用户搜索一个目的地时，不但能看到当地热门景点、攻略玩法的推荐，也能看到当地住宿、当地自由行产品的推荐。当用户已经习惯了依靠数据和数据相关的攻略内容来进行旅行决策，"付费购买"就变得顺理成章。在这一模式下，马蜂窝自然而然地成为了流量的入口，并以此将流量订单发给携程、booking 等传统 OTA 和优质的线下旅游服务机构。随着合作伙伴的逐渐增多，在 2015 年，马蜂窝正式宣布自由行战略当年，"酒店＋自由行"业务营收规模就远超过了广告，这标志着马蜂窝的商业化转型迈出了坚实的一步。

7. 赋能"新旅游"业态

对于整个国内旅游行业而言，以 2015 年为界，年轻化的旅游市场开始出现井喷，人们甚至旗帜鲜明地将在线旅游分成了 OTA 时代和自由行时代。在 2015 年之前，旅游业以 B 端为核心，以商务出行为核心，以库存和价格为核心，在这一时代，携程、途牛等企业凭借着先发优势牢牢占据了旅游业版图的优势地位，其他的中小型机构只能在其"夹缝"中求生。但随着自由行时代的到来，中国旅游业的版图出现了"松动"的痕迹，一批新兴的旅游机构乘势而起，企图在个人消费升级、休闲度假成为"刚需"的时代分一杯羹。在这一时势下，离用户"最近"的马蜂窝成为了这些机构的优先之选。自 2015 年初发布自由行战略以来，马蜂窝已逐渐探索出一条与传统 OTA（在线旅行社）截然不同的营运模式——基于个性化旅游信息的基础上构建旅行产品交易平台，让垂直优质内容与旅游供应链实现连接。在马蜂窝的"内容＋交易"模式下，用户通过 UGC 展现出的需求喜好、行为特征，被结构化大数据敏锐捕捉，成为反映市场变化的风向标，同时指导着每一个旅行机构的行动。而马蜂窝的"开放性"也让众多旅行机构接踵而至。利用平台的开放性则是新兴旅行机构抓住机遇的关键。目前马蜂窝已经提出了全新的在线旅游商业模式，主要从系统赋能、数据赋能、营销赋能、资源赋能、人力赋能、金融赋能和课程赋能七大方面，为各类型旅游商家提供全套解决方案。随着"内容＋交易"商业闭环体系以及合作机构联动模式的深入发展，马蜂窝在"内容入口"和"决策服务"方面奠定了优势壁垒，持续两年在酒店、交通、当地玩乐等自由行产品交易上实现成倍增长。

（二）商业分析

"内容＋交易"商业闭环

和 UGC 内容相比，广告类信息在马蜂窝上的占比并不显著。随着 UGC 内容积累到了一定程度，马蜂窝成功探索出了一条与传统 OTA 平台不一样的商业化道路：基于用户的游记和攻略，马蜂窝试图将自己打造成一个旅行产品交易平台，将内容和旅游供应链所代表的交易连接起来。可以说，不论是在融资、商业变现还是往移动端迁移的步伐上，马蜂窝走得并不十分迫切。

安装量超 600 万，用户 7 天留存率达 72.4%，极光大数据的监测结果显示，马蜂窝应用端的渗透率数据从去年 6 月起一直处于上升状态，并在包含国庆长假的 10 月达到峰值。截至 2017 年 11 月，马蜂窝应用端的市场渗透率为 0.6%，对应安装数量为 603.4 万。

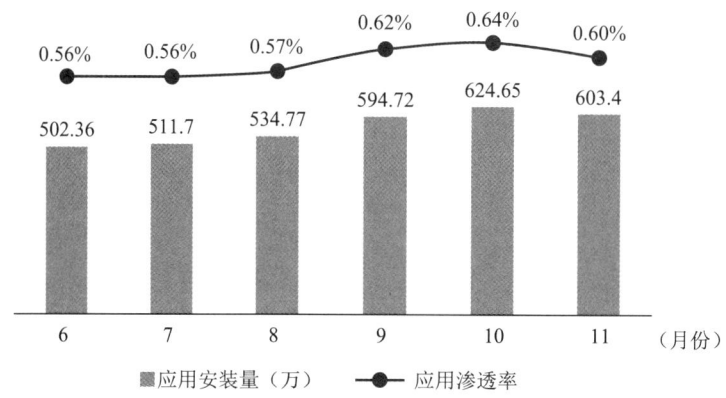

图 4-1 马蜂窝应用端渗透率及安装量

资料来源：极光大数据 iAPP 监测平台，取数周期：2017.06—2017.11

＊该统计结果为应用当期安装保有量，非下载或安装累计数量

马蜂窝应用端的用户活跃度在去年 7、8 月以及 10 月均迎来了上升期。和去年 6 月相比，应用端的月度活跃用户数在涵盖暑假的 7、8 月连续攀升，在 9 月轻微回落。半年数峰值出现在包含国庆长假的 10 月，应用端月度活跃用户数达到 331.96 万。

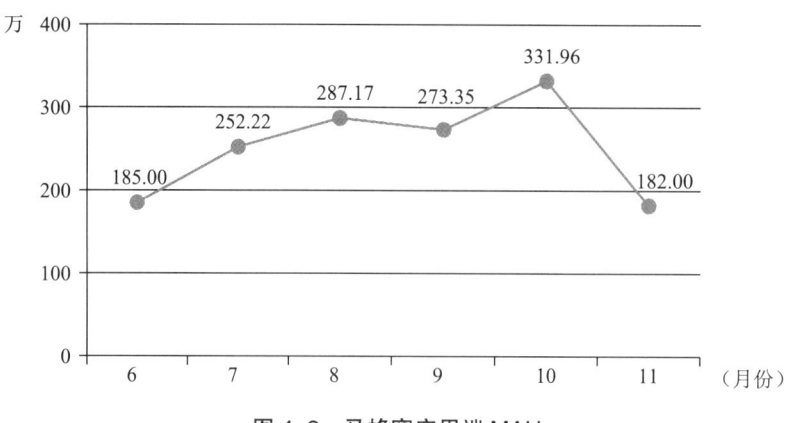

图 4-2 马蜂窝应用端 MAU

资料来源：极光大数据 iAPP 监测平台，取数周期：2017.06—2017.11

＊该统计结果仅含独立应用端数据，不含其他平台导入数据。

马蜂窝应用端的日新增用户数始终在 2 万～6 万的区间波动。在上年 6-11 月，应用端的日新增用户数均值为 4.07 万，即平均每天有超过 4 万名新用户安装该应用。

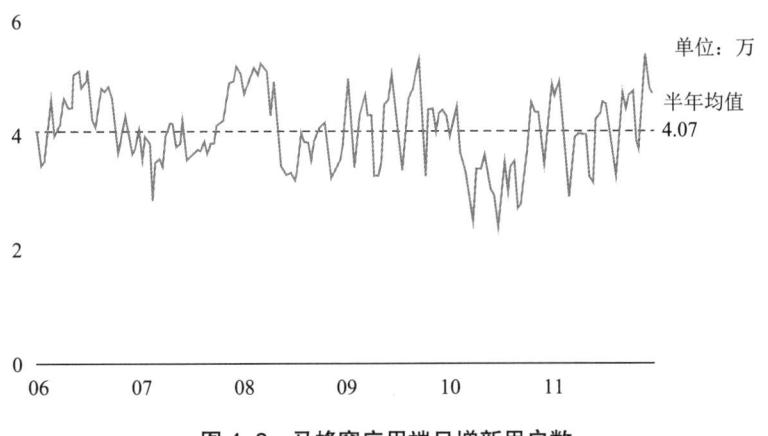

图 4-3　马蜂窝应用端日增新用户数

资料来源：极光大数据 iAPP 监测平台，取数周期：2017.06—2017.11

* 该统计结果仅含独立应用端数据，不含其他平台导入数据

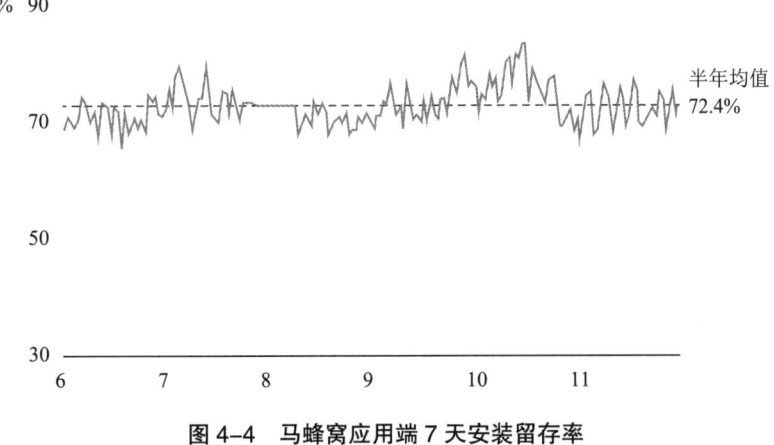

图 4-4　马蜂窝应用端 7 天安装留存率

资料来源：极光大数据 iAPP 监测平台，取数周期：2017.06—2017.11

* 该统计结果仅含独立应用端数据，不含其他平台导入数据。

马蜂窝应用端的半年 7 天留存率为 72.4%。这意味着在半年观察期内下载过马蜂窝应用端的新用户中，超过七成在 7 天尝鲜期过后依然会选择在设备上保留该款应用。

女性用户在马蜂窝应用端中的占比要显著高于男性，达到 58.2%。此外，用户的年轻化特征也非常显著，年龄在 24 岁以下的用户占比达到 48.1%，29 岁以下则为 73%。

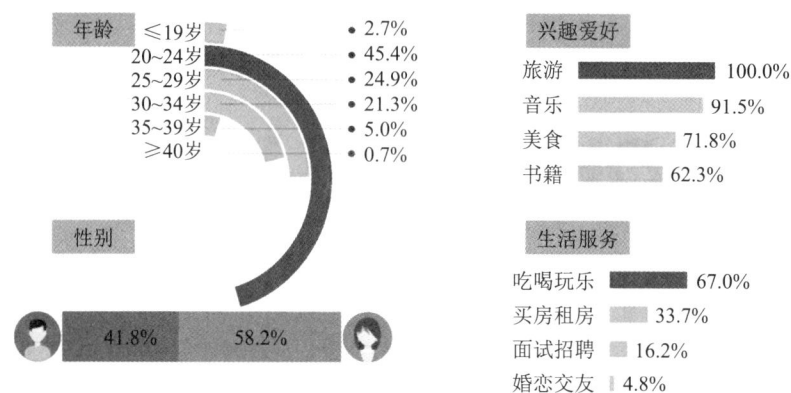

图 4-5 马蜂窝应用端用户画像

资料来源：极光大数据 iAPP 监测平台，取数周期：2017.06—2017.11

* 该统计结果仅含独立应用端数据，不含其他平台导入数据。

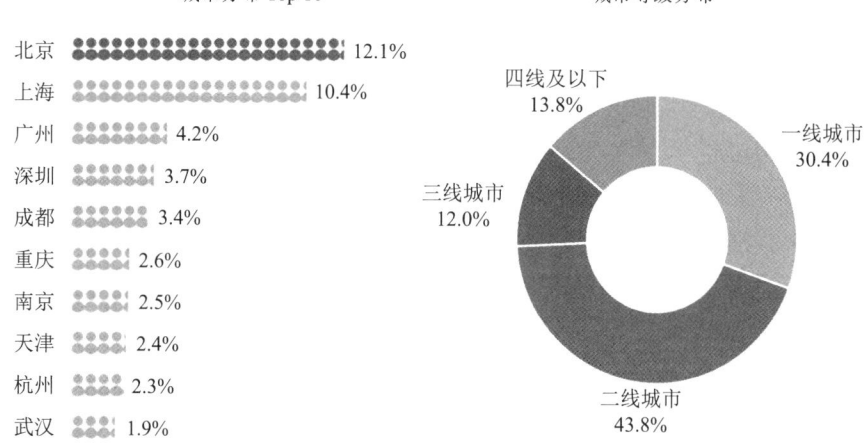

图 4-6 马蜂窝用户地理位置分布

资料来源：极光大数据 iAPP 监测平台，取数周期：2017.11

* 该统计结果仅含独立应用端数据，不含其他平台导入数据。

北上广深四个一线城市为马蜂窝贡献了 30.4% 的用户。占比最高的是北京和上海，分布在这两个城市的用户分别占 12.1% 和 10.4%，显著高于其他城市。分布在三线及以下城市的马蜂窝用户占比则相对较低，仅为 25.8%。马蜂窝的直接竞争对手应该是导游，与其他 OTA 平台更多则是合作关系。

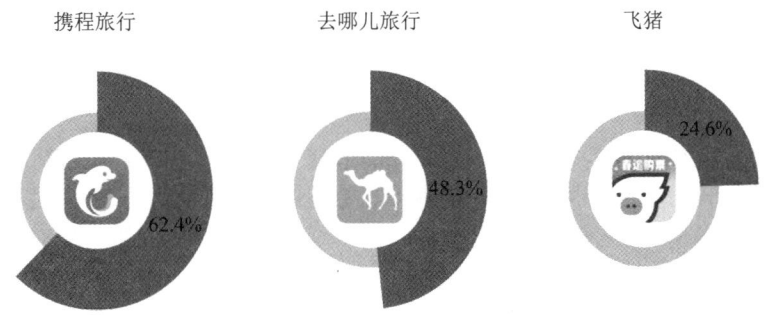

图 4-7 马蜂窝用户 OTA 应用安装比例

资料来源：极光大数据 iAPP 监测平台，取数周期：2017.11

* 该统计结果仅含独立应用端数据，不含其他平台导入数据。

马蜂窝移动应用端用户对携程旅行、去哪儿旅行和飞猪这三款 OTA 应用均有着较高的安装比例，三者在马蜂窝用户中的渗透率分别为 62.4%、48.3% 和 24.6%。从用户重合度比例看来，马蜂窝对于 OTA 平台的流量输出效应非常明显。和其他 OTA 平台不同，马蜂窝所专注的更多是国内的自由行群体。其新一轮融资也会被用于深耕自由行供应链，拓展酒店和目的地市场资源，建立一个更为稳定的供应商体系，以便为旅行者提供涵盖内容和交易的一站式解决方案。马蜂窝所做的不仅是交易闭环，而是旅游的闭环：马蜂窝从发酵用户的旅行想法开始，用户可以在上面订购机票、景点门票和酒店，最后还会在上面撰写游记。

第三节 穷游网

一、企业简介

穷游 2004 年成立于欧洲的留学生宿舍，是国内最大的出境游一站式平台，为用户提供原创实用的出境游旅行指南和旅游攻略、旅行社区和问答交流平台，核心产品行程助手和穷游折扣帮助用户在旅行的行前制定行程，完成机票、酒店预订、签订、租车等服务。2014 年，穷游着力移动
端穷游 APP，以优质的内容和服务贯穿用户的旅行全过程。穷游的服务宗旨是"让中国人的出境旅行更加容易，帮助大家获得更好的旅行以及生命体验"。穷游网由肖异创立，至今已经发展为国内领先的出境旅游服务平台。2008 年，肖异回国，穷游网回归。回国的肖异与一位神交已久的好友"周扒皮",现任穷游副总裁的周彤,也是穷游的第 1000 个用户,决定一起壮大穷游网。2008 年,北京穷游天下科技发展有限公司正式在北京成立,穷游网目前已经是国内最大旅游信息分享社区之一。有非常之多的用户都在网站上分享自己的旅行游记,同时会包含很多的旅游信息,提供给同样有出行计划的用户做参考。穷游网在自己的论坛基础之上,将游记信息组织成了目的地、穷游锦囊等内容频道,并提供了穷游折扣、预订等商业信息服务,成为了一个全面的旅游社区网站。

穷游网一直专注发力品牌内容的挖掘。穷游"鼓励和帮助中国旅行者以自己的视角和方式体验世界",经过 10 多年的积累和沉淀,穷游建立了从旅行灵感、旅行指南、游记攻略、行程计划,到预订产品的一整套完整生态体系,具有极佳的发展优势。穷游核心产品主要有穷游社区、穷游锦囊、行程助手、"最世界自由行"商城、JNE、穷游海外之家 Q-Home。旗下共拥有四款移动端 APP:穷游 APP,穷游锦囊 APP,穷游行程助手 APP,穷游最世界 APP。覆盖各类旅行场景。总下载量超过 6000 万次。截止到 2017 年 6 月,穷游网拥有注册用户 8800 万,日均独立访问量 260 万。穷游的模式,还是依靠用户在论坛上的分享交流,产生原始的旅游信息和内容的 UGC(User Generated Content)模式。通过对这些内容的积累和重新组织,再吸引到更多的用户。因此,最早的用户群体,以及在社区里积累的内容,就决定了网站的发展。

作为一个社区类产品,穷游用户的黏性和忠诚度,应该是最大的优势。把握了大量高端出境游的用户,这是其他新的竞争者很难通过资金、资源快速积累超越的。穷游社区当中,用户之间形成的良好氛围,是穷游发展的强大保证。穷游之所以能够从一个小小的论坛社区,发展成一个具有一定规模盈利的公司,就是巧妙搭建了"人—网站(产品)—人"这样的产品服务生态,区别于传统在线旅游商业形态中"人—产品"的单一模式。穷游在这样的互动社区生态之上,再结合旅游的产品服务,融入商业资源,必然具备创造更大商业价值的能力。这也是以穷游为代表的在线旅游社区不断涌现,并得到风险投资青睐的原因。在穷游所形成的互动社区生态之中,穷游还能创造、融入什么新的产品模式,来应对新的市场变化,提升自己的服务,将决定穷游未来的方向。

二、2017 年大事记

2017 年 7 月:TRAFFIC、天巡 Skyscanner 参与穷游网"负责任的旅行"联盟,让旅行因有爱而完美;新西兰旅游局联手穷游网开拓中部游;穷游网联手众信提供消费升级新体验,践行负责任旅行。

2017 年 11 月:穷游网开始尝试内容付费的变现业务;穷游网获 2017 年"中国广告长城奖"与"金旗奖"两项大奖;穷游网内容变现:买手店模式打造旅游业无印良品。

三、企业解读

1. 穷游网试水内容付费

"内容付费大潮"影响到了旅游行业。穷游网开始尝试内容付费的变现业务，主要为穷游锦囊中部分目的地的攻略游记，此次推出付费内容也意味着穷游网在努力开拓新的收入来源。穷游网通过内容付费变现可以增加一定的收入，还能吸引更多的作品生产者加入其中，但在内容生产者增加的同时，也会减少一部分读者。内容付费变现是否能成为新的盈利模式，还有待考量。穷游网推出的部分收费内容，主要包括旅行指南和杂志。目前只有非常少量的试水，做内容变现的目的主要是为了激励作者创作出更好的内容。

现在穷游网的商业模式中，收入主要来自基于广大用户的广告收入和旅行产品交易收入。实现内容变现的核心是要能够创造出人们愿意付费的内容，这是内容变现的关键。穷游经过 13 年的发展，一直深耕出境游社区内容运营，聚集了数量庞大的高质量达人用户和游记攻略内容，穷游网的内容运营围绕着这些能够生产出特色原创内容的达人 KOL，因为优质内容稀缺的背后其实是达人 KOL 的稀缺，他们才是穷游平台的核心竞争资源。由于上线的部分付费内容多以小众地区为主，所以短时间还看不到对业绩的影响。虽然对内容进行收费会吸引大批的内容生产者提供更多的内容，并能通过平台获取一定的奖励，但在读者从免费阅读到付费阅读转变过程中存在风险。中国未来研究会旅游分会副会长刘思敏告诉北京商报记者，一方面知识付费是个趋势，但需要穷游网提供更有价值的攻略；另一方面穷游网通过收费可以增加收入，但具有一定的风险，穷游网内容付费的做法，有可能会失去一部分用户资源。

2. 穷游网差异化抢占市场空位

穷游网推出"负责任的旅行"，旨在鼓励旅行者与当地居民建立良好的关系，在感受真实旅行体验的同时为当地人带去合理的经济收益。"负责任的旅行"能得到众多国际性组织及各国航空公司的支持，得益于穷游网在境外自由行领域的领导地位。聚焦于境外自由行，是穷游网成为细分领域领导者的关键所在。旅游业被称为 21 世纪中国的朝阳产业之一，随着互联网的极速发展，在线旅游业随之兴起。携程、艺龙、同程等巨头第一批入局，逐渐发展成为"大而全"的综合在线旅游服务平台，赢得了众多用户，率先占领了消费者心智。在这个传播过度的市场，消费者的脑容量有限。如果最先进入消费者心智的品牌已经站稳脚跟，后来者想要突出重围首先明确定位。

和老大对着干，是老二以下品牌商业竞争的捷径，大品牌大而全，后来者必须要能根据竞争对手的位置确定自己的位置，找到一个市场空位。穷游网正是找到了"境外自由行"的差异化，率先抢占了这一市场空位，从而赢得大量用户的青睐，在境外自由行这一细分市场坐到了头把交椅。成为细分市场领导者后，穷游网并没有像携程等企业一样扩大自己的经营范围，而是聚焦于境外自由行领域不断深耕。对于后起企业而言，想要更好地发展，企业需要做的永远是"窄而深"，而非"宽而浅"。当大量旅游行业的传统企业向互联网迁移时，穷游网已开始布局线下。穷游网在泰国清迈开张了自己第一家线下Q-home，为旅客提供信息咨询、预订、行程规划、文化活动体验以及穷游特色City Walk线路售卖等多种服务。穷游网成为在线旅游平台中第一家打通线上到线下全方位境外自由行服务的企业。如今Q-home日本京都店和新西兰皇后镇店已相继开业，未来还会在巴黎、威尼斯、伦敦等地设立。

3. 消费升级新体验　践行负责任旅行

众信旅游高级会员俱乐部组织会员参加了泰国清迈的旅行，有别于传统旅行团的日游体验，此次行程中众信旅游通过和穷游网合作推出了泰餐学习体验行程。会员们在穷游网开设的清迈中文泰餐厨艺学校（Q-school）里亲手烹制了四道经典泰餐，享受了异域私厨体验。

该项目是继众信战略投资穷游网之后双方在产品层面端的又一次合作，在出境旅游人数持续增长的今天中国旅游者正在经历"消费升级"，通过该合作穷游网和众信帮助游客更加深入体验目的地和当地人的生活，提高用户的旅行品质。未来穷游也将持续长期和众信合作，为更多出境游客提供定制化的优质体验。据了解，这也是穷游网"负责任的旅行"项目的一部分，通过鼓励游客充分了解当地文化和生活，像当地人一样旅行，减少文化沟通上的冲突，更好地享受旅行带来的乐趣。作为国内最大出境游一站式平台穷游网于2016年在泰国清迈Q-Home开设了主打"泰北美食"的厨艺学校Q-School，是东南亚第一家专门针对华人游客的泰餐烹饪体验会所，Q-School的建立进一步丰富当地互动式体验，完善穷游海外落地服务。穷游网海外项目负责人林毅表示"在"消费升级"和"体验式旅行"的趋势下，越来越多自由行游客开始注重海外活动的细节安排和品质。虽然中国游客赴泰旅游一直热度不减，但当地的英文厨艺学校质量参差不齐，因此，穷游发挥Q-Home当地的资源优势设立中国旅行者自己的泰餐烹饪学习体验馆，提供有温度、重互动的文化交流活动。未来穷游Q-home还将继续因地制宜，为中国游客推出更具特色的服务项目。

4. 流量的上游，产业链的下游

从用户旅游计划的决策环节来看。穷游这样的旅游社区和旅游资讯网站，是处在明显的上游的位置。用户通常都是受到亲朋好友，或者各类媒体、旅游资讯的影响，确定旅游目的地，再制订旅行计划，预订机票和酒店。穷游这样的网站，就是在用户计划的环节，能影响到用户的决策消费。穷游可以依靠向OTA们倒流量，提供酒店、机票预订来赚取佣金。尽管处在流量的上游，但因为在旅游决策过程中，离交易环节远，直接盈利的能力并非那么容易。用户在网站上的活跃，并不一定能直接带来利润。穷游着力发展的出境游主题，在国内市场形成的格局当中，却能巧妙地规避携程、亿龙等OTA们形成的垄断，和booking、Agoda等国外OTA形成合作关系。因为语言的障碍，用户在出境游前，制订详细旅行计划的信息需求更为强烈。这部分的旅游信息又不如国内的旅游信息丰富。所以穷游的用户对其依赖性更强，用户的转化率也更高。而且因为出境游的花销成本高，穷游在客单价、利润方面相比其他在信息分享社区的竞争对手，更具有优势。除了向OTA们倒流量收佣金外，和旅行社合作，销售打包的旅游产品，对穷游来说，也是一种盈利模式。穷游推出的穷游折扣，就是销售那些旅行社提供的旅游产品。

5. 模式革新之困

穷游的成功，是在于对于旅游整个消费行为当中，对于特定环节提供了很好的支持。当市场环境、用户行为开始慢慢发生变化的时候，穷游能否随之改变自己的产品服务模式，就显得尤为重要。穷游依靠论坛社区积累的UGC起家，其中大部分是用户在旅游之后分享的游记、心得。核心用户的活跃及贡献，靠社区细致的运营和用户之间感情的维系。那个时代，是一个互联网上旅游信息还相对匮乏的时代。数年的积累爆发，互联网的信息消费开始走向碎片化和移动化。对于大量仅仅寻找旅游决策或消费信息的用户来说，游记的信息冗余，借鉴的效率不高。再多的游记积累，对用户的价值提升有限。被携程收购的驴评网，还有马蜂窝、百度旅游等，都和穷游有着同质化的竞争关系。尽管有着早期优质用户积累带来的优势，在旅游主题变换、出行信息也需要不断更新的市场环境下，"论坛 – 游记"的产品模式很难产生竞争壁垒。穷游也不得不寻找服务模式上的突破。穷游锦囊，是他们在UGC模式上进行提升的一个尝试。但这样的产品依靠重度的内容生产，走传统的媒体模式，也不符合用户信息消费的碎片化特点，恐怕很难成为具备竞争力的互联网产品模式。穷游在信息结构化上也做出了很多努力，基于目的地推出了点评，在社区频道中推出了问答、微游记，只是收效并不明显。用户信息消费的移动化，是穷游要面临的另外一个挑战。在市场环境的影响下，用户开始越来越多地通过手机上进行机票、酒店的预订。穷游也推出了一系列移动端的旅行工具，但似乎并未在移动应用市场上取得应有的成绩。相对在产品模式比较具有实用价值的，是基于移动端的穷游指南——可以看作在穷游锦囊基础上，人工进行信息结构化的产品。

在纯移动互联网创业浪潮下诞生的面包旅游、蝉游记，则试图在打造一个全新的基于移动端或者说图片分享的旅游社区，以此挑战穷游或马蜂窝在传统网站社区上的地位。穷游推出的微游记是在面包旅行、蝉游记之后推出的类似产品，但其表面却不如两者。移动端在旅游过程中能够发挥的威力，恐怕并不仅仅局限于拍照分享。在可以看得到的趋势下，丰富的、即时的旅游信息推荐和结构化内容查询——即符合用户碎片化、即时性消费模式的产品，可以帮助到用户享受更自在行程的移动应用，恐怕是未来旅游爱好者最期望能看到的工具。而这一切的基础，是拥有大量的基于目的地的结构化数据。在这一点上，穷游论坛游记文章积累的内容，在结构化的数据上，似乎并不占优势。拥有的大量游记文章和用户的积累，可能反而会成为穷游革新产品的包袱。

第五章
垂直搜索和市场细分类旅游电商

第一节　旅游垂直搜索引擎平台简介

垂直搜索引擎是应用于某一个行业、专业的搜索引擎，是搜索引擎的延伸和应用细分化。垂直搜索引擎为用户提供的并不是上百甚至上千万相关网页，而是范围极为缩小、极具针对性的具体信息。因此，特定行业的用户更加青睐垂直搜索引擎。搜索引擎的出现，整合了众多网站信息，恰恰起到了信息导航的作用。通用搜索引擎就如同互联网第一次出现的门户网站一样，大量的信息整合导航，极快的查询，将所有网站上的信息整理在一个平台上供网民使用，于是信息的价值第一次普遍地被众多商家认可，迅速成为互联网中最有价值的领域。互联网的低谷由此演变为第二次高峰。大家熟知的搜索引擎 Google、百度、雅虎等是通用搜索引擎现如今的杰出代表，他们为互联网的发展做出了重要的贡献。然而，搜索引擎行业也不是一家公司就可以独撑天下的，从百度的上市、yahoo 中国的并购一系列动作表明，如今的搜索引擎大战如同门户网站初期的竞争一样激烈。相信，通用搜索引擎在经历过一段时间的角逐后，也将会继续维持几大服务商各自分控一部分市场的局面。垂直搜索引擎概念的提出，就是针对性地为某一特定领域、某一特定人群或某一特定需求提供的有一定价值的信息和相关服务。可以简单地说成是搜索引擎领域的行业化分工。众多专业性网站、行业网站独立服务于互联网的成功，恰恰证明了互联网的格局应该是多方面的。通用搜索引擎的性质，决定了其不能满足特殊领域、特殊人群的精准化信息需求服务。市场需求多元化决定了搜索引擎的服务模式必将出现细分，针对不同行业提供更加精确的行业服务模式。可以说通用搜索引擎的发展为垂直搜索引擎的出现提供了良好的市场空间，势必将出现垂直搜索引擎在互联网中占据部分市场的趋势，也是搜索引擎行业细分化的必然趋势。

　　旅游垂直搜索引擎类在线旅游服务平台是利用搜索引擎技术，使游客通过旅游产品的比对，根据对旅游产品的需求链接到相关网站完成交易，有效降低了游客获取信息的时间成本。旅游垂直搜索引擎同时也面临着发展问题。首先，垂直搜索在与综合搜索的竞争中并不占优势，往往被收购或只是在一些细分领域占有一隅之地；其次，垂直搜索的进入门槛很低，缺乏技术优势；最后，面临着大型OTA的市场掠夺，生存力较弱，单纯的垂直搜索模式或将面临成长瓶颈，需要进行模式拓展或依附于强势平台。以去哪儿为代表，其早已向综合性OTA成功转型，酷讯旅游凭借国内领先的垂直搜索技术，为旅行消费者提供国内外机票、酒店、火车票、度假和旅游指南的专业搜索服务，并利用先进的数据挖掘和智能推荐等技术手段，通过实时整合、辨识、处理海量旅行产品数据，为用户提供最新最准确的旅行产品价格和信息，从而帮助用户高效地比较选择适合自己的旅行产品。

第二节　市场细分类旅游电商

　　国内在线旅游网站是从300多家的混战，发展到今天互联网巨头携程系、阿里巴巴、新美大的三足鼎立。携程先后参股或收购了途牛、同程、艺龙、去哪儿等，一举拿下行业第一；阿里巴巴自建平台——去啊，吸引途牛、驴妈妈等第三阵营OTA加入，同时拉拢传统旅行社，从酒店上游、机票的销售模式等切入；而美团与大众点评的合并，未来必将在酒店、旅游、交通票务业务方面发力追赶。在线旅游高速发展的同时也存在着不少的问题，如产品服务同质化，缺乏明显特色，用户黏性不高。在线旅游地域发展不平衡，国际化进程缓慢等问题同样存在。此外，在线旅游平台普遍存在商业化困难，网站盈利问题一直如鲠在喉，营收问题应尽快解决；以及互联网企业本身的技术开发及更迭也是重要影响因素，技术的完善会带来整合资讯和产品方面的提升，给用户带来更好的使用体验。旅游行业进入门槛较低，随着更多的资本注入，越来越多的新兴旅游平台出现，且多以细分类市场切入，此类企业的模式也大多为与线下达成协议，赚取佣金进行盈利。如专注于住宿业的途家、小猪短租，以韩国住宿切入的喊你玩旅行网，专注周边游的要出发网；专注于境外海岛游的趣旅网等。

第三节 两类旅游电商简介

一、游多多介绍

游多多旅游网是国内第一大旅游类门户网。由美国著名天使投资人投资,致力于打造一个快乐旅游的互联网平台。集合了旅游咨询、旅游攻略、旅友互动、旅游分享等功能。覆盖了超过80%以上国内旅游用户,是国内最具商业价值的网站之一。游多多作为国内自助游服务网站先驱,从2006年开始一直致力于为旅行者提供多元化服务。形成了由多多驿站、目的地攻略、结伴同行、旅行分享、手机平台等线上线下产品组成

的一条龙服务,得到了全球旅行者一致好评。我们相信,每一个人都是世界的游客,最终都将消失在这个世界,希望游多多能帮您留住更多记忆,共同描绘出我们在地球上的绚丽足迹。多多驿站为游多多旅行网2008年推出,通过对旅行驿站文化的宣扬诠释,以营造旅行者在路上的家园为目标。汇集了国内所有景区目的地及大中城市极富特色的青年旅社、民宿客栈、家庭旅馆等,树立起商家自主经营、自主管理、直接销售的住宿预订模式。目前已成为国内旅游住宿预订行业颇具影响力的大型网络预订服务平台。

"Yo"是"游-You"的简音,意在旅游。"dodo"是16世纪前生长在西印度洋毛里求斯岛的一种鸟类,中文叫多多鸟,简称"多多"。把它作为我们网站的名称,有以下几种诠释:笨鸟先飞,旅行者可以从先飞的笨鸟那里找到前方目的地的信息。多多鸟已在这个世界上消失,想告诫每一个游者珍惜您脚下的每一片土地,希望人类能与其他生物和谐相处,爱护大自然。

游多多是一个自助游的社区交友平台,全球最大的中文Web2.0自助游社区。出游前,可以在游多多上查找目的地的攻略和食、住、行、玩等各类景点信息;还可以在线购买景点门票或是发起活动结伴同行,邀请旅友一起出游。出游归来,可以分享旅程中的照片、视频、游记和点评,管理自己的旅游记忆;同时会自动生成每位旅友的旅游足迹图,让好友们看到自己的足迹遍布何方。攻略服务汇聚了有8000条攻略信息涵盖的全国大部分的旅游景点,不仅介绍便捷的旅游线路,还有很多省钱妙招,当地的传统美食、地方特色、文化风俗、全面人文地理信息的展示,增加了网友知识,更能领略当地的风土人情。

多多驿站成立于2008年，隶属于游多多网络科技（上海）有限公司。秉承着为旅行者提供一个可以在路上体会温暖的旅途家园为宗旨。通过对旅行驿站文化的宣扬诠释，以营造旅行者路上的家园为目标。汇集了国内所有景区及大中城市数千家极富特色的青年旅社、民宿客栈、家庭旅馆、度假公寓等多样化的低价单体酒店。通过规范化的经营标准，树立起商家自主经营、自主管理、直接销售的O2O旅游订房模式。在倡导网络诚信经营的同时帮助中小型驿站轻松实现电子商务和有效的品牌宣传。开在线旅游住宿预订行业先河，首推了房客"入住保障"服务；酒店"有房指数"预订指标；酒店"客栈直营"商家服务准则等一系列保障消费者权益的服务措施，有效提升了游客的旅游满意度，每年为数百万人提供安全、可靠的订房保障。目前已成为国内旅游住宿预订行业颇具影响力的大型网络预订服务平台。

二、十六番

十六番是一个专注出境游的在线旅行社区，通过游记、问答等方式为用户提供或者优化出境游解决方案，重点解决旅行内容贡献和用户交流的问题。十六番与面包旅行、蝉游记相类似的部分都是做旅行社交，帮助用户解决的问题基本类似，就是方法不太一样，他们可能更多的是以写游记的方式，更倾向于展示，十六番比较多的是问答的形式，然后给有计划去旅行的用户解决出行攻略的问题。十六番的发展方向会坚持以旅行为中心
的社区创新，并保持移动客户端的持续迭代。也有可能会涉足旅行过程中的"O2O共享经济"。截至2014年，十六番已经有了一定的收入，其盈利模式主要包括为下游网站导流以及广告收入两种模式。十六番2015年1月启动了A轮融资计划，此前并未有过融资。2014年十六番用户覆盖数提升，2014年1月各UGC型在线旅游网的用户覆盖数变化略有波动，一起游、穷游网、十六番、互助网、自游网、路趣网和旅评网的用户覆盖数均有不同幅度的提升。

三、面包旅行

面包旅行（Breadtrip）是一款记录旅行轨迹、图文并茂分享旅行见闻、完整生成游记的旅行社交APP。致力于通过移动互联网技术帮助人们更便捷地探索世界、发现精彩，享受个性化旅行的乐趣。同时在记录旅行的过程中，与全世界同样喜爱旅行的人们沟通交流，分享美好的体验和记忆，以行交友。2014年12月22日，面包旅行获得腾讯等5000万美元C轮融资，本轮融资由
腾讯领投，富达亚洲风险投资和宽带资本跟投。面包旅行是北京道玺优讯科技有限公司2012年5月推出的一款简单实用针对旅游出行的移动应用软件。你可以通过面包旅行来记录途中的点点滴滴，以结构化的方式存储，自动生成有条理的游记。面包旅行软件本身完全免费，使用任何功能都不会收取费用，分享时产生的上网流量费由网络运营商收取。

面包旅行的功能有：一是记录旅行，支持离线。通过拍照、留言和轨迹追踪，完整记录你的旅行足迹，珍藏旅途中的点点滴滴。支持离线模式，无须担心手机流量；二是给相机照片添加位置信息。将数码相机照片上传到有轨迹追踪的行程中，会通过匹配照片的拍摄时间，自动给照片加上位置标签，再也不会忘记照片的拍摄地点了；三是生成游记，同步微博。自动将旅途足迹整理成精美游记，并能像电影一样在地图上动画回放。还能连接新浪微博，把精彩内容同步到自己的微博上，与朋友分享。

四、旅评网

旅评网是国内领先的在线旅游景点信息平台，同时也是网友景点点评和旅游分享的社区。率先开创以"旅游景点点评＋景点权威排行"为核心内容的旅游行业网站新模式，通过网友对景点、旅途的信息分享和点评，为全球旅游爱好者提供真实、客观、准确的景点排行和旅游自助指南。在旅评网，你可以查看网友评选的最真实的景点排行，获得详尽的景点信息与指南，筛选目的地和景点、查找攻略、策划线路，获取景点周边住宿、餐饮、交通等配套信息，设计个性化的旅行计划；分享旅途中的心得和感受，发布旅游点评、攻略和图片；与高素质的旅游爱好者自由互动和交流，参与活动、融入社区；赚驴币，换礼品，参与特色专题活动，最高可获免费旅游机会。

核心优势：最真实的国内外景点排行榜，由网友评分产生；详尽的景点信息与指南，帮您找到想去的地方；景点周边住宿餐饮等配套信息，一站式服务；驴友互动社区，与资深老驴一起分享旅途心得；独享特色专题活动，免费跟着节目摄制组去旅行。

五、路趣网

路趣网是一个新锐旅游网站，聚焦休闲景点挖掘、发现周边好玩的地方，解决用户"不知道去哪儿玩""怎么去"和"怎么玩"的问题。同时以"休闲旅游"为轴线，提供系列化的LBS手机应用，倾力打造基于LBS的户外旅游社区。路趣网拥有庞大的资深驴友、背包客、摄友顾问资源，并从旅游圈纬度提供景点周边的食、住、行等指南。在精心挖掘城市周边休闲、特别好玩的地方的基础上，全力完善相关地点的景点指南、印象玩法、游记攻略，为用户出行提供全方位实时信息支持。路趣网推出的一款时尚休闲旅游LBS手机应用——趣旅游，拥有较多国内城市周边休闲景点。通过趣旅游APP，用户可以发现好玩的地方，查看景点的游玩攻略。可以通过热点、专辑、周边游、主题游、城市导游，多纬度发现户外休闲旅游的好去处；还可以在景点签到、点评，与最懂玩的人分享旅途中的乐趣。它拥有以下功能。

每日打卡：路友们可以在"每日打卡"下面尽情诉说每天的心情及生活点滴，认识更多志趣相投的朋友。快乐打卡开心拿积分。

照片PK：路趣网根据当季热点精心策划照片PK活动，这是摄影水平的大PK，更是人缘人气的大PK。

艳遇地测试：在无聊的时候玩一下艳遇地测试，只要选择自己所属的星座，即可测出你命中注定的艳遇地，也许每次测试的艳遇地不一定都是同一个地方，纯属娱乐，仅供开怀一笑。

路趣大擂台：巧妙结合路趣网休闲旅游LBS的特点，开垦搜索不到的景点，形成我的特色开垦，争地盘抢地主，我的地盘我做主！游历各方景点，晒通关文牒，把向往的景点放入行囊，将获得积分、勋章奖励。

路趣小游戏：当你看旅游景点的游记、途说、专题等内容信息之后，玩玩在线小游戏，轻松娱乐一下。

参考文献

[1] 2017年中国电子商务用户体验与投诉监测报告.
[2] 易观智库网.
[3] 艾瑞咨询网.
[4] 极光大数据.
[5] 百度新闻.

第二篇
传统旅行社的线上发展

第六章
传统旅行社的线上发展

2017年,国内旅游市场高速增长,入出境市场平稳发展,供给侧结构性改革成效明显。国内旅游人数50.01亿人次,比上年同期增长12.8%;入出境旅游总人数2.7亿人次,同比增长3.7%;全年实现旅游总收入5.40万亿元,增长15.1%。初步测算,全年全国旅游业对GDP的综合贡献为9.13万亿元,占GDP总量的11.04%。旅游直接就业2825万人,旅游直接和间接就业7990万人,占全国就业总人口的10.28%。全年国际旅游收入1234亿美元,入境外国游客亚洲占比74.6%,其中以观光休闲为目的的游客占比37.1%。全年中国公民出境旅游人数达13051万人次,比上年同期增长7.0%。[1]

我国旅游服务贸易方面,初步测算2014—2017年我国旅游服务贸易支出分别约为896.4亿美元、1045亿美元、1098亿美元和1152.9亿美元,预计2018年支出额将达1202.5亿美元。同时,考虑大量持内地银行卡的港澳高频游客在内地的花费,超两千万搭乘我国航空公司航班入境游客的机票支出,以及补充抽样调查时遗漏的停时3个月至1年游客花费,算得2014—2017年我国旅游服务贸易收入分别约为1053.8亿美元、1136.5亿美元、1200亿美元和1234亿美元,预计2018年收入额将增加至1270亿美元。五年来我国国际旅游服务贸易始终保持顺差,但顺差额呈阶段性收窄趋势(见表6-1)。

表6-1 国际旅游服务贸易情况[2]

年份	旅游服务贸易收入	旅游服务贸易支出	差额
2014	1053.8	896.4	157.4
2015	1136.5	1045	91.5
2016	1200	1098	102

---

[1] http://www.cnta.gov.cn/zwgk/lysj/201802/t20180206_855832.shtml. 国家旅游数据中心,2018-02-06.
[2] http://www.cnta.gov.cn/zwgk/lysj/201802/t20180205_855765.shtml. 国家旅游数据中心,2018-02-05.

续表

年份	旅游服务贸易收入	旅游服务贸易支出	差额
2017	1234	1152.9	81.1
2018*	1270	1202.5	67.5

资料来源：国家旅游数据中心。

注：带*号年份数据为预测值。

第一节 2017年度传统旅行社的发展概况

一、2017年度全国旅行社行业规模及区域分布格局

旅行社行业蛋糕越做越大的背景下，旅行社数量保持稳定。数据显示。截至2016年年底，全国共有传统旅行社2.81万家，同比增长1.7%。受到线上旅游的冲击和自由行的盛行，旅行社在国内旅游市场方面表现一般，但出境游中国客占比仍然较大。[1] 根据国家旅游局关于2017年第三季度全国旅行社统计调查情况的公报，统计系统显示，第三季度全国旅行社总数为27 409家，完成第三季度报表填报的为25 835家，占总数的94.26%。25个地区填报率超过90%，其中安徽、海南、湖南、山东、新疆兵团的填报率达到100%。

1. 入境旅游市场

2017年第三季度全国旅行社入境旅游接待958.65万人次、2030.08万人天，同比分别增长73.18%和2.79%；外联385.58万人次，同比分别下降3.07%，外联2137.52万人天，同比增长25.97%。第三季度旅行社入境旅游外联人次排名前十位的客源地国家或地区由高到低依次为中国香港、中国台湾、中国澳门、韩国、日本、俄罗斯、新加坡、美国、泰国、马来西亚。[2]

2017年第三季度全国旅行社国内旅游组织4920.63万人次、15 862.23万人天，同比分别增长3.15%、2.78%；接待5176.02万人次、12 952.86万人天，同比下降14.06%、6.87%。

2. 国内旅游市场

第三季度旅行社国内旅游组织人次排名前十位的地区由高到低依次为江苏、广

---

[1] http://www.hkcts.com/news/hangyezixun/11015517.html 2018-03-20.
[2] http://www.cnta.gov.cn/zwgk/tzggnew/gztz/201801/t20180126_854803.shtml 2018-01-26.

东、上海、浙江、山东、湖北、重庆、福建、湖南、辽宁。第三季度旅行社国内旅游接待人次排名前十位的地区由高到低依次为浙江、江苏、广东、湖北、福建、山东、湖南、安徽、云南、陕西，见图6-1。

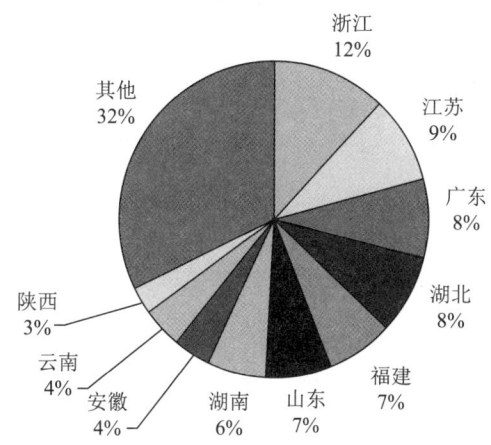

图6-1　第三季度国内旅游组织人次排名前十位的地区

3. 出境旅游市场

2017年第三季度全国旅行社出境旅游组织1549.13万人次、8142.76万人天，同比下降9.01%和10.88%。第三季度旅行社出境旅游组织人次排名前十位的目的地国家或地区由高到低依次为泰国、日本、中国香港、中国澳门、越南、新加坡、马来西亚、中国台湾、俄罗斯、印度尼西亚。

4. 三大旅游市场整体情况

按照入境外联人次、国内组织人次、出境组织人次三项指标，入境旅游占比6%，同比持平；国内旅游占比72%，同比增长4.35%；出境旅游占比22%，同比下降12%，详见图6-2。

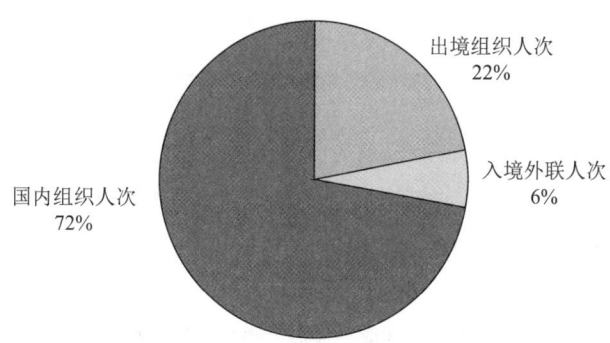

图6-2　第三季度三大旅游市场人次情况

按照入境外联人天、国内组织人天、出境组织人天三项指标，入境旅游占比8%，同比增长33.33%；国内旅游占比61%，同比增长3.39%；出境旅游市场占比

31%，同比下降 11.43%，见图 6-3。

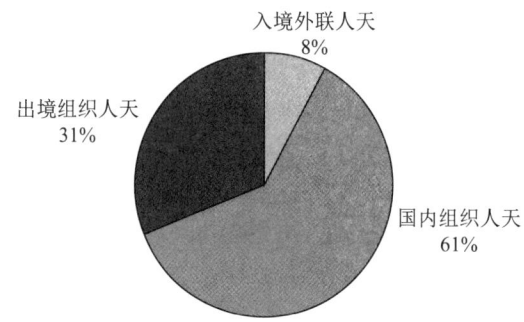

图 6-3　第三季度三大旅游市场人天情况

2017 年第三季度旅行社三大市场组织（外联）接待人次（人天）汇总排序前十位的地区由高到低依次为广东、江苏、山东、湖南、浙江、福建、辽宁、上海、陕西、湖北。①

二、2017 年度全国旅行社线上发展概况

（一）在线旅游市场竞争格局

1. 在线旅游市场规模不断扩大，但增速放缓

移动互联网的逐步成熟，共享经济、智慧酒店、深化度假方式等创新服务成为用户新宠。旅游已逐渐成为人们日常生活的重要组成部分，是一个让人民幸福的战略支柱性产业。根据 Analysys 研究显示，2017 年第四季度，中国在线旅游市场市场规模达到 2199.9 亿元人民币，同比增长 12.3%。Analysys 易观分析认为，因季节性因素，第四季度进入旅游淡季，中国在线旅游市场交易规模也跟随周期出现回落，但在双节和春运的助推下，市场仍稳定增长（见图 6-4）。

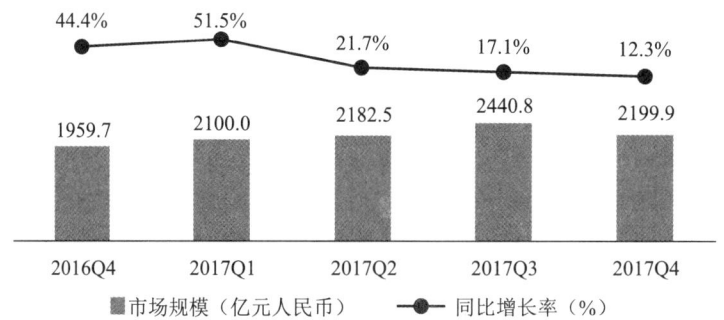

图 6-4　中国在线旅游市场交易规模

资料来源：易观

---

① http://www.cnta.gov.cn/zwgk/tzggnew/gztz/201801/t20180126_854803.shtml 2018-01-26.

2. 在线旅游市场白热化

一方面，在线旅游厂商通过技术手段提升效率、缩短用户需求挖掘周期，实现精准营销，满足了人们日益增长的美好生活需要的同时，也将互联网旅游消费的便利高效传递给用户，无形中增强了用户黏性。而随着厂商通过技术升级带来产品配置效率的提升，在线旅游市场规模将持续扩大。另一方面，新中产阶级消费群体的崛起，让处于供给侧的厂商们不断完善产品和服务，产业融合，新业态不断涌现。比如携程拥抱新零售、收购 Trip.com、租车业务品牌升级构建生态圈、美食林联手口碑等。另外，资本方面，在线旅游厂商仍然受资本追捧，本季度展开了"融资竞赛"。蚂蜂窝（现更名为"马蜂窝"）完成 1.33 亿美元 D 轮融资，驴妈妈母公司景域文化 3 个月内融资两次共计 36.33 亿人民币，美团点评融资 40 亿美元。市场竞争开始转移到如何精雕细琢产品与服务以挖掘客户价值最大化的命题上，而这与增强用户黏性又是你中有我的关系。因此，防守反击成为了厂商的竞争策略，一边通过融资、合并、收购、金融来"筑墙"，一边通过布局新零售、扩充产品库存、横向联合来"圈地"。

3. 在线旅游市场格局基本固化——三足鼎立

2017 年第四季度，国内市场的竞争格局已固化，在线旅游市场格局依旧。携程、去哪儿组成的携程系市场份额为 53.3%，飞猪旅行市场份额为 14.1%。TOP3 合计市场份额达到 67.4%，市场集中度仍然较高。厂商获取线上流量成本越来越高，因此，海外市场、线下渠道的布局和关键环节控制力的提升成为厂商巩固竞争优势的重点（见图 6-5）。①

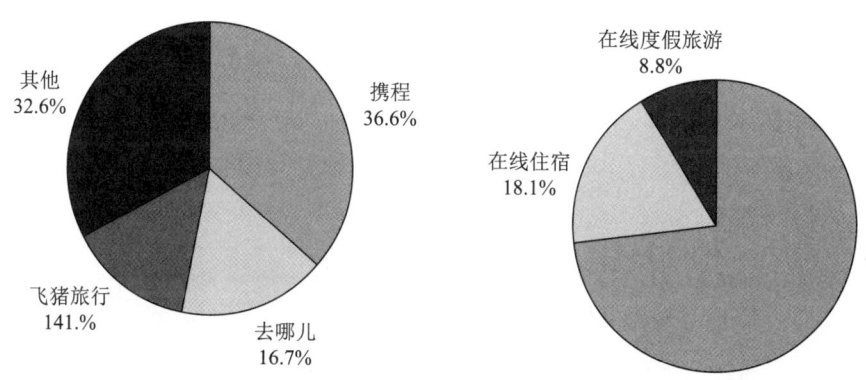

图 6-5 中国在线旅游预订市场交易份额　　图 6-6 2017 年第四季度在线旅游市场交易结构
　　资料来源：易观。　　　　　　　　　　　　　资料来源：易观。

2017 年同程和艺龙"喜结连理"，给中国在线旅游市场带来一幅全新的版图。中国旅游研究院战冬梅认为："现阶段，美团依靠巨大的流量和用户规模，使其酒店业绩足以与携程抗衡；飞猪旅行依托阿里庞大流量的补给，对携程来说也是一大威

---

① https://www.analysys.cn/analysis/trade/detail/1001243/ 2018-03-21.

胁。同程艺龙双方背靠腾讯这棵大树通过微信钱包获取了巨大流量,对于携程来说,能够获取更大的上游流量,因此,在线旅游行业未来将呈现携程、美团与飞猪'三足鼎立'的局面。"[1]

（二）旅行社与旅游电商的关系

2017年,OTA正式对决旅行社,强攻线下市场。随着线上红利的消失,作为OTA巨头携程于2017年正式转战线下,开始瓜分传统旅行社的"蛋糕"。同时,包括去哪儿、同程、途牛等OTA的代表企业,也都加快了布局线下门店的脚步,大有火拼之势。这股开店热潮的背后,也透露着未来OTA势必会打通线上线下进行全面整合的发展趋势。OTA与传统旅行社之战拉开序幕。

携程旅游渠道事业部总经理张力表示:"短短一年的时间,携程旅游门店从无到有,实现了1000家的布局,顺利将线上的优势延伸到线下,与消费者之间交互的能力也越来越强,无疑进一步增强了消费体验和活跃度。"这充分证明携程线下门店扩展的价值,也说明加盟模式更适合旅游零售。途牛和同程则是采用直营的方式,精耕细作逐步实现门店的扩张[2]。

尽管在外界看来,旅行社早已一片红海,但据易观发布的《2017中国在线旅游年度综合分析》数据显示,2016年中国在线度假旅游市场交易规模达到757.4亿元,两成交易额来自互联网,在线旅游渗透率为15.8%;再结合国家旅游局至今公布的数据,截至2016年,中国传统旅行社共计28097家,增长率为1.7%。在线上渗透率较低的情况下,旅行社数量保持较为稳定的增长,表明OTA远没有垄断国内旅游市场,线下依然有较为广阔的发展空间（见图6-7）。

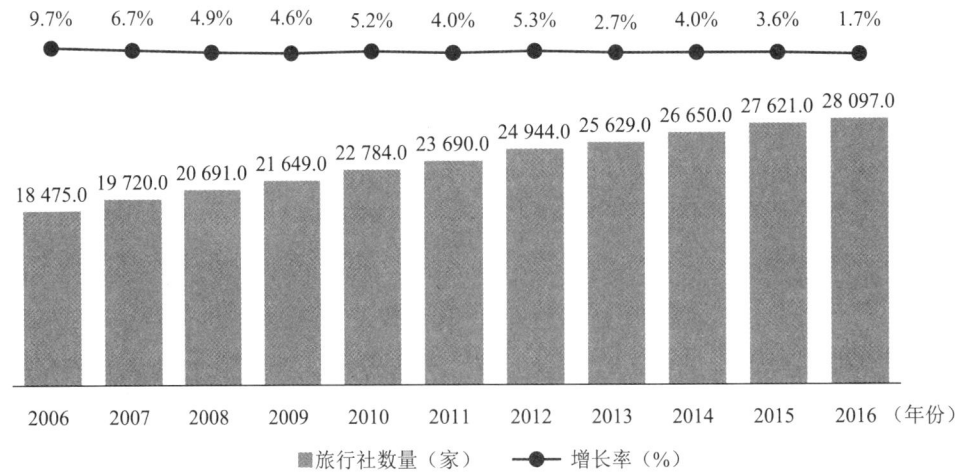

图6-7 2006—2016年中国旅行社数量增长

资料来源：艾瑞咨询。

OTA的线下门店与传统门店不同,弱化了功能性,更注重体验效果,多以体验店类型出现,一店一主题趋势明显。据了解,2015年,同程旅游在全国开设11家线下体验店,并推出百城百店计划。至2016年时,同程旅游大约已经开店300家。途牛也在2015年在全国设立了75个区域服务中心,截至2016年中旬全国大约有180家区域服务中心。去哪儿从2017年初就开始进攻线下市场,用五个月的时间开设门店超过350家,销售额突破5000万元①。

OTA可以通过分析处理大量的用户数据,帮助门店实现精准服务,如根据客源结构来布置门店以及突出产品宣传的重点。线下门店承担了行前的服务体验功能,线上则可以利用数据,实现精准营销,为门店积累精准客源。这是与传统旅行社最大的不同。线上获客成本不断增加,线下门店更显优势。OTA纷纷布局线下势必会加速线上线下互融互通,与传统旅行社是一场机遇和挑战,对整个行业来说或将是一场大洗牌。

(三)旅行社在线运营情况

主题游、定制游及体育旅游市场成为行业新宠。随着国内旅游市场的不断发展和成熟,传统观光旅游难以满足时下多样化多层次的消费需求。主题游、定制游及体育旅游成为行业新宠,传统旅行社线上布局趋势明显。

1. 主题游方面

2017年,众信旅游推出"神奇节日在哪里"节日主题系列产品,实际上2016年年底到2017年年初,众信旅游就开始增加主题系列产品"一家一团",以及2017年2月推出的"我和春天有个约会"等,主题游产品已占众信旅游的一定比例,悠哉网上有单独的主题单元专门服务有相关需求的游客。同时,凯撒也发力主题游产品,以"专列中国行"为主题,依托中国铁道旅行社的专列资源挖掘老年游市场;并且推出以戏迷为客群"戏缘老友记"等主题专列产品。搜索凯撒旅游官网,笔者发现其主题产品已经涵盖滑雪、游学、户外、健康等五大系列。还与瑞士旅游局联合推出瑞士滑雪的主题产品。尽管行业普遍认为主题游产品成本高收益低,但是未来的巨大成长空间也让这块市场被行业所看好[3]。

2. 定制游方面

不同于携程致力开拓定制蓝海——企业定制游,凯撒布局"定制+知识付费",推出"明智优选"子品牌,聚焦私人定制市场。以"1人出行,4人服务"为服务理念,"4人"包括"定制师""旅游顾问""计调"和"客服"。"由专人提供有温度、个性化、人性化的服务"是凯撒定制服务的魅力所在②。诚然,这样的战略布局离不开凯撒多年的资本积累和渠道资源,而定制游比拼的恰是企业资源整合的能力和服务人员的专业素养。传统旅行社多年累积下的资源优势,在短时间内并不会被OTA们赶超,所以面对日新月异的市场需求,重新整合资本,提供适销对路的旅游产品才是旅游企业长远之道。

3. 体育旅游方面

根据世界旅游组织(UNWTO)数据显示,体育旅游产业正在以每年14%的增

---

① http://www.yidianzixun.com/0IE1u5a5 2018-01-25.
② 木子.旅企深耕定制游[N].中国旅游报,2018-01-23(A01).

长超过旅游产业 4%~5% 左右的整体增长，2020 年全球体育旅游市场规模有望突破 4000 亿美元（约 2.7 亿元人民币）。凯撒将承接奥运赛事切入"体育旅游"，打造"旅游+"，2017 年 6 月 26 日，凯撒旅游还发布了《出境体育旅游消费市场白皮书》显示正成为中产阶层出境旅游的新宠。上半年出境游人群中，选择体育旅游项目的人群达 15.7%[①]。中青旅"旅游+体育"战略以体育精品赛事 IP 和文体活动为切入点，整合其优势，力争成为体育旅游的综合解决方案运营商。[4] 随着旅游的深入发展，体育旅游会更加深受市场双方的青睐。

第二节 2017 年典型传统旅行社线上运营特点

经国家旅游局批准，中国旅游研究院与中国旅游协会自 2009 年起联合开展旅游集团专题调查并定期发布"中国旅游集团 20 强"。2017 年，携程旅游集团、中国旅游集团公司、海航旅业集团有限公司、腾邦集团有限公司、华侨城集团公司、同程网络科技股份有限公司、锦江国际（集团）有限公司、北京首都旅游集团有限责任公司、浙江省旅游集团有限责任公司、景域国际旅游运营集团、杭州市商贸旅游集团有限公司、南京金陵饭店集团有限公司、开元旅业集团有限公司、上海春秋国际旅行社（集团）有限公司、安徽省旅游集团有限责任公司、黄山旅游集团有限公司、大连海昌集团有限公司、广州岭南国际企业集团有限公司、福建省旅游发展集团有限责任公司、山东银座旅游集团有限公司、众信旅游集团股份有限公司、中青旅控股股份有限公司入围 2017 "中国旅游集团 20 强"榜单。数据显示，2017 年，中国旅游集团 20 强总交易额达到 1.53 万亿元，同比增长 34.2%，最低入围门槛为 117 亿元，均创历史新高。按全年 5 万亿元的旅游总收入测算，国家旅游业的第一方阵已是三分天下有其一，对旅游经济的战略支撑力和社会影响力进一步增强[②]。

其中中国旅游集团、上海春秋国际旅行社（集团）有限公司、众信旅游集团股份有限公司、中青旅控股股份有限公司等传统旅行社上榜。本小节将简要分析典型传统旅行社 2017 年来的发展现状，并重点介绍其线上运营特点。

一、中国旅游集团

（一）公司简介及经营状况

中国旅游集团有限公司暨香港中旅（集团）有限公司前身是陈光甫先生于 1928 年设立的香港中国旅行社，1954 年由中央任命政府华侨事务委员会接管；1985 年注

---

① 刘斯会. 体育旅游市场规模将突破 2.7 万亿元，凯撒旅游称将打造"旅游+"[N]. 证券日报，2017-06-27（C03）.
② http://news.ifeng.com/a/20180201/55670237_0.shtml 2018-02-01.

册成立香港中旅（集团）有限公司；2005年12月，整合招商局集团属下的中国招商旅游总公司后，成立了中国港中旅集团公司并与香港中旅（集团）公司实行"两块牌子、一套班子"领导体制；经国务院批准，2007年6月，中国中旅集团公司整个并入中国港中旅集团公司；2016年6月，中国国旅集团整个并入中国港中旅集团公司并正式更名为中国旅游集团公司。目前，中国旅游集团有限公司是中央直接管理的国有重要骨干企业，也是总部在香港的三家中企业之一。2012年，集团成为国务院国资委建立规范董事会试点企业，实行集团公司、二级板块公司、三级分子公司的"三层架构、三级管理"模式。

集团形成了以旅游文化为主业，旅游地产、旅游金融及相关业务并举的产业格局，业务网络遍布中国香港、中国内地和海外，涵盖旅行社、线上旅游、酒店、景区、免税、地产、金融、旅游客运、文化演艺、邮轮、房车等相关旅游业态和细分领域，是中国最大的旅游中央企业，也是中国历史最悠久、旅游产业链条完整、旅游要素齐全、经营规模大、品牌价值高的旅游企业。目前，集团旗下控股两家上市公司：香港中旅、中国国旅。集团资产总额接近1500亿元，员工近5万人（见图6-8）。[5]

集团的发展目标是，2016—2020年，要实现"规模、效益、品质、品牌和市场占有率达到世界一流"，成为具有世界级影响力和品牌知名度的旅游产业集团，对标德国途易，进入世界一流旅游集团行列[6]。

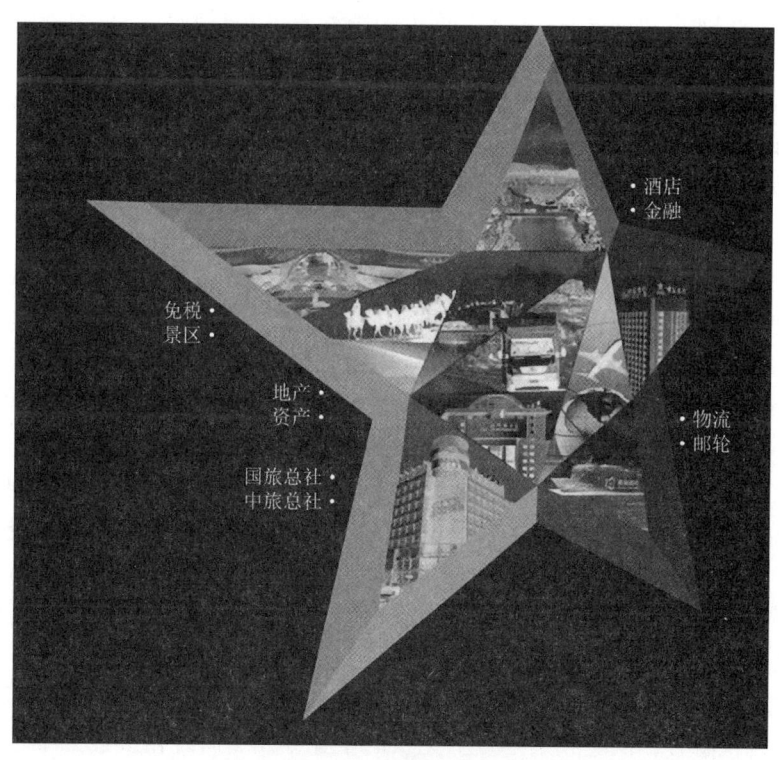

图6-8 中国旅游集团主营业务图

资料来源：中国旅游集团官网。

据中国旅游集团公司2017年第三季度财务报表显示,中国旅游集团公司合并营业总收入4 709 026万元,上年同期4 258 411.8万元;营业利润540 219.2万元,同期利润455 738万元;利润总额558 544.8万元,同期利润总额464 894.1万元;净利润388 282.4万元,同期净利润335 780.3万元,其中归属母公司所有者的净利润172 975.1万元,同期160 076.1万元。2017年年底实现利润63.70亿元。

(二)三大在线服务平台简介及发展简况

1. 中旅总社——星旅网

"星旅游网"是"中旅总社"旗下互联网品牌,中国旅行社总社的官方网站。通过整合中国旅行社总社下属公司的产品资源,为旅游者提供从北京、重庆、大连、福州、广州、南京、青岛、上海、沈阳、武汉、西安、郑州等16个城市出发的出境、国内参团产品,以及签证、旅游票务、领事认证等综合旅游服务。目前星旅游网拥有两千多条各类旅游产品,借助中旅总社丰富的产品资源、强大的品牌优势、规模庞大的服务网络,为用户提供优质的旅游产品及在线预订服务。

2017年中旅总社与泰国旅游局合作,全力推广泰国旅游产品和服务。2017年星旅网上线了许多有关泰国的出境旅游产品,且加大了泰国旅游的营销宣传力度,大力推广出游泰国。

2. 中国国际旅行社——国旅在线

国旅在线网站(www.cits.cn)[①]是中国国旅官方预订网站,是向全国消费者展示国旅公民游产品及资讯,并提供产品在线预订、在线支付的重要门户。随着电子商务的快速发展和网民在线购物习惯的迅速养成,国旅在线网站以"积极响应消费者诉求,注重用户体验"为出发点,建立了一整套规范化和标准化的产品咨询、预订、在线支付流程,为消费者提供值得信赖的品质保障。目前,国旅在线网站已获得中国互联网协会颁发的AAA信用评级、中国电子商务协会颁发的首批中国电子商务诚信网站示范企业等诚信认证称号。在IT技术的引领和支持下,国旅在线网站将继续依托国旅资源整合平台,与中国国旅旅游预订中心一起,面向全国消费者,提供高品质、专业化的在线咨询、预订一体化旅游服务。

3. 中国港中旅公司——芒果网

芒果网作为港中旅旗下线上旅游网络平台,积极实施与地面旅行社在线线下业务整合,打造O2O旅游商业新模式。芒果网作为中国领先的旅游目的地网站,拥有专业的目的地网站、在线预订平台及电话预订中心,为客户提供线上、线下全方位的旅游产品预订服务。经营范围:国内旅游业务、入境旅游业务、出境旅游业务,包括代订酒店;会务服务;票务代理;旅游信息咨询及其他信息咨询;互联网信息服务;从事广告业务;航空机票销售代理;计算机系统服务[7]。

中国旅游集团正处于整合期,中国国旅并入港中旅以来,人事调整不断,各项业务尚未完全融合;同时收购了日上免税的中免集团,海外拓展任务十分艰巨;中

---

① 中国国旅官网,http://aboutus.cits.cn/cits/service_immigration_ds.htm.

国旅游旅集团旗下三家线上平台至今亦没有融合的迹象，各自独立运营线上业务。而作为其OTA中的重要布子——芒果网一年来也是曲折前进，苦苦支撑集团的线下业务。

（三）主营业务及营收情况

中国国旅是国内综合旅游服务第一品牌，以"旅游+免税"双核驱动公司发展。2017年，中国国旅营业收入为282.82亿，同比增加26.32%，实现营业利润38.53亿元，同比增长45.45%，实现利润总额38.34亿元，同比增长43.53%，实现归属上市公司股东净利润为25.31亿元，同比增加39.96%。主要原因是2017年公司通过收购日上免税行（中国）有限公司巩固优化现有离岛免税业务带来营业收入增量56.90亿元，以及归属上市公司股东的净利润增量5.82亿元。2017年公司主营业务毛利率为29.18%，比去年同期提高4.89个百分点，主要原因是公司毛利率较高的商品销售业务收入占比由2016年的42.56%提高至2017年的55.99%[①]。经营现金流净额为30.17亿元，同比增加55.8%[②]。近五年营收走势见图6-9。

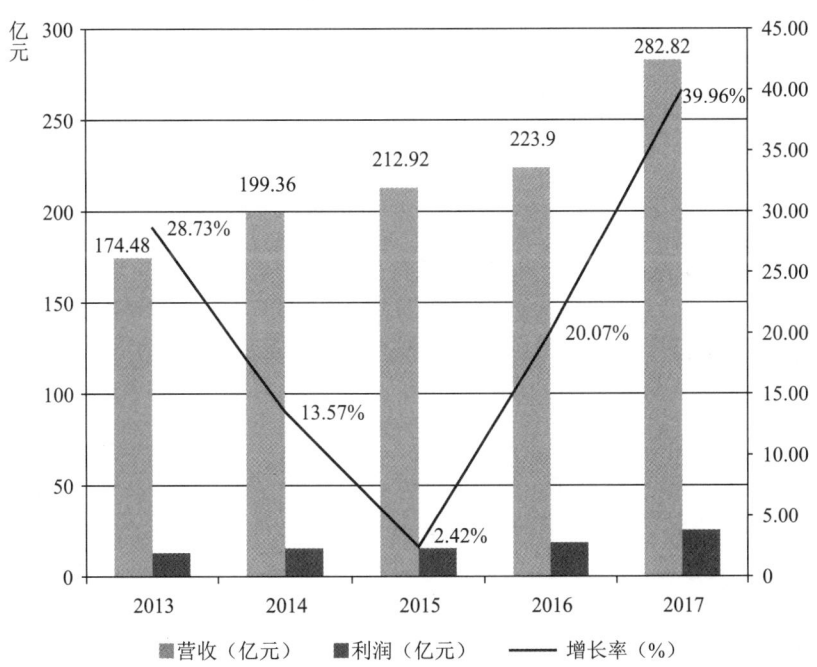

图6-9　2013—2017年中国国旅营收情况

公司主要从事旅游服务与商品销售，两大业务分别由全资子公司国旅总社和中免公司负责。旅行社业务方面，国旅总社按照"三游并重、两网并举"的发展战略，不断巩固入境游，大力发展出境游，积极拓展国内游，重点推进商务会奖旅游

---

① 中国国旅2017年年度报告。
② http://sh.qihoo.com/pc/927ab28e2f4f73cc6?sign=360_e39369d1 2018-04-30.

和自由行业务，加快布局海外签证中心，打造"中国国旅、CITS"入境旅游品牌，培育"环球行"出境游品牌、"国旅假期"国内游品牌及"自游天下"自由行品牌，以实体网络拓展和电子商务为发展路径扩大经营规模和市场份额。①2017 年公司旅游服务业务实现营收 122.78 亿元，同比下降 2.98%，毛利率为 9.60%，比上年同期提高 0.67 个百分点。其中入境业务实现营收 6.68 亿元，同比增长 8.48%，毛利率为 13.74%，同比下降 2.94 个百分点；出境旅游业务实现营收 64.60 亿元，同比下降 3.37%，毛利率为 5.02%，同比下降 0.88 个百分点；国内游业务实现营收 32.56 亿元，同比下降 5.57%，毛利率为 6.21%，同比下降 0.54 个百分点；境外签证业务实现营业收入 9.85 亿元，同比增长 14.03%，毛利率为 23.51%，同比提高 1.41 个百分点。

旅游零售业务方面，旗下中免公司作为全球免税品分销商前三强，坚持"批发、零售并重，免税为主，有税为辅"的发展战略，全面整合免税、旅游零售领域资源，向主业相关领域延伸，努力开拓国际一线品牌的有税及免税商业集成，已经实现由单一分销商到零售运营商、传统免税领域到旅游零售领域的转变，努力打造成国际一流的免税商品供应商和运营商。[8]中国国旅 2017 年商品销售业务实现营业收入 156.20 亿元，同比增长 66.55%，毛利率 66.55%，比上年同期下降 0.45 个百分点。其中免税商品销售业务实现营业收入 148.61 亿元，同比增长高达 69.25%，毛利率为 45.72%，同比下降 0.87 个百分点。公司有税商品销售业务实现营收 7.59 亿元，同比增长 26.89%，毛利率为 22.07%，同比提高 0.12 个百分点。统计显示，中免公司商品销售占中国国旅 2017 年的总营收约 40%，且逐年上升；从利润贡献来看，中免公司归母净利润对公司总的归母净利的贡献达 97% 左右，免税业务贡献利润百分比预计达 90%，是公司业绩最主要来源。②

2016 年 7 月中国国旅整体并入港中旅，两大央企合并打造旅游"航母"。鉴于两大集团规模和结构的复杂性，笔者认为重组初期主要是对集团内部的股权结构和监管治理方面进行调整，从长期战略看：第一，旅行社业务有望整合，国旅可借助港中旅完整的旅游服务产业链运营经验延伸旅游服务上下端，逐步实现业务升级；第二，复制项目投资模式，有望打造具有竞争力的旅游目的地；第三，对照韩国，市内免税业务具有重大发展前景，双方合并之后可能成为新的免税业态突破口。业务协同优势会更加明显，公司可借助中国旅游集团这一平台开展资源整合，以平台资源激活业务增能，以客源流量建立竞争优势，快速开展业务布局与渠道拓展。图 6-10 是中国国旅近五年净资产收益率走势。

---

① 中旅总社官网，http://www.citsgroup.net/Business/Index.asp.
② http://www.yinhang123.net/wangdian/gupiao/707636.html，2017-03-27.

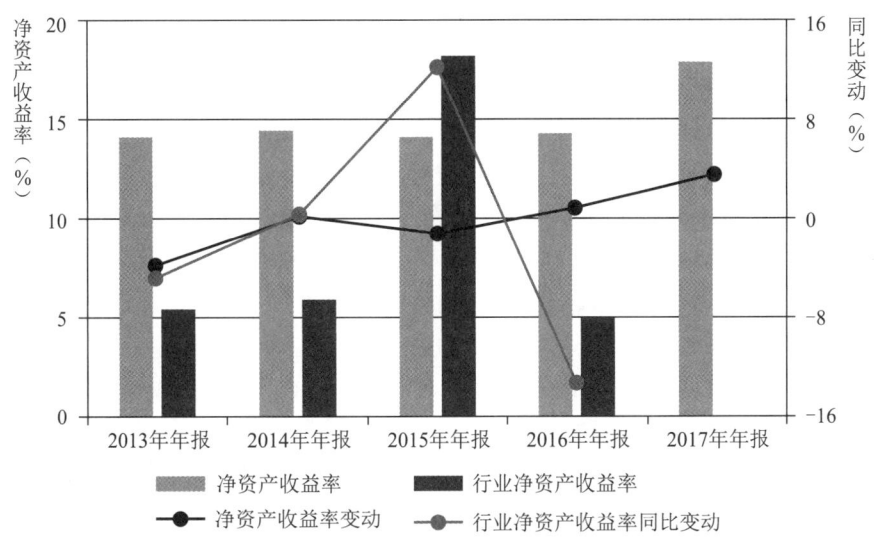

图 6-10 中国国旅近五年净资产收益率走势

（四）2017 年度大事记

2017 年 1 月 12 日，[9]北京日报报业集团举办"未来已来——北京日报报业集团新媒体矩阵整合发布会暨全行业颁奖典礼"上揭晓"2016 北京晚报旅游风尚榜"榜单，中国国际旅行社总社有限公司荣获"2016 年度最受读者信赖旅行社"奖项。

2017 年 7 月 3 日，①世界品牌实验室发布 2017 年中国 500 最具价值品牌排行榜，中国国旅股份有限公司的"国旅"品牌以 605.89 亿元的品牌价值，名列中国 500 最具价值品牌排行榜第 48 位、旅游服务行业第 1 位，品牌价值同比提升 156.04 亿元，同比增幅 34%。

中国国旅股份有限公司积极响应国家旅游局号召，全面推动智慧旅游服务体系建设。2017 年 3 月，电子合同签约率超过 60%，截至 8 月，已有 26 家所属企业的 308 家门市加入到电子合同签约行列。②

2017 年 9 月，中国国旅总社智慧旅游门市管理系统第一期正式上线，完成全部门市信息录入，助力门市的经营模式转型和风险管控，推进系统化管理。[10]

2017 年，有序推进"数字化中免"进程，持续完善三亚网上商城的电子券等系统功能，打造线上预订、线下提货的"免税+互联网"模式。

2017 年 12 月 31 日：经国务院国资委批准，中国旅游集团公司由全民所有制企业改为国有独资公司，改制后公司名称为中国旅游集团有限公司。[11]

---

① http://www.cits.cn/newsdetail/2125.html 2017-07-03.

② http://www.cits.cn/newsdetail/2134.html 2017-8-30.

二、中青旅控股股份有限公司——遨游网

（一）公司简介及 2017 年经营状况

中青旅旅行社是中华人民共和国成立后，最早开展境内外旅游业务的旅行社之一，专注旅游服务已经超 30 年。中青旅控股股份有限公司（简称中青旅）是以共青团中央直属企业中国青旅集团公司为主发起人，通过募集方式设立的股份有限公司，1997 年 11 月 26 日公司创立，12 月 3 日公司股票在上海证券交易所上市，是我国旅行社行业首家 A 股上市公司（股票代码：600138）、北京市首批 5A 级旅行社，现有总股本 7.2384 亿元。

作为中国旅游行业的领先品牌和综合运营商，中青旅坚持以创新为发展的根本推动力，不断推进旅游价值链的整合与延伸，在观光旅游、度假旅游、会奖旅游、差旅管理、景区开发、酒店运营等领域具有卓越的竞争优势。中青旅旗下拥有中青旅会展、乌镇、山水酒店、遨游网、百变自由行等一系列国内知名旅游企业和产品品牌，在北京、上海、东京、温哥华、香港、广州、天津、南京、杭州、深圳等海内外三十余个核心城市设有分支机构。目前，中青旅已达到年接待游客突破 150 万人次，营业收入 100 多亿元的经营规模，正矢志成为一家具有卓越品牌形象、拥有领先市场份额、跨地域、跨产业链运营的国际化现代旅游集团。

2017 年，面对新的市场竞争格局及与之相伴的机会与挑战，中青旅坚持"控股型、多平台、营造旅游生态圈"的发展战略和"做有品质生活的系统提供者"的发展定位，全力搭建"4+3"发展架构。其中，旅行社业务持续深耕内容，拓展"旅游+"新模式，实现营收规模及毛利的同步提升；整合营销业务持续探索变革和创新，通过产业和资本的双轮驱动，不断强化已有的竞争优势；景区业务坚持以创新实干为龙头，以成本管理为手段，塑造会展小镇品牌，不断挖掘持续增长动力，2017 年度实现高基数上的稳定增长；酒店业务积极把握行业复苏的利好因素，拓展多元品牌体系，业绩高速增长。同时，公司积极布局产业融合领域，谋求旅游与教育、体育、康养行业的互通与促进发展。2017 年，中青旅荣获"2017 杰出品牌形象奖"奖项，并连续十年入选中国品牌 500 强。2017 年，公司实现营业收入 110.20 亿元，同比增长 6.70%，实现净利润 5.72 亿元，同比增长 18.24%。

2017 年全年中青旅净资产收益率 10.22%，上升 0.73%；基本每股收益 0.79 元，同比增长 17.91%。去年同期行业平均净资产收益率 5.08%，上升 13.24%；行业平均基本每股收益 0.33 元，同比增长 5.66%。归母公司所有者净利润为 5.72 亿元，同比增加 18.24%。营业收入为 110.2 亿元，同比增加 6.7%。公司本期资产合计为 130.21 亿元，负债合计为 55.34 亿元，负债率为 42.5%。经营现金流净额为 -7.86 亿元，同比下降 182.94%（见图 6-11）[①]。

[①] http: //sh.qihoo.com/pc/9edcbe226dc0ff5ce？sign=360_e39369d1 2018-04-28.

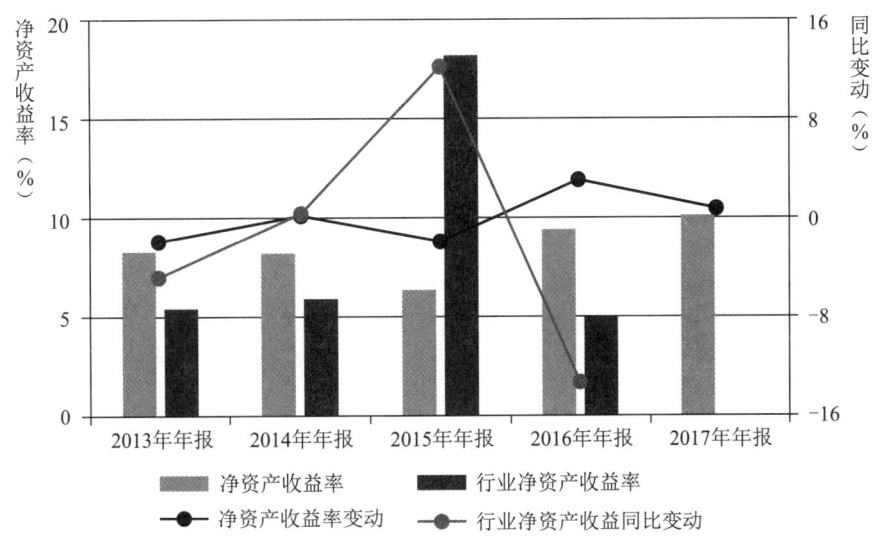

图 6-11 2013—2017 年中青旅净资产收益图

（二）主营业务及盈收情况

1. 旅行社业务[①]

2017 年，为充分满足消费者追求高品质旅游度假生活方式的旺盛需求，旅行社业务板块不断创新产品内容，致力于为不同年龄、需求人群提供旅游解决方案，开拓游学、营地教育、户外旅行、旅居产品，拓展境外目的地玩乐业务并首家推出中俄国际列车产品，丰富产品内涵，真正有效满足消费者个性化的需求。渠道方面，中青旅遨游网在业内独创领先的微店体系，将移动端与线下销售人员服务有效结合，2017 年取得了良好成效。2017 年度完成移动端 4.0 的全新改版上线，完成了遨游网首页、搜索结果页的重大改动，新增机票、签证、酒店套餐、当地玩乐等产品品类的展示，提升搜索、预订、传播、交易的移动化场景和交互体验。

2. 整合营销业务

2017 年，中青博联强化"区域、业态、行业、线上线下"四个维度协同带来的商机共享及"整合服务"价值与优势，保持其在整合营销服务领域的行业领先地位。报告期内营业收入同比增长 4.36%，毛利率有所提升，净利润受人工成本等支出上升和政府补助下降影响下滑 24.38%。持续保持旅游目的地营销、国际会议、海外活动、大型博览会运营等领域的市场第一，强化大型活动营销、新媒体传播和公关策略性业务等领域的市场竞争优势，打通线上线下服务内容，形成会展活动 O2O 的创新模式和竞争优势。

此外，中青博联继续拓展区域网络，保持公司在会展活动领域的线上技术领先优势，围绕大型博览会园区延展了文旅园区综合体的策划、规划、运营、营销等一

---

① http://yuanchuang.10jqka.com.cn/20180427/c604171632.shtml 2018-04-27.

站式整合服务，并在"园区商业管理、票务营销"等领域开展布局。中青博联荣获第十届金椅子奖"年度最佳会展公司""年度最佳会议组织机构""年度最佳活动策划公司"等奖项，整合营销业务获得业界广泛认同和赞誉。

3. 景区业务

2017年，乌镇景区根据打造"文化+会展"小镇的战略方向，在客流量、营业收入和净利润方面取得突破。报告期内，乌镇全年实现营收16.46亿元，同比增长20.93%；全年累计接待游客1013.48万人次，同比增长11.81%，其中东栅接待游客468.91万人次，同比增长9.06%，西栅接待游客544.57万人次，同比增长14.28%。景区高度重视商务会议市场，不断完善硬件设施基础上更加注重服务品质的提升。通过建立标准化管理体系，提升商务接待质量，确保景区商务会议接待的竞争优势。同时开发商务礼品，提高景区内会议室等配套资源质量、优化商务会议服务流程等措施改善商务会议服务的软硬件环境，接连国际知名会议打造会展小镇新名片。"文化乌镇"品牌影响力日臻扩大、功能布局完善，活动丰富度高，自然风光与乡村人文完美结合，与东栅、西栅景区联袂互补，发挥协同作用。

2017年，古北水镇景区实现营收9.79亿元，同比增长35.16%；全年累计接待游客275.36万人次，同比增长12.89%。报告期内，景区积极探索细分市场需求、优化产品结构、传播品牌价值，将品牌的打造与营销提升至战略地位，加强广告投放力度，重视线下、传统媒体推广，攻坚线上及新媒体推广，公司品牌进行精准销售，品牌营销转化率进一步增长。同时，景区文创活动丰富，文化创意内涵提升；深耕商务会议接待市场，优化软硬件服务设施，创新销售理念，提升会务接待水平等措施，重点辐射周边地区市场，积极探索与IT、教育、汽车、金融等优势产业的合作机会，商务会议营收迅速增长。

4. 酒店业务

中青旅山水酒店通过品质提升、品牌扩张形成了发展性盈利的模式，2017年度实现营收、净利润双增长，保持了良好的发展态势。截至2017年12月31日，中青旅山水酒店集团共有门店87家，包括58家开业店和29家筹建点。实现签约项目27个，其中直营类1个，托管类1个，加盟类25个。山水S品牌荣获"2017中国最具投资价值酒店品牌"奖，山水酒店连续四年荣获"中国饭店集团60强"称号。

5. "旅游+"业务

2017年，公司顺应产业融合趋势，在"旅游+教育""旅游+体育""旅游+康养"领域积极培育新的业务增长点。"旅游+教育"业务通过研学旅行事业部和遨游网游学旅行事业部运营，前者侧重和学校等教育机构合作，整建制地提供产品，后者直接面向消费者提供产品。2017年，推出走进名校亲子游学活动、联合北外推出"未来外交官"暑期英语夏令营系列等；"旅游+体育"业务定位于"赛事策划与运营、体育营销、赛事接待与服务"领域，在体育营销板块与中青博联形成有机协同，共同为客户提供高附加值的整合服务；"旅游+康养"业务顺应社会老龄化趋势，以45岁以上人群为目标客户群，致力于发展中高端旅游养老业务。2017年8月，中青旅遨游网上线全国首个康养旅游频道。

6. 其他业务

策略性投资公司策略性投资业务创格科技、风采科技及中青旅大厦物业出租业务，2017 年均保持稳步发展。创格科技总代理业务在华三行业保持良性增长，集成业务进一步完善业务团队，增强市场拓展能力和技术服务能力。2017 年实现营收同比增长 13.65%，净利润基本持平。云贵川三省福利彩票技术服务业务在持续受到行业变化影响的大环境下，继续为公司贡献利润，报告期内，营收同比增长 5.65%，净利润基本持平。2017 年，风采科技通过四川省福彩中心电脑型福利彩票营销供应商的招募，顺利完成续签，但由于合作条款发生较大变化，预计 2018 年福彩业务净利润将出现较大幅度降低。中青旅大厦继续为公司带来持续稳定的租金收入和利润来源。

（三）遨游网简介及发展近况

"遨游网"[①]是 A 股上市公司中青旅控股股份有限公司（600138）在互联网时代打造的品质旅行生活平台，移动端品牌为遨游旅行 APP、中青旅 APP。中青旅整合旗下专业旅游服务团队、优质旅游产品设计能力、旅游门店、签证、机票酒店等资源，以遨游网作为线上统一入口和整合平台，依托上市公司中青旅近 40 年的专业积累和行业领先优势，遨游网拥有享誉全国的中青旅国内外旅游服务网络和旅游服务资源，提供北京、上海、广州、南京等多个出发城市，遍及全球 100 多个国家和地区的旅游产品预订及度假服务。

主营业务的详细情况如下：中青旅遨游网在出境旅游度假、国内旅游度假、海岛旅游度假、签证服务、机票服务、酒店度假服务，境外当地玩乐等领域具有丰富线路及领先水平，尤其是欧美澳非等长线出境游、海岛自由行度假、目的地深度文化旅行、个性化定制旅行、签证及透明机票、一价全包式度假村，以及精品酒店、邮轮等领域具有领先优势。近年来，中青旅遨游网以旅游消费升级为发力点，进一步发展国际游学、户外旅行、康养旅行、摄影旅行、蜜月旅行等"旅游+领域"，成为中国在线旅游标杆性品牌之一。以匠心精神创造家庭用户、年青一代用户新旅行生活为使命，满足用户对美好旅行生活的需要，遨游网定位于"好旅游，上遨游""年轻人的家庭旅行首选"。其中，遨游"橙钻服务等级体系"是中青旅遨游精心打造的产品体系，目的在于让消费者清晰透明地把握旅游产品标准等级体系，挑选心仪的旅游服务产品。

遨游网的努力终获行业认可，荣获旅游行业唯一"中国质量奖提名奖""全国旅游服务质量标杆单位"等荣誉。以"用心陪着你"的服务理念，遨游网向消费者提供高性价比的旅游产品，例如，旅行品质保障、透明价格体系、门店及线上旅游咨询、贴心旅行服务、完善安全保障、突发事件应急响应、目的地购物无忧退换货承诺等全方位、专业化的旅游服务体系，深受人们信赖。

---

① 遨游网官网，http://www.aoyou.com/satisfaction/index.aspx?tab=1.

2017年，中青旅举办"旅游+教育""旅游+体育""旅游+康养"三大战略发布会，并与"控股型、多平台、营造旅游生态圈"共同构成中青旅的"4+3"发展战略，有效地扩大和强化了中青旅的品牌价值。中青旅品牌化发展的三大品牌布局大体为：移动旅游生活品牌——遨游旅行；中国整合营销领袖品牌——中青博联；中国文化主题小镇领导品牌——乌镇、古北水镇。中青旅作为国内第一家上市旅行公司的品牌化发展也受到了行业认可，品牌入选由世界品牌实验室发布的2017年《中国500最具价值品牌》报告及榜单，品牌位次晋升2名至192名，品牌价值达到188.68亿元，比去年同期增长27.4亿元①。

（四）2017年度大事记

2017年1月12日，荣获"2016年度最佳营销旅行社"[12]。

2017年2月16日，遨游客APP荣获"互动最佳APP"、十大"兴趣爱好APP"。

2017年5月11日，中青旅控股股份有限公司荣获"旅游跨界融合奖"，中青旅遨游网荣获"年度旅游机构品质奖"。

2017年7月19日，获"2017杰出品牌形象"荣誉，中青旅控股总裁张立军荣获"2017（行业）影响力人物"，中青旅遨游网CEO骆海菁荣获"2017最佳青年榜样"。

2017年"双十一"期间，在旅游服务品类中，中青旅旗舰店以7084万元的成绩，夺得飞猪旅行旅游服务行业第一名②，彰显旅游网购巨大的市场空间。

2017年11月23日，中青旅遨游网荣获"年度锐意进取奖"，中青旅荣获2017年度中国上市公司"慈善公益行动奖""精准扶贫创新案例奖"。

2017年12月12日，中青旅遨游网荣获"2017年度中国企业社会责任卓越奖推动力奖"。

2017年12月13日，中青旅遨游网荣获"2017年最受中国家庭欢迎的出境游线路产品供应商"。

2017年12月20日，中青旅荣获人民日报社《国家人文历史》杂志社"优秀文化公益奖"。

2017年12月26日，中青旅遨游网荣获"关爱游你旅游公益品牌"；荣获北京晚报2017"最具社会责任企业""最佳网络旅游营销事件"。

三、上海春秋国际旅行社（集团）有限公司——春秋旅游

（一）公司简介及2017年经营状况

上海春秋国际旅行社（集团）有限公司③（以下简称春秋国旅）是春秋航空的母公司，成立于1981年，目前已拥有4000多名员工和导游，年营业收入60亿元，业

---

① 木子. 中青旅连续十年跻身中国品牌500强[N]. 中国旅游报，2017-07-04（A01）.
② http://finance.ifeng.com/a/20171114/15791088_0.shtml 2017-11-14.
③ 春秋旅游官网，http：//www.springtour.com/aboutus.

务涉及旅游、航空、酒店预订、机票、会议、展览、商务、因私出入境、体育赛事等行业，是国际会议协会（ICCA）在中国旅行社中最早的会员，是第53、54、55届世界小姐大赛组委会指定接待单位，是世界顶级赛事F1赛车中国站的境内外门票代理点，被授予上海市旅行社中唯一著名商标企业，是中国第一家全资创办航空公司的旅行社。

自1994年至今，荣获多个全国旅游第一。1994年起年年获得国家旅游局排名的国内旅游全国第一。国内连锁经营最多全资公司、最具规模的旅游批发商和包机批发商。拥有"贵族之旅"纯玩团、春之旅（中外宾客同车游）、自游人、爸妈之旅等多种特色旅游产品。境内外41个全资分公司全国第一。在北京、广州、西安、沈阳和三亚等34个国内大中城市设有全资公司，境外有美国、加拿大、泰国等7个境外全资公司。一百余个全资门店全国第一。每个全资公司大都有二至十个连锁店，在上海有五十个连锁店。四千余家旅游代理全国第一。在江浙地区有四百余个、全国有四千余个网络成员，使用春秋国旅自行研制开发的电脑系统销售春秋旅游产品，做到"散客天天发，一个人也能游天下"便利的散客即时预订服务。国内旅游业唯一的入网48小时必须收款理念。年营收六十亿元没有坏账。国内旅游连续十三年全国第一。

2017年，春秋旅游共计组织451万人次，其中国内旅游人数334万人次，出境旅游117万人次，并不断开创旅游新业态、新模式，推出旅游8大IP：春秋定制、一家一团、欢乐童行、爸妈之旅、行简住优、雪游纵横、为爱加游、春秋假期。[13]

（二）春秋旅游网简介及发展近况

春秋旅行社成立于1981年，2005年成立了中国首个民营资本独资经营的低成本航空公司——春秋航空，2011年成立春秋旅游电商部门，开始线上运营。春秋旅游网是2017年年底从春秋集团独立出来、专门经营线上旅游商品销售和服务的平台，而事实上，春秋旅游网的平台化动作在2017年7月已经逐渐开始。独立出来的主要有两块业务：一是B2C，引入其他供应商，丰富平台的SKU，如"周三夜市"活动上线至今已陆续开展15期，90%以上的商品在2分钟以内抢购结束，受到了新老消费者的一致关注和参与①；二是B2B，春秋旅游网将原来自用的后台管理系统，包装成一个SAAS平台——旅翼，致力于解决旅游行业的解决方案。通过ERP中央系统、业务分销系统、供应链系统和报表系统，一站式管理旅行社，产品输出给复兴文旅、托马斯库克等旅行社客户。

独立后的春秋旅游网的模式更像飞猪，让旅行社在网站上开店，强化旅行社的自身品牌。春秋旅游网实际上更重视操作系统生意，旨在帮助传统旅行社做后端的信息转型。传统旅行社的普遍问题是，后端的供应链和前端的渠道管理信息化程度极低，大量旅游业巨头，内部都可能是通过邮件沟通和对接业务，工作效率太低。春秋旅行网将自身管理系统输出，帮助传统旅行社提升后端供应链处理，以及前端

---

① http://www.cntour2.com/viewnews/2018/04/26/Y8Onl6cTuiCIcJ2bIieM0.shtml，2018-04-26.

管理各个门店和线上渠道的效率，供应商可以节省更多的时间来开发产品。但供应链管理往往具有慢工出细活的特点，春秋旅游网面临的最大的问题是获客。春秋旅游网或考虑参照拼多多模式解决这一难题——依然依靠"社交流量＋价格优势"崛起。春秋国旅旗下的春秋航空是春秋旅行社的一项资源，春秋航空覆盖的目的地有成本优势，获客上可以与春航会员体系互通来导流。2017年春秋旅游网营收约为4.6亿；今后将会继续扩展供应商，预计2018年营收在10亿元左右①。

图6-12 春秋旅游网标识

资料来源：春秋旅游官网。

（三）2017年度大事记

2017年4月22日至23日，中国旅游科学年会上举行2017年度"旅游思想者"颁奖仪式，春秋集团董事长王正华先生及其创业团队获"旅游思想者"奖，表彰其为中国旅行社产业和低成本航空做出的杰出贡献[14]。

2017年5月，春秋金融联合携程金服正式推出"外币兑换"服务，可在春秋各平台实现"线上预约，手机支付，到店取钞"。统计显示，已在全国17个城市开通线上外币兑换服务，支持包括美元、日元、泰铢、欧元等热门货币及越南盾、老挝基普这类小币种等28种外币币种的兑换。截至2017年12月31日，外币兑换成交额达到3100万元；外币兑换订单量接近5000笔②。

2017年8月10日，春秋旅游与国内知名汽车公司"上汽大通"，双方达成战略合作，集中双方优势资源打造房车旅游产品，共同推进房车旅游新业态[15]。

2017年11月23日，黑龙江省黑河市旅游发展委员会与春秋旅游共同打造的华东区域首家黑河旅游体验店正式入驻春秋门店，通过VR实景体验、黑河旅游实景展示、数字化宣传、智能化预订等全国最先进的旅游展销方式③。

2017年，春秋航空实现营业收入109.71亿元，同比增长30.2%；机场航运行业平均营业收入增长率为12.05%；其中航空客运收入10 463 906 357元，占主营业务收入99.1%，同比增长32.7%；航空货运收入96 192 826元，占主营业务收入0.9%，同比上升14.1%；其他业务收入410 490 710元，同比下降10.2%；归属于上市公司股东的净利润12.62亿元，同比增长32.7%④。

2017年，春秋航空APP荣获ANNIE公布的TOP Pubisher Awards榜单"2017最佳航司APP"[16]。

---

① https://sh.qihoo.com/9e90065198384df94?sign=360_e39369d1 2018-03-29.
② https://www.toutiao.com/i6533038640187048455/ 2018-03-15.
③ https://baijiahao.baidu.com/s?id=1584992124727229671 2017-11-25.
④ https://www.toutiao.com/a6549324427111170567/ 2018-04-28.

四、广州广之旅国际旅行社股份有限公司——易起行

（一）公司简介及 2017 年经营状况

广州广之旅国际旅行社股份有限公司成立于 1980 年 12 月 5 日[17]，是深交所上市集团、华南旅游航母岭南控股的成员企业，国内唯一获得全国旅游业质量管理最高荣誉"中国用户满意鼎"的综合性强社；全国首批、广东首家获得国家质检总局、国家旅游局认定为年度"全国旅游服务质量标杆单位"的旅行社企业，首家获得广东省政府设立的最高质量奖项——"广东省政府质量奖"的服务业企业。广之旅连续三年入选中国服务业 500 强。在国家旅游局最新公布的全国百强旅行社排名中，广之旅位列全国十强、广东第一。

广之旅主要经营出境游、国内游、入境游等业务，同时兼营国际国内航空票务代理、景区开发与管理、会展服务、旅游汽车出租、海外留学咨询、物业管理、信息技术咨询服务、计算机技术开发、技术服务等业务。目前，广之旅的销售网络已涵盖线下近 400 家营业厅、线下门店、分子公司与线上 B2C 网站、微商城、APP，以及天猫旗舰店等第三方渠道共同构成华南地区最具规模的实体销售网络；同时还在马来西亚、中国香港、中国澳门、北京、云南、四川、湖南、喀什等地设有分支机构，业务遍及全球 100 多个国家和地区。随着旗下智慧旅游服务平台"易起行 ecwalk"全新上线，广之旅已实现全国多市场组团、多口岸出发、多个签证中心的网络布局，提供全球化、一体式的产品和服务。

广之旅以"专注品质旅游、创造幸福生活"为企业使命，用热忱的态度和专业的服务，为游客带来满意而舒适的旅游体验，致力打造成为"中国卓越、世界知名综合旅游服务商"。

图 6-13　广之旅官网标志

2017 年前三季度广之旅门店营收已达 2016 年全年的 100%。销售服务网络覆盖"线上＋线下"全渠道，尤其在实体门店经营方面，广之旅作为华南龙头企业，一直走在行业前列。2017 年广之旅全面启动"全网服务升级计划"，通过"一店一主题"对目的地深度展示，将旅游过程中最吸引游客的要素提取出来，通过传统实体渠道的 POP 营造沉浸式旅游氛围，引入 AR、VR 等技术提供所见、所感的真行前旅游体验。随着计划的开启，欧洲主题形象店、华南首家邮轮 VR 沉浸式体验店、迪拜主题形象店、ClubMed 行前体验店、首家凯恩斯大堡礁 VR 沉浸式体验店等相

继问世,未来将继续探索"内容+销售"为主体功能的线下门店模式。

2017年,广之旅通过产品创新和促销策划,进一步扩大市场份额,实现营业收入53.26亿元,同比增长10.99%;实现归母净利6365.76万元,同比增长11.21%。其中,出境业务方面营业收入同比增长15.01%,增长主要来源于欧洲游、非洲中东游。而广之旅管辖下的封开景区在外部环境优化、内部资源支持的作用下,营业收入同比增长12.5%,接待人次同比增长29.41%[①]。

(二)易起行APP的兴起及发展简况

2016年2月24日,广之旅宣布该社旗下智慧旅游服务平台"易起行"(ecwalk.com)正式上线。不同于一般B2C电商平台,"易起行"B2B2C平台既可以面向供应商开放,又能够为游客提供便捷的线上服务,优化客户体验。广之旅总裁朱少东表示,"易起行"平台成功上线后,该社将搭建涵盖门店、呼叫中心、PC端、移动端的多终端营销体系,实现旅行社线上线下的融合发展[18]。

2016年2月26日,易起行APP安卓版正式上线,截至2018年5月最新版本是2.1.6版。2016年2月26日易起行APP苹果版正式上线,截至2018年5月最新版本是2.1.5版。广之旅易起行APP是广之旅推出的智慧旅游在线品牌,是首个传统旅行社打造的开放的智慧旅游服务平台。广之旅易起行客户端拥有以下功能:旅游度假产品预订、酒店预订、门票预订等,基于团队旅游服务的行程助手,旨在为广大消费者提供一站式旅游服务体验。

应用标签:旅游住宿、旅游;

特色服务:震撼推出"行程助手",及时推送出行相关消息,所有您关注的信息一手掌握,出行无忧!

特色功能:第一,当地玩乐专家入驻易起行,吃喝玩乐地道出游;第二,全国多市场组团、多口岸出发、多个签证中心的网络布局;第三,实现"零打扰"以及"无处不在"的旅游服务;第四,所见即所得——可信任的交付;第五,分析型、智慧型的电商平台,面向互联网的智慧旅游生态圈[19]。

图6-14 易起行APP图标

---

① http://www.cfi.net.cn/p20180418000662.html 2018-04-18.

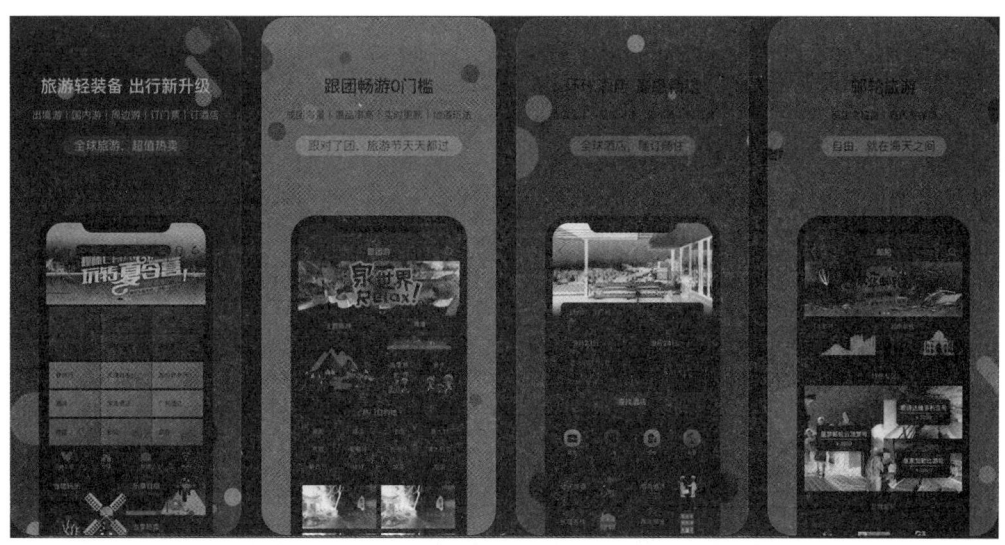

图 6-15　APP 界面

自易起行 APP 上线以来，2016 年基于对广之旅品牌的认可，用户好评如潮；但是 2017 年由于登录闪退、软件运行速度等问题，用户体验差，下载量低，口碑不佳。移动端 APP 朝生夕死的情况常有，专门开发 AAP 应用的开发商对于市场的把握尚不能有较高的控制力，因而目前出现差评、下载量低，用户少的情况属情理之中。APP 的开发及运营除了需要高专业性，同时还需要投入大量的人力、物力、财力；广之旅从传统旅行社起家，经营业务的重心仍然在线下的旅游服务和供应，分流出一定的资源开发移动 APP 尽管可以让旅行社进一步"触网"、引流，但是与老牌 OTA 们的强大的技术背景相比却彰显不出任何优势，还会徒增运营成本，得不偿失。易起行 APP 移动端口的业务若想做好还需强大的技术运营人员和软件开发人员的支持。

（三）2017 年度大事记

2017 年 8 月 28 日，卓美亚集团携手广之旅宣布，全国首家卓美亚酒店主题形象店正式开业，延续"全网服务升级计划"的"沉浸式体验"宗旨，以文化为主题，以旅游分享为目的，承担旅游文化交流与销售平台的双重角色[20]。

2017 年 9 月，继去年战略并购华中地区"皇冠美途"，设立广之旅湖南分公司之后广之旅成功并购肇庆市浩天国际旅行社，加快区域扩张步伐[21]。

2017 年 12 月 20 日，湖北省旅发委携手岭南控股广之旅举行"知音湖北·南国雪趣"冬季旅游推介会。广之旅共推出了 12 条旅游线路产品，主打冬游元素，涵盖神农架滑雪和恩施大峡谷赏雪[22]。

广之旅获得"2017 年度道路交通安全先进单位"称号，该公司的吴建松、高敏刚、江超获得"2017 年度道路交通安全先进个人"称号[23]。

2017 年，广之旅第二次获"全国旅游服务质量标杆单位"称号[24]。

五、凯撒同盛旅行社——凯撒旅游

（一）公司简介及 2017 年经营情况

凯撒旅游品牌创始于 1993 年，总部设在北京，经过 25 年稳健发展，相继在汉堡、巴黎、伦敦、洛杉矶等 6 个海外核心城市设有分支机构，在中国的北京、上海、广州、成都以及沈阳等 50 多个口岸及核心商业城市设有分子公司。2015 年 10 月，凯撒旅游成功上市登陆 A 股市场，成为资本市场中的一员。股票代码：000796。

凯撒旅游是 CATS（中国旅行社协会）会员、BTIA（北京市旅游行业协会）会员、PATA（亚太旅游组织）成员，是欧洲华人旅游业联合总会创始机构及会员，德国华商联合总会、德国中国商会、法兰克福中资企业协会会员，法国华人旅游协会、全法华人旅行社协会、法国中资企业协会会员，英国入境旅游协会会员，以及美国全国旅游协会、美国旅行商协会会员。经营范围包括出境旅游（许可证号：L-BJ-CJ00051）、国内旅游、入境旅游、会奖旅游、旅游电子商务等业务。

2016 年 12 月，凯撒旅游被国家旅游局确定为"全国旅游标准化示范企业"，为营造健康规范的旅游市场而持续努力。2017 年，凯撒旅游以 4.29 亿美元（约 29 亿元人民币）的品牌估值首次上榜 BrandZ™ 最具价值中国品牌 100 强年度名单，位列旅行社排名第一。

凯撒旅游 2017 年年报显示[①]，公司实现营业收入 80.45 亿元，同比增长 21.24%，归属上市公司股东净利润 2.21 亿元，同比增长 3.82%；其中，旅游业务实现收入 69.99 亿元，同比增长 20.83%。为顺应旅游产业消费升级的发展趋势，凯撒继续致力于研发"新、奇、特、高"及私人定制类系列旅游产品，开发个性主题特色产品线路，并取得良好成果。中高端旅游产品的个性研发、特色主题设计及强有力的上下游渠道资源整合能力，成为凯撒持续领跑行业龙头地位的强劲助推器。资料显示，2017 年凯撒旅游继续围绕"旅游+"为核心全面加强产业链布局，坚持"渠道+产品+资源"一体化发展，加大旅游全产业链及一站式旅游服务平台体系研发投入，不断提升上下游资源协调整合能力。渠道方面，以分公司及门店结构进行全国布局，在北京、上海、广州、成都以及沈阳等多个口岸及核心商业城市设立分子公司，拓展线下销售网络，同时致力打造出境游业务信息化管理和服务平台，实现线上与线下渠道同步发展，截至目前，公司已设立 60 家分子公司，门店数达 247 家。产品方面，公司有覆盖全球 120 多个国家和地区、超过 20 000 种服务于不同人群的高端旅游产品，同时公司紧扣时代脉搏，积极拥抱消费升级，推出"新、奇、特、高"系列产品，开发"一带一路"、体育等主题旅游产品，强化"幸福私家团"式轻定制旅游产品研发与高端定制旅游服务。资源方面，公司与众多境内外知名的航空公司、邮轮公司、国际酒店集团、旅游金融服务平台建立合作关系，提高对上游要素资源的掌控能力；通过全球战略布局，公司在汉堡、慕尼黑、法兰克福、巴黎、伦敦、洛杉矶等地较早建立旅游目的地接待公司，并与全球各大洲 100 多个国家和地区的境外接待机构建立合作关系。

---

① http://sh.qihoo.com/pc/9bf553eacdf114394?sign=360_e39369d1，2018-04-26.

(二) 主营业务及盈利情况

目前,凯撒旅游主营业务主要为旅游服务业务与航空配餐、铁路配餐及服务业务,其中,旅游服务业务为主要收入来源[①],见表6-2。

表6-2 凯撒2017年主营业务营收情况

业务类别	2017年		2016年		同比增减
	金额	占营业收入比重	金额	占营业收入比重	
营业收入合计	8 045 318 644.19	100%	6 636 010 096.37	100%	21.24%
分行业					
航空配餐及服务	836 935 918.64	10.40%	651 182 772.08	9.81%	28.53%
铁路配餐及服务	192 940 259.76	2.40%	126 299 725.95	1.90%	52.76%
旅游服务	6 999 153 797.24	87.00%	5 791 492 014.11	87.27%	20.85%
物业租赁业务及其他	16 288 668.55	0.20%	67 035 584.23	1.01%	-75.70%

资料来源:网络

作为出境游综合运营商,凯撒旅游采用以出境旅游为主,集会奖旅游、旅游电子商务、项目投资与资产管理为一体的全产业链综合运营模式。截至目前,已设立60家分子公司,门店数达247家,拥有覆盖全球120多个国家和地区、超过20000种服务于不同人群的高端旅游产品。

旅游服务业务主要分为公民批发业务、公民零售业务、企业会奖业务三部分,2017年,旅游服务业务营收69.99亿元,同比增长20.85%,占总营业收入的87.00%,其中批发业务实现收入12.89亿元,同比增长45.5%,零售业务实现收入46.46亿元,同比增长17.6%,见表6-3。

表6-3 2017年凯撒旅游服务业务营收详情

业务类别	2017年			2016年			同比	
	人数	金额(万元)	占比	人数	金额(万元)	占比	人数	金额
公民批发	382 267	128 933	18.4%	201 673	88 629.95	15%	89.5%	45.5%
公民零售	700 510	464 552	66.4%	637 741	394 845.48	68%	9.8%	17.6%
企业会奖	167 958	106 370	15.2%	114 889	95 673.77	17%	46.2%	11.2%
合计	1 250 735	699 915	100%	954 303	579 149.20	100%	31.1%	20.8%

资料来源:网络

---

① https://xueqiu.com/8032522061/106048899 2018-04-26.

凯撒的航空配餐、铁路配餐业务主要依托海航集团拥有的航空、机场等资源，并逐步渗透到具有产业相关性的其他细分餐饮行业（如铁路配餐、大型会展配餐）之中，2017年航空配餐及服务营收8.36亿元，占公司总营收的比重为10.40%，铁路配餐及服务营收1.92亿元，占公司总营收的比重为2.40%，见表6-4。

表6-4 凯撒航食、铁路配餐业务经营情况

业务类别	2017年配餐量（万份）	2017年金额（万元）	占比（%）	2016年配餐量（万份）	2016年金额（万元）	占比（%）	同比	
							配餐量	金额
航空配餐及服务	3 641.14	83 693.59	81%	3143.47	65 118.28	84%	16%	29%
铁路配餐及服务	252.97	19 294.03	19%	202.79	12 629.97	16%	25%	53%
合计	3894.11	102 987.62	100%	3346.26	77 748.25	100%	16%	32%

（三）凯撒旅游线上发展简况

凯撒凭借完善的服务体系、严谨的企业作风、时尚的品牌形象，成功跻身于国家旅游局发布的"全国百强旅行社"之列，连续多次获评"中国出境游十大批发商"。但与其他传统旅行社一样，互联网基因始终是制约凯撒旅游线上发展的短板。2017年凯撒联姻Udesk，补齐短板，携手打造中国一流的旅游供应商。

Udesk是国内领先的SAAS客户软件服务提供商，2016年8月，获得B轮1亿元人民币投资。Udesk帮助企业快速低成本地搭建自己的移动互联时代的智能客服系统，用一个通用的平台连接电话、在线客服、手机APP、微信、微博、短信、邮箱、Web等所有渠道。包括五大核心功能：呼叫中心、在线客服、智能机器人、工单系统、移动客服。

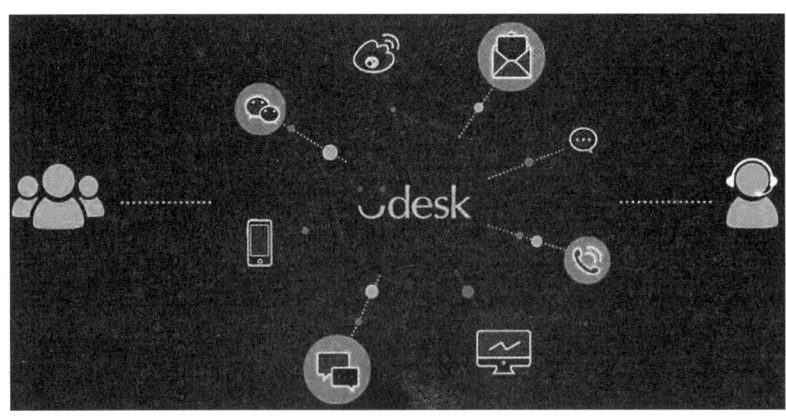

图6-16 Udesk多渠道整合 一个平台管理

资料来源：网络

凯撒旅游创始于1993年，经过20多年的稳健发展，与全球各大洲100多个国家和地区的境外接待机构建立了合作关系。相继在伦敦、巴黎、汉堡、洛杉矶等全球核心城市设有分支机构，在中国北京、广州、上海、成都以及沈阳等口岸城市和核心商业城市设有30余家分子公司。由于在世界各地拥有各个分支机构，客户分布在世界各地，业务咨询量大且繁杂，缺乏统一的后台；凯撒旅游有多个项目，分布于不同的区域。各地的客户记录对于挖掘客户潜在需求有着十分重要的意义，但是长期跟踪难度较大；凯撒始终致力于为游客提供专业、优质、高效的出境游服务，不断打造更高要求的服务体验，这就需要对客服进行有效监督。目前客服质检内容较为随机。

此次凯撒与Udesk携手[25]，将补齐凯撒传统旅行社在数据处理技术和网络管理方面的短板和不足，增强其线上平台客户信息管理能力，助力平台的发展和运作，提高用户体验，做好精准营销。追踪客户信息，满足企业对数据个性化分析的要求，利用大数据定制旅游产品，提高产品质量。

"粮草已备"，凯撒2017年在定制游和体育旅游方面火力全开。目前上线第一版"明智优选"服务中，以"1人出行，4人服务"为服务理念，提供个性化的旅行体验。4人包括协助客人设计及规划路线行程的"定制师"、贯穿服务流程的"旅游顾问"、甄选优秀供应商，提供高性价比方案的"计调"，查漏补缺、确保服务体验的"客服"。以"定制+知识付费"的模式盈利，在全国范围内遴选专业人士担任不同级别的定制师——"明星定制师"和"资深定制师"，按级别不同收取不同的"预约费"，从而引导行业理性对待定制师的专业成果。

与定制游同样发展迅猛的还有体育旅游，根据世界旅游组织（UNWTO）数据显示，体育旅游产业正在以每年14%的增长超过旅游产业4%~5%左右的整体增长，2020年全球体育旅游市场规模有望突破4000亿美元。因此除了在定制游市场发力，海航凯撒还通过响应"一带一路"国家战略、"旅游+金融"惠及国民出行、承接奥运赛事切入"体育旅游"。由于凯撒一直是优质出境旅游产品供应商，因此凯撒的出境体育旅游产品会是其出境游的高端特色新选择。其中徒步、观赛、滑雪属于高端旅游产品，马拉松旅游产品的定位多为经济中端游，参与度高且成本较低①。

（四）2017年度大事记

2017年5月，凯撒旅游成为"一带一路国际合作高峰论坛"参会代表的会外活动服务商[26]。

2017年7月，公司推出涉及哈萨克斯坦、乌兹别克斯坦、摩洛哥、埃及、以色列、约旦等"一带一路"上的"百人盛典主题活动"，深入体验"一带一路"沿线人文及自然风光。

2017年10月，公司与"南北极探险旅游专家"美国夸克邮轮公司达成战略合

---

① 刘斯会.体育旅游市场规模将突破2.7万亿元，凯撒旅游称将打造"旅游+"[N].证券日报，2017-06-27（C03）.

作，依托双方优势，联手布局中国极地旅游市场。

2017年11月起停止销售和推广南亚地区，包括印度、斯里兰卡、尼泊尔等国家的大象骑乘和表演活动；并联合华奥星空发起"万人徒步绿色行动"的环保倡议。

2017年12月，凯撒旅游与太平洋岛国驻中国使团签署联合声明，宣布在"一带一路"倡议的推动下，成立"蔚蓝丝路"旅游联合会，致力于中国与太平洋岛国旅游互动事业的发展，成为目前中国旅游企业与太平洋岛国间最大规格的合作行动，并于春节期间推出杭州至新喀里多尼亚直飞包机活动。

2017年年底，公司下属新华航食、海南航食、三亚航食、甘肃航食、新疆航食通过GB31641-2016《食品安全国家标准航空食品卫生规范》达标认证工作，且公司全资分子公司新华航食是中国大陆唯一一家拥有犹太餐生产资质的企业，拥有亚洲最大的犹太厨房，为世界一流的航空企业提供犹太餐食，三亚汉莎航食更是引入了德国汉莎空厨生产运营标准及经营理念。

公司荣获"2017年度最佳出境游服务商""2017年度中国上市公司最具社会责任奖""2017中国产业型上市公司卓越董事会""2017年度旅行社行业社会责任领袖""最佳品质旅行社""最佳旅游服务商"（旅行社）等数十项奖项。

六、众信旅游集团股份有限公司——悠哉网

（一）公司简介及2017年经营状况

众信品牌创立于二十余年前，于2005年成立北京众信国际旅行社有限公司，2016年众信旅游开始集团化运作，正式更名为众信旅游集团股份有限公司。公司以出境游业务为主业，经过20余年的不懈努力，众信旅游集团业务已由出境游拓展至"旅游+"出境服务，实现了各类业务间"用户+渠道+资源"的有效转化，初步构建了众信旅游集团出境服务平台。集团业务涵盖出境游批发、出境游零售和整合营销，以及游学、移民置业、旅游金融、健康医疗等出境服务，从国内各主要出发地至全球各主要目的地，均能为消费者提供满意的全方位出境游和出境服务。

众信旅游集团是中国旅游协会、中国旅行社协会、北京市旅游行业协会、亚太旅游协会（PATA）、国际航空运输协会（IATA）会员，为北京市旅行社等级评定委员会认证的5A级旅行社，集团旗下亦拥有上海众信、全景旅游2家5A级旅行社。集团为全国旅游集团20强单位，连续多年位居全国百强旅行社和利税十强旅行社前列。2014年1月23日，众信旅游集团成功在深交所挂牌上市，成为A股市场上首家民营旅行社上市公司，股票代码：002707。

众信旅游集团坚持从旅游到旅行的发展路径，以出境游为核心，纵向完善出境游上、中、下游业务，横向拓展"旅游+"出境服务业务，整体实施集团化运作，按业务板块搭建事业部，成立或整合分子公司，实行立体化网络管理。在核心出境游业务板块，拥有2000多家代理商，超过120家实体门店，年服务人次超过150万；

在出境服务方面，拥有中介服务公司、全国性货币兑换公司、全国性小额贷款公司等，初步形成了出境综合服务平台的战略布局。众信业务布局见图6-17。

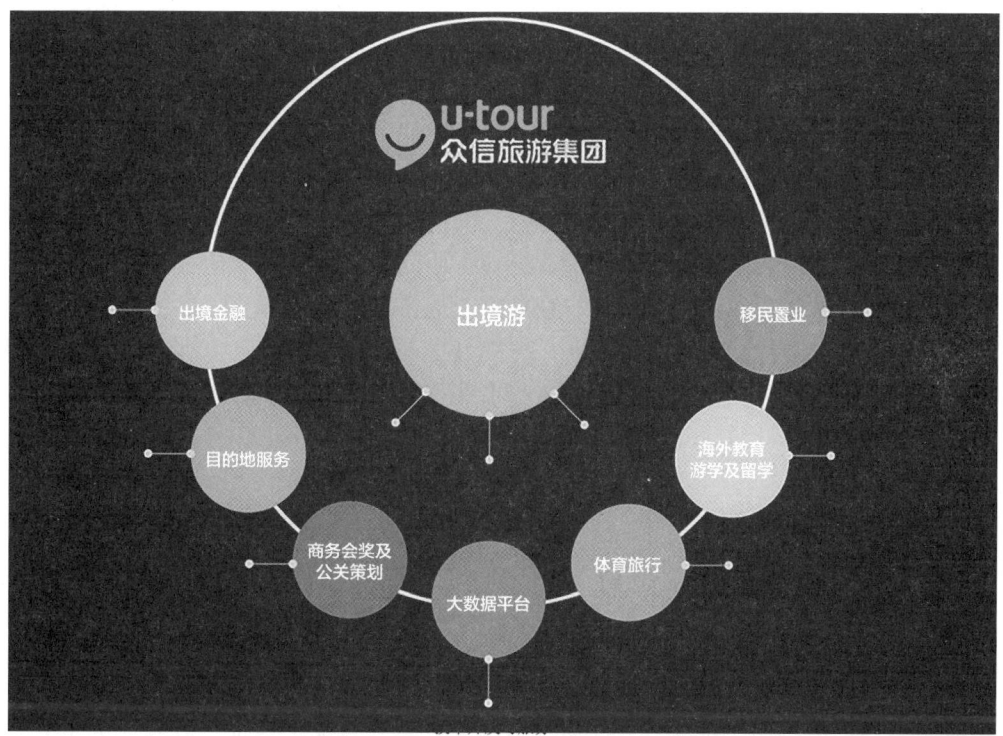

图 6-17　众信旅游集团业务布局图

资料来源：众信官网。

2017年随着欧洲暴恐影响的减小，欧洲旅游呈现回暖态势，作为国内经营欧洲旅游目的地最大的运营商，公司不断进行产品创新，引领行业产品格局，除了主流的常规西欧游产品，西欧深度游，东欧、北欧、南欧产品也受到市场欢迎。随着与竹园国旅的重组完成，近两年公司东南亚、海岛目的地产品增长迅猛，年服务游客超过百万人次。2017年公司持续进行产品目的地均衡、产品本地化和产品创新，根据各渠道各类人群的消费特点，开发满足市场需求的产品，通过在各地开设分子公司，在各个区域市场实施产品本地化落地。同时，加大集中采购力度，有效降低采购成本，根据对市场的预判，进行更精准的采购管理。

在出境游热点地区实施目的地一体化战略，已经在欧洲、日本、美国、东南亚等地采用投资、战略合作等方式建立落地服务公司，提升了公司的服务能力和产品质量的稳定性的同时，盈利能力也有所提升，产业链一体化初步显现。

报告显示，[①]2017年公司营业收入及相关利润指标稳步增长，实现营业总收入

---

① https://www.toutiao.com/a6545149519502246407/ 2018-04-17。

120.48亿元,同比增长19.24%,实现净利润2.8亿元,同比增长13.98%,其中归属于上市公司股东的净利润2.33亿元,同比增长8.27%。作为国内领先的大型出境旅游运营商、全国最大的出境游批发商之一,众信旅游2017年全年为超过200万以上游客提供了旅游服务。

(二)主营业务与盈利模式

1. 出境游业务

2017年,出境游营业收入1 096 390.91万元,同比增长18.62%。

出境游批发业务收入891 485.32万元,同比增长19.82%,毛利率为7.88%。随着和竹园国旅之间业务整合的不断深入、业务协同不断加强,众信旅游批发业务与竹园国旅在产品和资源上优势互补,在渠道上保持有效的内部竞争机制,公司出境游批发业务上保持着较高的增长速度。2017年公司在欧洲目的地上继续保持批发业务龙头的地位,公司欧洲目的地产品营收增速超过30%。结合竹园国旅在亚洲市场的优势地位,亚洲目的地产品对收入的贡献率已经和欧洲体量相当,成为公司第二大收入来源,年服务人次超过100万,占到公司旅游服务人次的一半。

2017年,出境游零售业务收入204 905.59万元,同比增长13.68%,毛利率为16.36%。2017年公司继续引领出境游市场产品的发展,根据不同季节的消费特点推出应季的旅游产品,如"随心自由行""我和春天有个约会"赏花主题系列产品、"神奇节日在哪里"节庆主题系列产品、"全家人的暑假""五天年假去旅行"、十一长假后的第八季惠玩季等主题系列产品,同时,根据节日和季节变化,公司制定了相应的主打产品策略,如1—2月主推东南亚、海岛目的地产品,在3—6月北京零售门店加大了南欧、东欧产品的销售力度,增大发团量,使得东欧产品在欧洲市场平季保持了较快增长。2017年公司对部分北京、天津、河北地区零售门店进行优化调整,使得单店收入得到较快增长。在华东市场,公司加快了上海、南京等主要城市的门店开设力度,特别是上海门店的开设力度,截至2017年12月,华东地区零售门店已有25家,营业收入较去年增长超过200%。同时加强员工培训,及与多所旅游院校进行校企合作,为零售门店做好人员储备。在新业务板块,奇迹旅行继续保持一贯的高品质和产品创新的特点,以极地邮轮为切入口,将优质服务和行程创新相结合,给客人带来深刻的旅游体验。2017年是众信游学组建的第二年,在产品研发和渠道推广上均取得较大发展,且将继续开发多主题的社会实践课程。

2. 整合营销服务

2017年整合营销服务业务收入87 741.01万元,同比增长24.14%,毛利率为10.55%。自2015年以来,众信博睿坚持深化业务模式转型升级理念,进一步向整合营销服务领域发展,全方位打造企业客户服务平台。截至目前,除原有商务会奖业务外,众信博睿已横向拓展了公关策划、展览展示、差旅服务等领域。

3. 其他旅游业务和其他行业产品

其他旅游业务收入17 268.35万元,主要为国内旅游收入。国内旅游收入主要来源于零售渠道的国内旅游业务,2017年国内旅游业务收入同比增长超过60%,随着公司零售业务的不断扩展，国内旅游业务收入预计将保持快速的增长态势。

其他行业产品收入1 575.09万元，主要为移民置业收入和货币兑换等。公司移民置业业务由旗下子公司北京优达和杭州四达开展，主要为国内高净值人群提供各类海外定居、移民、海外投资等咨询中介服务。

2017年公司旗下货币兑换公司悠联货币业务增长迅速，全年兑换外币量折合2389万美元，较2016年增长了50.2%。5月底悠联货币取得全国范围内经营个人本外币兑换特许业务资质，成为我国第九家获得该业务全国运营资质的特许机构，也是旅游行业第一家。货币兑换业务全国布局正式展开，继2016年在北京首都机场店T3航站楼开设货币兑换网点后，2017年10月悠联货币通过竞标获得上海浦东机场T1航站楼出发大厅货币兑换点运营资质，公司最主要的两大出境口岸北京、上海的货币兑换配套服务已然成型，其他口岸城市的布局也将继续稳步推进。"线上兑换、线下取钞"的互联网兑换模式2017年在北京正式推行，便捷的兑换方式深受客户好评，兑换量逐月保持快速增长。悠联货币还积极创新产品类型，已经申请增加了销售集邮票品、工艺品、黄金制品、白银制品的经营资质，推出的外币纪念币红包获得良好的市场认可[①]。

（三）在线旅游服务网站——悠哉网

2014年，众信旅游投资悠哉网，获得悠哉网15%的股份，成为众信旅游的旅游O2O布局。重组后的众信旅游与悠哉网首先做业务协同，对外统一步伐以保证客源。悠哉网的加入是众信向数字化运营的转变，也是传统旅行社"触网"的两种模式之一。2016年众信旅游悠哉网携手铂金智慧（Ptmind）、九章云极，三方就数据营销平台建设达成合作。建设统一的营销、运营数据平台，进一步提升悠哉网在线电商渠道的数字营销及个性化服务能力，实现数字营销的进一步转型升级。[27]现在悠哉网作为众信旅游集团的两大数据研究中心之一，支持众信旅游的大数据管理和经营。

悠哉网现首页主打出境游、国内游、主题游、定制游、邮轮出境游等散客业务，同时也经营企业等大团体业务，定位为企业一站式旅游综合服务供应商。移民置业等其他业务也在官方网站上设立了栏目。

（四）2017年度大事记

2017年1月，众信旅游集团正式启用新办公大楼。众信旅游集团总部及竹园国旅、众信博睿、悠联货币、优贷金融、优拓航服等主要公司，一部分参股公司共一千余名员工入驻，有效提升集团各板块业务协同和运营效率。

2017年3月，众信旅游推出"神奇节日在哪里"节庆主题系列产品，创中国市场首次大规模节庆主题先例。

2017年4月，众信旅游2016年年报发布，2016年众信旅游营收破百亿，业绩持续稳定增长。

---

① https://www.toutiao.com/a6545149519502246407/ 2018-04-17.

2017年5月,悠联货币被国家外汇管理局授予全国范围内经营个人本外币兑换特许业务资质,成为我国第九家获得该业务全国运营资质的特许机构[28]。

2017年6月,众信旅游集团控股子公司北京悠联货币汇兑有限公司正式被国家外汇管理局授予全国范围内经营个人本外币兑换特许业务资质,成为全国第九家获得该业务全国运营资质的特许机构[29]。

2017年10月17日,众信收购星舟国际旅行社,后者改名为苏州众信星舟国际旅行社。星舟国际旅行社位于苏州的13家门店统一更名为众信旅游集团下属门店。统计显示,众信旅游集团华东区线下门店已接近40家①。

2017年12月20日,众信旅游入选国家旅业第一方阵20强名单,连续4年上榜"中国旅游集团20强"[30]。

2017年,全景旅游出台《全景领队服务新标准》,更新领队管理模式,打造"服务为王"的强大领队集体,提升服务水平。

2017年,向国内外知名企业和机构客户提供整合服务,承接了多个具有较大规模和社会影响力的项目和活动:1月,众信集团旗下高端品牌奇迹旅行、浙江众信共同承接全球浙商总会大健康委员会200名浙商精英南极健康之行"南极论'健'"活动;5月,众信博睿承接服务"俞你同行"新东方2000名优秀教师航海之旅;7月,众信博睿承接第三届"东亚峰会清洁能源论坛"为其提供专业周到的会议策划和会务接待服务;8月,众信游学承接阿斯塔纳世博会最大规模的中国青少年交流团体;11月,众信博睿宣布承接罗麦科技万人海外邮轮项目。

众信旅游作为创始会员单位,参与了由中国发起成立,第一个全球性、综合性、非政府、非营利的国际旅游组织——世界旅游联盟的成立[31]。

第三节 传统旅行社线上发展情况总结

一、传统旅行社"触网"方式总结

随着人们生活水平的不断提升和互联网技术的快速发展,在线旅游受到越来越多的人追捧。据统计报告显示,2012—2016年中国在线旅游市场交易规模增速保持在30%以上,2016年增速达56%;市场份额的长速快而稳,预计2018年市场份额将突破19%;同样地②,在线旅游行业在线渗透率也稳健增长,2017年在线渗透率为16.5%③。在线旅游市场未来具有较强增长潜力,传统旅行社"触网"具有时代必然性。

---

① http://stock.10jqka.com.cn/20171017/c600862586.shtml,2017-10-17.
② 徐维维.在线旅游巨头并不会影响后来者的市场份额[N].21世纪经济报道,2018-05-30(018).
③ 路彤.在线旅游市场进入"三足鼎立"时代[N].中国产经新闻,2018-01-19(008).

大型传统旅行社借"家大业大"的资本优势和行业软实力,"触网"主要通过自建平台和收购合并两种方式。2005年,中国国旅意识到互联网对消费者行为和行业的影响和冲击,通过24小时服务中心、B2C网站和B2B资源整合系统组成了国旅在线线上平台;2006年,中国港中旅建立独立品牌专门从事在线旅游业务的电子商务平台——芒果网,致力于打造为中国第一家专注旅游度假的O2O开放平台;中青旅2005年自建遨游网,上海春秋国际旅行社建立的企业网站春秋旅游网2000年正式开始电子商务模式。这些企业自建网站虽然在建设过程中投入较多,耗时较长,但却是企业正式进军线上市场的适当切口。当然,除了上述自建方式,诸如众信等通过与专门的旅游度假产品B2C网站战略合作的方式尽管前期投入较少,但后期在双方业务融合和资源整合方面存在一定的"阵痛期"。无论是哪种方式,都是大型旅行社在结合自身资源优势和禀赋的前提下,做出的战略决策,以在互联网、大数据时代的背景长河中,激流勇进。

相比之下,不具资源禀赋和竞争优势的中小型企业的"触网"更多的是表现在网络营销层面。自媒体的运营,微信公众号、微博公众号、短视频的创作等,都是中小型企业借助互联网用以营销获客的新型方式;同时,背靠大型电商平台也是中小型旅行社的惯常做法,如今携程、飞猪等OTA行业巨头们的平台建设完备,流量大,因此较为经济可行的方式就是"择明主"而从之。

二、传统旅行社在线旅游发展总结

根据易观发布的《中国在线旅游市场年度综合分析2017》的年度综合报告可以看出,占据市场主导地位的是在线机票和在线住宿预订,在度假市场增长率领先行业,自由行占据主导地位,跟团游品质化发展。[32]传统旅行社线上业务也多涵盖在上述范围内,但都是"术业有专攻",在线平台都是基于各自的核心竞争业务而各自占有一席之地。

(一)在线业务风格"统一"又"别具一格"

芒果网经营范围:国内旅游业务、入境旅游业务、出境旅游业务;代订酒店;会务服务;票务代理;旅游信息咨询及其他信息咨询;互联网信息服务;从事广告业务;航空机票销售代理;互联网信息服务;计算机系统服务。

遨游网主营业务:出境旅游度假、国内旅游度假、海岛旅游度假、签证服务、机票服务、酒店度假服务,境外当地玩乐等领域,尤其是欧美澳非等长线出境游、海岛自由行度假、目的地深度文化旅行、个性化定制旅行、签证及透明机票、一价全包式度假村及精品酒店、邮轮等领域具有领先优势。

凯撒旅游经营范围:参团游、自由行、邮轮旅游、主题旅游、定制游、机票服务、国际火车票服务、酒店服务、签证业务、境外玩乐门票服务等与出境旅游相关的不同出行方式的旅游业务。

众信旅游悠哉网主要经营:出境游(包括跟团游和自助游)、出境邮轮游、国内旅游、主题旅游、高端奇迹旅行游、定制游、移民置业以及企业大客户旅游等以出境游为主要产品的旅游业务。

上述业务四大在线网站的经营业务范围不难看出，在旅游产品类型的推出上并没有过大差别，"风格统一"。都有跟团游、自由行；都包括机票、酒店、签证等服务。然而，深入分析发现，如芒果网和遨游网等类的国内旅行社的旅游产品内容皆涵盖国内游、入境游和出境游三大市场，但主体部分是国内游，出境游产品份额有增长趋势；而诚如凯撒旅游和众信旅游悠哉网亦基于旅行社本身资源优势，线下皆以出境游为核心业务，线上业务也不例外的以境外旅游为主；其中众信由于本部位于国内，国内游亦有涉及。因此，各类网站在出行方式分类上风格统一，但旅游活动的内容皆有源可溯，"别具一格"。

（二）线上旅游服务内容不断丰富

随着旅游业的发展壮大，旅游者也日渐成熟，旅游需求丰富化，产品偏好不断变化，对旅游产品的价格敏感度下降，追求更加品质化的体验，追求优质旅游。这样的大背景下的所有的旅行社都必须要转型升级，迭代更新线上服务。横向浏览各大旅行社在线旅游服务、纵向比较线上业务的迭代，笔者发现传统旅行社线上旅游服务丰富化多样化趋势明显。

一方面，旅行社全力进军定制游市场，定制游进入大众化发展。众信旅游悠哉网线上优定制栏目，以"亲友同游，分享旅途美好时光；企业定制，为您精心甄选，专业推荐；深度体验，像当地人一样去旅行，生活在别处；7×24小时，全程专属旅游管家服务"为服务理念，[33]为企业和个人定制专属旅游。凯撒旅游网设凯撒定制栏目，以"1人出行4人服务"为宗旨，分类特聘旅游规划师，为个人、企业政府及境外培训提供精彩的定制产品。其他旅行社亦皆有定制游服务，基于大数据和行业的成长，定制游服务开始走大众化路线。

另一方面，特色服务异军突起。众信旅游悠哉网上线移民置业栏目为财富阶层量身定制海外移民、海外置业和海外金融三种特色服务；凯撒旅游网联合光大银行的特色旅游金融服务——境外旅游卡服务，方便游客境外消费购物。春秋旅游网瞄准企业后端的操作市场，输出自己的管理系统，协助企业高效管理后端事务。再如境外汽车短租等业务不胜枚举，游客需求多样化驱动旅游服务的丰富化。

（三）线上旅游产品品牌化趋势明显

对任何企业来说品牌的力量都是不容小觑的，形成自己一套独有的经营体系和产品系列是建立品牌效应的必要途径。作为第三产业服务门下的在线旅游来讲，提供个性化服务和特色化旅游产品，并借势打造成专有品牌，是增强企业竞争力的有力法门。"牛人专线"品牌是途牛网的子品牌，代表着信誉和质量。同途牛、携程这样的传统OTA们一样，传统旅行社的线上网站同样重视品牌管理，注重特色化经营。

中青旅的三大品牌：移动旅游生活品牌——遨游旅行；中国整合营销领袖品牌——中青博联；中国文化主题小镇领导品牌——乌镇、古北水镇。众信旅游悠哉网的"高端奇迹旅行"、2010年开始举办的众信旅游惠——"惠玩季"环球体验活动。品牌化经营可以在旅游者心中形成特定的独有形象，与竞争对手拉开差距，赢得旅游者信赖。从品牌名称、标签到品牌的系列产品迭代更新以及品牌塑造和维护，都能让旅游者根据自己的个人意愿明确精准选择相应的旅游产品。传统旅行社线上品牌经营趋势明显。

三、传统旅行社在线发展的建议研究

（一）在线旅游发展途径的分类研究

根据国家发展和改革委员会2011年6月印发的《关于中小企业划型标准规定的通知》中对中小企业的定义为：从业人员在100人以上300人以下或总资产8000万元以上12亿元以下的为中型企业；从业人员在10人以上100人以下或总资产100万元以上8000万以下为小企业；从业人员10人以下，总资产在100万元以下的为微型企业。按照以上标准我国旅行社中中小型企业占到90%以上。其他大型旅游企业基本在之前的内容中多有梳理。对于不同规模的旅游企业的在线旅游发展方式和战略目标都是不一样的。因此，笔者将传统旅行社按照资本数量和规模大小分为中小型旅游企业和大型旅游企业两类，进行在线旅游发展的方式和战略研究。

中小型传统旅行社受限于资本和渠道资源，若自行建设属于自己独立网站，前期需要投入大量的资金和人员进行基础搭建；后期在网站的宣传和引流方面更需要投入巨额宣传营销成本；在线上获客成本逐渐上升，流量红利渐失的大背景下，辛苦建设独立网站的后果很可能得不到应有的回报，投资回报率低，投资回收期漫长。旅行社自行创建网站无论是从旅行社自身角度，还是从市场角度来看，都不能算是明智之举。聚沙成塔，集腋成裘，因此中小型企业联合起来共同搭建平台，集中资源和人员，建立一个供所有参与者"触网"机会和切口，并且成立一个线上管理委员会，对网站进行统一的管理和运营监督。良禽择木而栖，"飞猪"这类的平台网站亦是中小型企业转战线上的不错选择。当然"大树"不止一棵，过去的一年小型旅行社加盟"携程"线下实体店成风，"被收编"可以说是小型旅行社一个"触网"和转型升级的一个方式。但是，无论如何数字化经营，网络建设是必行之路。

大型旅行社如中国旅游集团、中青旅、众信等拥有自己的网上平台和大数据中心，无论在前期建设和后期运营维护上都不存在资本压力。如今在线旅游"三足鼎立"之势不容撼动，传统旅行社的线上平台尽管口碑好但获客率并不高，在线平台更多地承担的是营销和大数据的窗口。通过大数据进行旅游者行为分析，对旅游者进行画像的基础上，做好旅游产品的精准营销和全过程营销。同时，利用大数据、长数据的分析处理，有利于旅行社随时掌握行业动态，调整布局经营战略等。

（二）回归旅游产品本身，做好旅游服务

在线旅游行业与一般的电商平台通过物流完成的服务不同，消费者在线上与企业签订旅游合同后，要通过旅游者线下的亲身体验才能完成服务契约。因此，在线旅游业可谓是线上线下结合最为紧密的行业，OTA 们纷纷转战线下开体验店的背后除了考虑线上获客成本高之外，也反映出旅游产品的本质——服务和体验。

传统旅行社线上发展的掣肘就是网站知名度低，在线流量不大以及网站开发的硬性技术问题，后者可以承包给专业的网站设计公司加以解决。前者的问题可以通过加大营销力度不断完善，但是口碑效应亦不能忽视。产品过硬才是企业长足发展的根基，不然营销等于开给旅游者的"空头支票"。优质旅游产品必定带来褒奖的有利口碑，这是最佳的营销手段。

创新旅游产品，以自由行为例，"机+酒""酒+景点门票"的模式已经很难满足追求品质和体验的旅游者，依靠传统旅行社累积多年的景点渠道资本，创新淘宝式自由行模式或者定制模式，让旅游景点、酒店、机票都各有备选方案，自由搭配加入"购物车"统一生成更自由的自由行产品，背靠强大的数据计算系统和管理系统，生成预订清单。以先进的互联网技术为游客提供更好的预订和旅游体验，让游客以更低的成本参与定制游和自由行，在旅游产品同质化严重的背景下，或将杀出重围，切实提高旅游产品质量。

在线服务平台本身就应以信息透明化、服务标准化，以及服务可视化的内核来撬动用户。[①] 旅游服务的重要性从同程旅游 2015 年开启的口碑战略直至后来同程百万年薪招聘首席吐槽官的创新举措就可以看出，同程旅游对完善服务的高度认识和决心。携程"强"攻线下门店，凯撒开设主题体验门店等举措皆反映出旅游服务对旅游企业的关键意义。人民生活水平的不断提高，出游次数的不断增加，斥巨资打价格战已经成为昨日，通过资源开拓、完善服务来提升产品和服务才是在行业竞争中脱颖而出的撒手锏。例如，在线咨询的快速回应，投诉问题的及时解决，线上平台操作的不断优化，针对旅游者的精准营销和售后服务等。服务细节决定了游客体验。

（三）线上品牌管理是传统旅行社线上经营的核心

品牌管理曾经在传统实体旅行社管理中受到重视，时代背景下旅行社的线上品牌管理同样重要。首先是品牌意识的建立，上述趋势总结中已经表明传统旅行社已经开始布局线上品牌，但未有企业将其上升至战略高度，因此在明确品牌重要性和品牌管理重要的基础上，应加快线上品牌化经营的战略性部署；其次运用品牌管理知识，塑造旅游项目、旅游产品甚至是旅游网站的品牌及品牌形象，其中项目品牌为重点，因为传统旅行社的品牌形象必然会对线上形象造成直接影响，而项目品牌可以运用自己的独特性和小众性的优势，因而不可替代性和转化率较高；再次重视

---

① 徐维维.在线旅游巨头并不会影响后来者的市场份额［N］.21世纪经济报道，2018-05-30（018）.

与旅游者的关系营销，建立良好的关系也是品牌化管理的一个重要内容，充分重视和用户的情感层面的沟通，让用户对线上平台或者项目充满信任，实施客户关系管理，做好游后服务，尤其对于投诉的响应要及时；最后通过制定响应的策略来保护在线品牌，积极建设完备的信息共享平台。

参考文献

[1] http：//www.ce.cn/culture/gd/201801/19/t20180119_27806690.shtml 2018-01-19.

[2] http：//www.jiemian.com/article/2064346.html 2018-04-18.

[3] 关子辰．主题游撬动传统旅游的新支点［N］．北京商报，2017-03-23（A04）．

[4] 李玲．中青旅旅游+战略升级深度布局教育体育康养三大市场［N］．中国旅游报，2017-04-11（A01）．

[5] 中国旅游集团官网，http：//www.hkcts.com/aboutself/jtjj/index.html.

[6] 中国旅游集团官网，http：//www.hkcts.com/aboutself/fzmb/index.html.

[7] 芒果网官网，http：//www.mangocity.com/corp/cooperation.htm.

[8] 中旅总社官网，http：//www.citsgroup.net/Business/Duty-free.asp.

[9] http：//www.cits.cn/newsdetail/2108.html 2017-01-17.

[10] 中国国旅2017年年度报告．

[11] 中国旅游集团有限公司网页，2018-04-29.

[12] 遨游网官网，http：//www.aoyou.com/satisfaction/index.aspx?tab=1.

[13] http：//finance.eastmoney.com/news/1355，20180502865477097.html 2018-05-02.

[14] http：//www.sohu.com/a/136089016_124717 2017-04-24.

[15] https：//www.toutiao.com/i6452540196515742222/ 2017-08-10.

[16] http：//news.cnair.com/c/201802/86425.html 2018-02-07.

[17] http：//fs.gzl.com.cn/newsCenter/catalog/165b1479698745eda7dd8976ed6f73a4.html 广之旅官网．

[18] http：//news.sina.com.cn/o/2016-02-25/doc-ifxpvutf3342125.shtml 2016-02-24.

[19] http：//i.xiazaiba.com/app/2412.html 2017-09-02.

[20] https：//www.toutiao.com/i6459261422244200973/ 2017-8-28.

[21] http：//www.yuncaijing.com/news/id_9563330.html 2017-09-19.

[22] http：//news.163.com/17/1228/15/D6OJL76U00018AOP.html 2017-12-28.

[23] http：//www.gz.gov.cn/gzgov/s5856/201802/c4cd0552a9b14a1b884bcb4a1d57847b.shtml.

[24] http：//www.cnta.gov.cn/xxfb/xxfb_dfxw/gd/201804/t20180416_863236.shtml.

[25] https：//www.toutiao.com/a6457645004021039629/ 2017-08-24.

[26] http：//sh.qihoo.com/pc/95debc99578177bfe?sign=360_e39369d1 2018-04-28.

[27] http：//www.ctcnn.com/html/2016-11-10/11118537.html 2016-11-10.

［28］http：//www.sohu.com/a/213441515_100071 2017-12-29.

［29］众信旅游官网，https：//www.uzai.com/aboutus/companycourse.

［30］http：//sh.qihoo.com/pc/2s1cmu7yk1m?sign=360_e39369d1 2017-12-21.

［31］http：//www.sohu.com/a/213441515_100071 2017-12-29.

［32］路彤.在线旅游市场进入"三足鼎立"时代［N］.中国产经新闻.

［33］众信旅游悠哉网官网.https：//dingzhi.uzai.com/about.

第三篇
大型电商在线发展

第七章
大型电商在线市场发展动态

第一节 2017年大型电商在线旅游市场总体发展形势

2017年中国在线旅游市场交易规模达7915.4亿元,增长率为26.5%,增长势头较为平稳[①]。尽管当前在线旅游行业发展稳定,行业增长速度逐渐放慢,但是在线旅游行业整体增长速度仍高于中国旅游业总收入的增长速度,线上渗透率仍将保持增长趋势。

2017年,BAT等电商大鳄纷纷将新技术引用到旅游领域中。百度公司依靠AI技术在旅游营销和景区运营,以及酒店服务方面进行探索。阿里巴巴推出"新零售"战略,并与万豪酒店合作,入股东方公司,旨在优化客户体验提升运营效率。腾讯公司也利用高科技手段,创建创新实验室,在智能酒店运营业务领域进行探索。

除此之外,阿里巴巴与腾讯公司借助优厚的财力对中铁公司和出行公司进行投资合作,进一步扩大业务领域,提升运营效率。

百度公司在2017年更加注重优化客户的体验,分别在航空市场和目的地营销方面进行改良。阿里巴巴旗下的飞猪旅行在2017年也重新进行整合发展,应用"新零售"助推酒店体验升级。腾讯公司旗下的社交软件微信2017年也成为旅游企业看好的平台,许多海外旅游局纷纷将海外目的地的广告推送投放到微信中,希望得到良好的广告效果。

相较于BAT的尝试,京东公司2017年在旅游领域没有太多重要的事件发生,

[①] 在线旅游:2017年中国在线旅游市场交易规模达到7915.4亿元,增长率为26.5%[EB/OL]. https://www.qingcao.com/item/4489.html,2018-04-05.

相对比较重要的事情是成立"3C"文旅事业部与东航和青岛航空公司进行合作。

美团点评在 2017 年进行了多方面的业务探索。在正式上线"美团旅行"APP 之后，美团旅行和美团点评在旅游领域进行大幅度的业务尝试。美团点评在海外与日本点评网站进行合作并推广住宿业务。美团旅行涉及的领域则囊括游客的食住行游购娱，分别与目的地进行合作，设立"目的地场馆"，探索酒店民宿的运营，与高铁公司合作助力旅游扶贫，与航空公司合作涉足机票业务，成立产业基金等。纵观其发展路径，可见其撒网旅游行业，建构旅游大生态的态势。

总体而言，不管是 BAT 还是京东、美团点评，2017 年这些大型电商公司纷纷将发展重点放在优化和升级客户体验，提升整个产业链的运营效率，不管是对消费者还是旅游企业来说，无疑是更加方便，当然不可避免的是这些大型电商之间的竞争也更加激烈。

第二节 2017 年大型综合电商旅游市场具体发展事件

一、百度

（一）利用 AI 技术探索旅游、智能酒店

关键词：AI 旅游营销　旅游景区　酒店

2017 年，可以称为 AI 的元年。自从 Alpha Go 以 3∶0 完胜柯杰，AI 技术便成各行各业最热的科技话题。从行业规模上看，2017 年 AI 便拥有 150 亿元规模。而在各个商家的眼中，人工智能是重新建立技术壁垒的机会，未来哪怕把握住 AI 其中一个领域，开启的或许就是一个万亿级的市场。

对于 AI 的形势发展，百度的总裁李彦宏曾经发表声明：人工智能是一个非常大的产业，会持续很长时间，在未来的 20 年到 50 年都会是快速发展的，百度在 2017 年也会加速人工智能商业化和落地。就 2017 年的发展看来，百度 AI 团队已经在人脸识别、语音识别、图像识别、无人车、DuerOS、小度机器人等领域取得进展。其相应的应用也已经渗透到百度旅游当中，包括旅游营销、旅游景区应用和智能酒店运营。

在旅游营销应用方面，百度营销研究院常务副院长侯丽斌女士表示百度 AI 的四大核心能力"消费者画像、资源语言处理、图像识别、语音识别"使百度在 AI 营销领域有着先天优势，百度的技术能帮助旅游目的地更加精准地发现消费者的情感共鸣点，让复杂的旅行过程变得更简单、更温暖。

在旅游景区应用方面，百度与乌镇、武夷山等旅游景区合作，将精准人脸识别技术应用到提高游园体验及管理效率方面。随后，又将人脸识别智能化登机系统落

地南阳姜营机场，进一步实现对旅游景区的全面应用。

在智能酒店的运营方面，百度整合营销策略旅游行业高级总监凌启程表示百度将通过"信息"与"技术"，打造住客在酒店不同场景之间的差异化体验。通过图片、视频、沉浸式、AR互动等方式使用户更快了解酒店的整体样子，为用户提供除文字之外更直观的感觉。实际操作中百度公司与洲际酒店集团宣布达成战略合作，利用百度最新研发的人工智能硬件Raven H及DuerOS软件，打造新一代智能酒店解决方案。此合作项目通过智能家居、语音服务及生活管家功能，极大丰富住客的入住体验。在人工智能房间，客人在人工智能房间不仅可以通过语音交互，实现对客房内窗帘、点灯、电视等电器设备的控制，更可以通过对Raven H下达智能指令，调节客房整体使用场景。

（二）航旅市场探索

关键词：航旅市场　游客体验

2016年，百度公司主要聚焦于海外目的地的探索，通过百度地图上线世界各国目的地，与多国旅游建立合作关系，布局出境游市场。在航旅市场方面，通过收购了"下一站"航班管家，为其出境游业务拓展打下平台基础。

2017年，百度公司在航旅市场的运作主要为帮助游客获得更佳的搜索体验与支持国内机场的建设，其重心显然已经转变为游客体验与国内市场的提升与建设。包括与航班出行服务商"飞常准"推出航班信息搜索"轻服务"。用户在百度移动端直接输入航班号便可获取航班动态信息，显示信息包括航班动态、航班机型。在航班动态中提供包括预计起飞时间、预计到达时间、起飞到达机场天气、值机柜台、登机口、准点率、平均晚点时间、前序航班等核心信息，航班机型信息直接提供机型、机龄、座位布局、行李重量、服务等基本信息。方便优化游客对航班信息的搜索体验。与首都机场签署战略合作协议，在机场智慧运行、智慧安全与经营管理、信息化能力建设等领域展开合作，推进民航机场在智能化、自动化方向的升级。总体来说还是在推动旅游产业的升级。

（三）百度上线百度旅游频道，推动城市旅游产业升级转型

关键词：百度旅游频道　产业升级　游客　自媒体人　合作伙伴

国家互联网研究中心的报告显示，游客在查找旅游信息时，搜索引擎是其最主要的信息获取途径，在各种信息获取渠道中占比高达78.5%[1]。百度经过多年的发展，拥有强大的用户基础，大量的用户旅游搜索行为为其提供了丰富的用户数据。10月27日，手机百度旅游频道负责人王浩宣布手机百度旅游频道上线。手机百度旅游频道进一步整合百度全平台资源，从"旅游＋资讯""旅游＋服务""旅游＋产业"三个方向为用户、自媒体人和产业链合作伙伴及客户提供定制化的优质服务，助力中国智慧旅游产业的高效落地和创新，推动现代旅游业的发展。

---

[1] 手机百度上线旅游频道　打造旅游内容商业生态链［EB/OL］.http：//www.chinacw.cn/chzx/2017/5853511.html，2017-11-02.

针对游客，百度将从出行前行程预览、酒店预订、安全预警到出行中智能购票、智能导览、餐饮预订等提供定制化的旅游体验，解决游客旅游时遇到的问题。

针对自媒体人，手机百度成立了金牌旅行家联盟，招募旅游行业中优秀的自媒体人，打造一个由自媒体人产出优质内容、手百旅游整合资源全平台多终端推送模式的生态联盟。金牌旅行家联盟整合了手机百度搜索及信息流，新闻客户端、爱奇艺旅游频道、好看视频、百度地图及糯米等渠道资源为旅游行业自媒体人的优质内容进行分发推荐，与自媒体人共建内容新生态。同时该联盟还将联合商家、旅游局推荐头部自媒体人参与商业活动，为自媒体实现商业化赋能。对于加入金牌旅行联盟的自媒体人，将优先参与手百旅游组织策划的各色活动，包括视频节目和线下活动，优先参加联盟定期组织的行业沙龙、爆文训练营、大型旅游论坛等活动；与此同时，手机百度还将为其提供旅游频道置顶推荐、优质内容全量 push 并采编入专题定向投放，以及优先参与频道专栏活动并获得品牌传播机会的福利，以帮助旅游行业自媒体人打造自媒体 IP 以及商业合作机会。

针对客户和合作伙伴，手机百度旅游将基于百度自身的大数据实力应用到客流、景点游客数量预警等各个方面，为景点提供更科学的决策手段，同时也将针对不同景区特点策划线下活动，推进景区的推进跨界融合发展。

（四）百度新媒体营销助力旅游目的地形象提升

关键词：目的地形象　自媒体营销

在目的地形象业务方面，2016 年，百度公司实现超过 300% 的收入增长。2017 年，百度公司则主要借助新媒体营销，对旅游目的地的形象进行推广。1 月，百度旅游携手阳澄湖半岛旅游度假区开展"度量半岛"合作推介活动。百度旅游精选 30 位江浙沪地区的旅游达人和自媒体大号，联合了携程、《风尚旅行》、"19 楼"等多家 OTA、媒体、网络平台，一同走进度假区，深度体验度假区"绿色生态"的旅游服务。

二、阿里巴巴

（一）新零售在旅游行业中的应用

关键词：新零售　万豪集团　东方公司

在 2016 年 10 月的阿里云栖大会上，马云在演讲中第一次提出了新零售。未来的十年、二十年，没有电子商务这一说，只有新零售。马云认为新零售的到来，线下的企业必须走到线上，线上的企业必须回到线下，同时加上现代物流联合起来。自此，"新零售"进入大众视野，并在 2017 年开始在各行各业中崭露头角。

"新零售"是在电商人口红利消失、获客成本水涨船高、消费升级的背景下提出的，无论是线上还是线下商业多少都遇到了发展困境。"新零售"出现的重要意义是让人们重新思考如何在快速变化的商业竞争中获取竞争优势，取得更大增长，重新思考传统"零售"的升级与转型。

首先需要探讨零售行业的核心能力是什么。一般认为最核心的能力是客户体验和运营效率。客户体验包括产品选择多样性、产品设计优质性、购物便利性等。运营效率体现在零售企业的价格优势,以及其强大的供应商管理体系和独特的商业模式。所以无论是电子商务还是线下实体零售企业,都要围绕这两个能力展开,利用各自的优势,构建丰富的零售网络。

相对于旅游行业来说,旅游产品的销售本质上与百货零售是一个道理,因此,也要求旅游企业具备这两个核心能力——优质的客户体验和运营效率。

具体表现为:与万豪国际联合达成全面战略合作,优化客户在酒店预订与目的地游览行程中的食住行游购娱的服务体验并且提高酒店运营效率。通过成立合资公司,阿里巴巴全面运营万豪旗下所有线上中文官方平台,包含万豪中文官方网站、万豪无线端中文 APP、飞猪万豪官方旗舰店等。同时,万豪集团旗下会员体系也将与阿里巴巴的"88 会员"体系全面打通。阿里巴巴集团负责人希望阿里巴巴丰富的消费数据和互联网技术与万豪无比杰出的酒店专业管理能力能为全球酒店行业全面升级带来标杆意义。万豪国际负责人则表示,通过合资公司,中国消费者将很快能享受到全球范围内专业定制的本地化体验和酒店服务。双方还将聚焦"全球游",开发包括迪拜、巴黎、伦敦、米兰、拉斯维加斯、威尼斯、圣彼得堡、毛里求斯、马尔代夫在内的 25 个以上全球旅游目的地——提供行程规划、预订、无现金支付到交通、购物和当地食住游在内的全链路无缝衔接的解决方案。

1.4 亿元入股东方公司,东方公司是一家新三板创新公司,其主要工作是为消费者及企业单位提供包括住宿、餐饮、零售、精品百货、物业管理、食品加工、旅游服务、物流配送、电子商务等综合性产业服务,并利用全渠道产业链模式联动各大消费板块,构筑城市商业服务链,未来阿里巴巴的旅游业务可能借助东方公司的服务链实现更加高效的运营效率。

(二)阿里巴巴投资、战略、合作

关键词:参股中铁　支付宝

1. 参与铁路混政

中铁总经理陆东福在会见阿里巴巴集团董事局主席马云时表示中国铁路总公司(下称中铁总)正探索推进优质资产资本化、股权化、证券化。中铁与阿里巴巴此前已有合作基础,主要在支付宝应用、实名信息核验服务以及车站导航等方面。陆东福希望双方合作范围进一步扩大,合作领域包括高铁快运、国际物流、电子支付以及混合所有制改革。

就未来双方合作模式,陆东福指出,要实现高铁网与互联网"双网融合"。中国铁路拥有世界规模最大的高速铁路网,阿里巴巴拥有覆盖全球的电子商务网,双方合作能为旅客货主带来更大的便利与实惠,将中国铁路打造成智慧铁路,将高铁变成集出行、旅游、购物、休闲等于一体的综合服务载体。

马云认同中铁总"双网融合"和资产资本化经营的思路,表示愿意在既有的合作基础上,深化与中铁总的合作。双方表示未来阿里巴巴将研究推进高铁电子商务服务试点,做好"一带一路"中欧班列境外货源组织和市场开拓工作。

中铁和阿里巴巴在技术上的合作由来已久。铁路售票 12306 网站在 2010 年 1 月上线之后，故障层出不穷，尤其在节假日高峰期，时常遭遇系统瘫痪。2014 年年初，中铁总和阿里巴巴团队开始讨论如何将余票查询系统放到阿里云上，并于当年十一黄金周期间进行了测试，2015 年春运售票期间，12306 将 75% 的余票查询量切换到了阿里云上，保证业务高峰平稳度过。火车票查询业务占 12306 整个网站流量的 90% 以上，业务高峰期并发请求密集，性能要求是整个业务系统中最为重要的一环。12306 方面声称，借助阿里云计算平台，可有效解决 12306 高峰期瘫痪的问题。

中铁总与互联网巨头阿里巴巴加强合作有助于中国铁路向智能化、便捷化发展。比如，通过阿里巴巴可以将铁路客票电子化，利用阿里巴巴大数据平台，使得铁路货物集结和运输更为便捷。

2. 西班牙 BBVA 银行与支付宝签订合同

西班牙 BBVA 银行与阿里巴巴达成合作协议，将在西班牙境内大范围推广支付宝服务，以方便中国游客在西旅游期间的消费。

除了西班牙，支付宝今年 5 月与美国的一家支付公司已经达成协议，力图实现全美国境内都能实现手机支付。而在去年，支付宝就已经宣称与慕尼黑机场、东京成田国际机场、大阪关西国际机场等全球十大机场达成合作。这十家海外机场将陆续开通支付宝功能，首次为中国游客提供移动支付的服务。

（三）飞猪新动态

关键词：整合发展　新零售　航司合作　出境游

1. 整合发展

飞猪基于未来年轻人市场发力的三大趋势分别为：移动端、目的地和内容化。

移动端：技术驱动旅游行业改变

在各大 OTA 开始转战线下开店获客之时，李少华表示飞猪未来不会开线下店，主要还是会以移动端为主。

飞猪是技术驱动的互联网公司，可以通过技术应用改变用户体验。例如做"签证"的方式，与市面上很多的 B 端 SaaS 系统不同。由于使馆系统电子化程度不同，传统公司只能去适应不同的使馆。而飞猪的做法是跟使馆沟通和谈判，希望跟使馆的系统接通，使用户可以通过飞猪和支付宝全程线上办理签证，并且可以实时查询签证的进度，实现移动端操作。

内容化：旅游本身就是内容产品

对于如何激发消费者的购买灵感，飞猪认为应该从产品的内容入手考虑。飞猪认为旅行跟零售产品不同，旅行本身就是一个内容产品。从消费者的角度看，旅行是基于体验的消费者预期，满意度取决于是否满足期望，而不在于商品本身。同一个商品，每个用户的预期不一样，在用户真正体验之前，他们可能通过别人对旅游产品的描述来感知产品的情况。因此，销售方可以通过对产品的表达（内容化）来影响消费者的预期。

李少华认为，内容本身也是消费者在目的地体验的基础，旅行体验本身也是内容，未来基于目的地的商品服务都会内容化。

飞猪现在已经开始推进内容化策略，对于 C 端的消费者来讲，内容可以辅助决策，B 端商家可以用此营销。据飞猪给出的数据，平台目前有 4000 个旅行达人定期生产内容，一周可以生产 PGC 内容 5000~6000 篇；用户本身也会生产内容。飞猪表示，目前已经有一半的流量是通过内容获取，平台月活达到了 3500 万。

目的地：提供消费者全流程服务链的支撑

当商家成功激发了用户的购买冲动，并把旅客送出去之后，如果可以为旅客在当地提供一站式体验，就会极大地提高旅游者的游览满意程度。

以前的打包游用的方法是事先计划好所有吃喝玩乐，将非标产品标准化，但在自由行时代，更多消费者习惯到当地做决策，甚至即买即用。于是近几年产生了很多境外目的地产品平台，将当地的电话卡、包车、餐饮、景点门票等全都聚合起来，包括客路旅行、任游网等创业公司，还有携程等大公司都有涉足。

飞猪在目的地的产品形态是出境超市即为游客提供一个"大货架"，满足消费者在特定目的地几乎所有的需求。李少华表示，出境超市每天有约 5000 万元的交易。可以提供给包括签证、机票、酒店、超市，飞猪专线（比如南极专线、北极光专线 2.0、英伦专线、贝加尔湖专线等）等产品。

在众多的目的地产品中，飞猪要使用目的地 IP 战略实现异化。IP 战略是指目的地与内容化的结合。在营销方面，目的地 IP 通过内容营销将当地最极致的商品与目的地进行强绑定，实行"目的地网红式"营销，比如极光与芬兰等北极地区；在供应链方面，掌握了一些当地的独有资源，比如当地的酒店资源。飞猪的目标是对消费者全流程服务链的支撑，即全场景的消费。

如果把传统的旅游产品形态分成三种，电商类：携程、飞猪；内容型：马蜂窝和穷游；旅游生活类：当地的大众点评和 Yelp。则飞猪的三种战略与之相对应的则分别为目的地、内容化和移动端，目前其发展的目标则是希望将这三方面整合发展。

2. 新零售

在新零售这方面，飞猪通过推出 IP 体验房的形式，提升游客的游览体验。8 月 23 日，温德姆酒店集团大中华区与国内著名时尚 IP 商业转化集团红纺文化和旅行品牌飞猪达成战略合作，正式推出 IP 体验房间。

此次，在青岛银沙滩温德姆至尊酒店率先与大家见面的是 The Simpsons（辛普森一家）和 Paul Frank（大嘴猴）。推开房门，从主题颜色到壁纸，从家具到床上用品，可爱的卡通形象便映入眼帘。其他的定制周边产品，从台灯到睡袍，甚至一双小小的拖鞋也是消费者所喜爱的卡通形象。几乎房间的每一个角落都看得到 IP 形象的融入，内容丰富又个性鲜明。为了满足更多喜爱这些 IP 的客人的需求，在不久的将来，房间里的 IP 定制周边产品都将可出售，客人如果喜欢便可以买回家去，不必担心因为离开酒店便要和自己喜欢的卡通形象"分手"。

3. 航司合作

10月，在2017中国航空营销峰会，飞猪介绍了如何依托阿里巴巴大生态，通过巨大的渠道流量、大数据技术、7亿会员以及互联网思维助力航司营销。

阿里巴巴大生态的三个大板块，左边是淘宝、天猫、LAZADA，等等；中间板块是优酷、土豆、高德地图、阿里音乐、UC浏览器；右边板块是饿了么、口碑、飞猪。阿里巴巴具有全维度的大数据，包括每个旅行者旅行的数据，消费者购物数据、行动轨迹的数据、阅读习惯的数据，还有优酷、土豆视频浏览数据。

飞猪为航司提供平台，航司可以开设旗舰店，进行航司销售。这个渠道也即航司自己的直销渠道，可以直接拓展客户，直接触达客户，实现与客户之间的互动，也可以通过阿里的渠道为客户提供优质的服务。比如微信、阿里旺旺等交互手段。另外飞猪与高德进行合作，当消费者订购机票，高德会根据消费者所处的位置以及拥堵情况，提供实时信息播报。

11月，飞猪和去哪儿与汉莎航空集团分别签署开设旗舰店的直连合作协议，协议涉及三个方面。

利用飞猪和去哪儿的用户流量。

通过开设旗舰店，复制航司官网的直订体验。

通过NDC、XML和API方式，把控产品内容、捆绑式的机票产品和适应市场最新需求等。

通过与汉莎航空的合作，使飞猪可以提升游客在购买机票环节的效率与体验。

4. 出境游市场运作，加拿大上线飞猪

6月28日，加拿大国家旅游局与阿里巴巴旗下旅行品牌飞猪签订战略合作协议，在加拿大建国150周年之际，加拿大旅游国家馆在飞猪上线，加拿大旅游局联合众多知名旅游机构打造的国庆营销活动也同步在飞猪推出。

加拿大旅游局中国区首席代表高平（Derek Galpin）和飞猪副总裁李文凯表示，未来双方将在加拿大旅游信息建设、消费者深度互动、中加旅游年等方面进行密切合作。飞猪也将利用自身数据的生态优势，与加拿大及旅行业者共同探索更为适合中国消费者的旅游方式和产品，提升游客在加拿大的游览体验。

三、腾讯

腾讯政务旅游总经理舒展表示，2018年，腾讯旅游希望在旅游产业上跟产业链的上下游合作伙伴共同打造一种开放的生态。"腾讯有所为、有所不为，在内容生态上，腾讯第一要做的是赋能，第二是连接，第三是做创新体验，让整个旅游的体验、让整个用户的体验、让整个中华文明的传播达到新的境界，这是我们的希望"。

腾讯内容平台部市场中心总监苗春霞也对内容生态的构建发表了自己的看法："腾讯的内容开放平台，是把腾讯内部优势资源更好地跟行业连接起来，从而实现行业和腾讯的共赢。而企鹅号正是其连接器，我们希望通过企鹅号，把外部优质资源和腾讯内部的流量、渠道等优势资源进行打通，使行业生态里每个环节都能得到良性发展,从而促使行业形成良好的生态。同时,通过三个百亿计划,可以覆盖到内容的孵化、流量以及投资三个领域,去帮助优质内容生产者,制作更好的内容。"

(一)微信在旅游方面的应用

关键词:旅游广告　生态酒店　小程序

1. 海外旅游机构与微信的合作事宜

微信作为时下最常用的通信工具,因为同时包含阅读、广告推送、在线服务等功能,已经成为重要的信息获取途径。拥有广大用户资源的微信,成为了海外各地旅游机构争相合作的对象。9月,腾讯推出了一套面向美国旅游公司的广告工具,使这些公司能够通过微信接触到中国近10亿的微信用户。在2018年,腾讯计划推出新的微信旅游产品。这些旅游产品包括增强现实应用程序、全景地图和数据共享,赫尔辛基将在2018年年初成为微信这一新旅游产品的测试城市。作为旅游城市,赫尔辛基在中国的认知度比不上巴黎、伦敦等其他欧洲明星旅游目的地,新的宣传手段,或许会让看腻了图文推送的旅游爱好者们找到新鲜感。美国的旧金山等城市也着眼于发展自己在微信上的宣传效果。旧金山旅游局全球品牌策略总监Tyler Gosnell表示旅游局在微信上开放的订阅号,可以向读者推送故事,他们想把微信变成旅游工具,但是面临的问题主要是旅游资源经营者们如何在微信这种超级APP中开发自己的服务。

2. 生态酒店

由微信发起,联合艺龙、住哲共同开发的"刷脸入住"功能正式上线,基于微信首推"刷脸入住"功能。微信、艺龙及住哲三家共同为消费者提供极具科技感的入住服务和住宿体验,打造从预订、入住,到电子发票全流程的微信生态酒店。

环球旅讯首席商务官王京作为刷脸入住的首位体验者,在苏州影宿电影酒店体验了整套流程。

王京表示:"不仅惊艳于微信艺龙、住哲同力搭建的刷脸入住体验,同样让我感慨的是半影院半酒店的新消费品类,其充值卡的热卖与粉丝们的趋之若鹜,类似初音演唱会的现场感,真是新时代造就新产品,新产品引爆新场景,新场景建立新社群,新社群推动新生活方式。"微信生态酒店用看电影的高频拉动住酒店的低频,不仅适合夜间场景,也提供了日间入住的解决方案,家属朋友情侣在看电影的同时,决定了客房内需要零食酒水外卖的消费需求,增加了辅助性收入。酒店也可以通过微信不定期推送影片宣传,打折优惠,组织线下活动来增加用户黏性,满足用户碎片化需求,诞生新的消费品类、新的连接方式(比如刷脸入住成为新的生活方式)。

3. 小程序应用

9月,腾讯还推出了"博物官"的小程序应用,"腾讯艺术+"计划联手一百家博物馆,让用户轻松逛懂博物馆。在深圳关山月美术馆和越众历史影像馆,游客可以使用"博物官"拍摄馆里的任意陈列品,知晓物品背后的故事。使用微信小程序不仅可以向观众提供简单全面的数字化解读方式,提升观众观展意愿,而且还可以结合腾讯渠道及平台流量优势，线上引流至线下，提升到馆人数。"旅行小账本"小程序按照旅行五要素（食、住、行、买，外加其他）划分，为游客提供一点一输入，轻松记录旅行花费的体验。这款小程序不仅可以帮助用户梳理行程花费、管理剩余预算、明晰花费去向，还可以帮助用户记录每一步足迹。

（二）腾讯探索高科技旅游

关键词：创新实验室　智能酒店　IP 酒店

1. 与故宫合作，创立创新实验室

在 2017 年"文化＋科技"国际论坛上，故宫博物院与腾讯共同宣布成立"故宫博物院—腾讯集团联合创新实验室"。实验室将秉承人文精神，运用科技方法，以传续传统文化为己任，探索先进数字技术在文化遗产保护、研究和展示领域的应用范式，开发创制具有前瞻性和示范性的数字技术应用实例。故宫博物院副院长冯乃恩发表主题演讲表示，要用互联网语言数字语言，重新定义博物馆业态，打破馆际壁垒，深入文物保护，用数字规则规范管理，让故宫成为一种生活方式，浸润现代生活，覆盖更多人群。

腾讯将整合公司内部前沿技术团队，包括腾讯云、优图实验室、AI lab、微信智聆，与故宫博物院共同在人工智能、大数据、云计算等多个领域合作探索，为世界文化遗产的永续留存，探索智能化解决方案和技术支撑。例如，腾讯推出了名为 TSR 的超分辨率技术，通过 AI 识别和还原，让用户无须下载原图就能欣赏到高清图片。这对文化资产的数字化尤其有价值，使用户用手机就可以轻松浏览《千里江山图》这样的巨幅图画。

2. 智能酒店

腾讯 QQ 与长隆集团达成战略合作，双方将基于技术层面的合作，在珠海长隆企鹅酒店基础上共同打造的全球首家 QQ 智能主题酒店。

机器人、智能音箱、刷脸入住等 AI 产品已然是智能酒店的标配。在长隆企鹅酒店的 QQ family 智能主题客房的样板房中，小 Q 机器人基于 QQ 物联技术可以通过声音实现对房间灯光、窗帘等设备的控制，入住者也可以通过小 Q 机器人查询天气、收听 QQ 音乐、视频通话等。不仅如此，支付层面也将打通。QQ 用户可以通过 QQ 钱包进行企鹅酒店的房费支付，未来也可以在珠海长隆海洋王国内通过 QQ 钱包购买门票、餐饮、纪念品等。此外，刷脸入住、在线 VR 选房、自助 Check-in、智能门锁以及离店提前预约发票等功能也已经应用到智能酒店。长隆集团常务副总裁龚良庆表示 AR、VR 的技术与实体景点、实体动物展示，动物表演充分结合可以形成一种美轮美奂的场景。长隆集团未来和腾讯 QQ 将推动更多技术层面的合作，不仅应用在酒店主题房，还将落地到长隆旗下的度假区，如海洋王国乐园等其他项目。

腾讯 QQ 和长隆集团亦有 IP 方面的合作。IP 化过程中将伴随三个方面的合作，即形象、故事和内涵。智能酒店虽然目前还只是针对 C 端的一系列"看得见"的服务，但对于酒店运营方来说，智能化的另一核心，实质上是运用好客房和会员的大数据,来提升运营效率。

当客户入住酒店时,人工智能将通过客户日常在 QQ 展现的喜好,提前规划食谱、乐园的旅游线路。腾讯公司社交网络事业群市场部总经理李丹表示未来和长隆集团的合作目前并不涉及财务方面,除了技术之外,未来不排除将打通双方数据。

3. 联手亚朵打造"企鹅"IP 主题酒店

12 月,亚朵与腾讯公布达成战略合作。双方除打造 IP 主题酒店外,还会共同推进会员权益互通,亚朵将获得转化 QQ 超级会员的机会。

随着微信崛起,QQ 用户迁徙,多数成年人不用 QQ 软件。Talking Data 移动观象台的数据显示,在覆盖率和活跃率两个维度上,QQ 的数据表现远远落后于微信。虽然微信用户已经超过了 QQ 用户,但是数据显示 95 后仍然热衷于以 QQ 为据点的社交圈子。因此按照年龄段为区隔的用户分流,使得 QQ 成为中国最大的年轻人社交平台。亚朵目前的会员数超过 1000 万,其中 90 后至 95 后占比已有 20%。针对年轻社群的 IP 合作,亚朵将探索更多与 QQ 相关的场景结合方式吸引 QQ 超级会员注册成为亚朵会员。

腾讯方面表示,QQ 超级会员目前有 5000 多万,集中在 15~25 岁,年轻、优质,充满潜力。在"不做大多数"的 Slogan 标榜下,腾讯为这个年轻群体提供有功能、装扮、游戏以及生活等特权,凸显不一样的体验。腾讯社交网络事业群增值产品部助理总经理朱仁昌认为与亚朵合作,推进会员权益互通,可以为 QQ 超级会员带来了线下特权。腾讯还可以通过自身的技术手段为 IP 酒店实现线上 AR 选房、在线登记、刷脸入住以及智能门锁等科技功能,提升用户全流程酒店体验。

借助腾讯的技术优势,IP 酒店可以提供线上线下联动的智能家居、虚拟服务等体验,亚朵可以应用丰富的酒店运营大数据,深度感知用户的各种需求。

虽然双方对这件事情的看法均持乐观态度,但是腾讯背后提供系统支持在应对会员注册转化时,大批量数据处理可能产生系统负荷。

(三)腾讯投资旅游行业动态

关键词:投资美团　出行领域投资

1. 投资美团

腾讯领投美团新一轮 40 亿美元融资,从腾讯公布的截至 2017 年 6 月 30 日未经审核的第二季度及中期业绩报告分析,腾讯微信支付相关服务及云服务收入所属的"其他业务"范畴,收入同比暴增 177%,达 96.54 亿元[①]。财报指出,微信支付之所以能快速增长,正是得益于与美团点评及其他第三方渠道合作伙伴的合作,扩展了渠道。就腾讯与美团合作的事件分析,腾讯给予美团的流量入口,给其带来了丰厚利润,同样,微信支付在第三方支付市场上的也获得更大市场。

据艾瑞咨询发布的《2017 年 Q2 中国第三方支付季度数据发布研究报告》显示,

---

① 领投美团新融资,腾讯是养虎为患还是已控全局?[EB/OL]. http://tech.ifeng.com/a/20171022/44724871_0.shtml,2017-10-22.

2017年Q2第三方移动支付交易规模结构中，移动金融占比17.2%，个人应用占比70.2%，移动消费占比9.6%。其中，个人应用类增速放缓，移动消费Q2交易规模占比上升，交易规模亦呈现较高增速[①]。

根据业内人士分析，未来腾讯和阿里的支付竞争，可能转移到金融和移动消费上，由于O2O业务是近两年来移动消费最大的来源之一。所以微信支付如果想继续吞食支付宝的市场份额，则美团代表的本地生活服务是一个不容忽视的入口。

2. 出行领域投资

（1）9000万注资德国"飞行出租车"

路透消息称，正在研制电动"飞行出租车"的德国初创公司Lillium表示，已完成新一轮9000万美元融资，领投注资的是中国互联网巨头腾讯控股。

Lillium创办于2015年，其飞行器原型Lilium jet已完成首次测试飞行。

腾讯在出行领域先后投资了蔚来汽车、滴滴、摩拜单车等互联网公司。这些围绕出行相关的整车、自动驾驶技术、车载硬件、车联网、互联网出行、二手车交易、P2P租车、汽车后市场O2O等领域几乎完全涵盖出行的全部范畴，可以为将来游客在目的地的出行提供便利服务。

（2）投资印尼打车应用Go-JeK

路透社消息称腾讯对印尼打车服务公司Go-JeK投资1亿美元至1.5亿美元。腾讯投资Go-JeK旨在进一步拓展东南亚旅游市场。

除了腾讯，中国其他科技巨头也纷纷将目光瞄向东南亚市场。阿里巴巴6月底宣布将再次对东南亚在线零售商Lazada Group投资10亿美元。2016年4月，阿里巴巴已经对Lazada投资约10亿美元，获得其控股股权。追投10亿美元，将使其所持Lazada股份从51%提高到83%。京东将对印尼在线市场Tokopedia投资数亿美元。

（3）投资摩拜

摩拜单车宣布完成超过6亿美元新一轮融资中腾讯领投。

作为摩拜单车最重要的战略投资者和全方位合作伙伴之一，腾讯继C轮投资、D轮领投摩拜单车之后，继续领投摩拜融资，腾讯董事会主席兼首席执行官马化腾表示："腾讯非常认同和赞赏摩拜单车的愿景，并看好和支持摩拜单车的未来发展。过去近一年里，摩拜单车的增长速度突出。腾讯将继续开放包括微信在内的核心资源，为摩拜单车持续提供成长动能，助力摩拜单车的创新和业务扩张。"

除持续战略投资外，腾讯与摩拜单车已经在多个层面上展开合作，并取得了亮眼成绩。2月，摩拜单车首批入驻微信"小程序"，用户可以通过"扫一扫"直接扫码解锁用车。3月，摩拜单车全面接入微信，入驻微信钱包"九宫格"，深度接触微信超过9亿的月活跃用户。

---

① 艾瑞咨询：2017年Q2中国第三方支付数据研究报告［EB/OL］. http://www.199it.com/archives/643158.html，2017-10-17.

四、京东

（一）文旅探索

关键词：3C文旅事业部　旅拍产品

1. 京东成立"3C文旅事业部"

11月，京东主力部队3C事业部更名为"京东3C文旅事业部"。文娱和旅游被提到与京东最重量级3C业务并重的战略层面。以3C起家的京东，希望在3C商品线上销售的基础上找到更多的想象空间。在"双11"3C文旅战略发布会上，京东集团副总裁、京东3C文旅事业部总裁胡胜利表示，京东3C事业部日前正式更名3C文旅事业部，在通信、运营商与物联网、数码、电脑、零售创新等业务基础上，加上了图书文娱、生活旅行等业务。京东相关负责人表示在旅游业务方面，3C产品的轻量化、轻薄化也是大势所趋，旅行是3C产品重要的应用场景之一。此外，旅游业务瞄准的客户群体多有一定的消费能力，如果把产品定位在服务高客单值、高品质的用户，3C产品对应的用户是最适合的。

日前京东3C文旅事业部下属生活旅行业务与芬兰航空公司、时尚经典、北京壳牌、君澜酒店集团、戴斯酒店集团、凯莱酒店集团、万达主题娱乐和海昌海洋公园八大品牌举行了战略签约。8家品牌商将为京东生活旅行提供包括数据开放、渠道互通、会员权益共享等在内的服务。京东生活旅行也将在未来向合作的集团开放数据。

相对于阿里巴巴在文娱板块上的布局模式相对较重，很多业务都是独立公司运作。以旅行服务平台飞猪为例，扮演的是阿里集团旗下综合性旅游出行服务平台的角色。京东的做法更多是与合作伙伴联合布局。李成东认为，京东在文旅业务布局上的优势更多在于对忠诚、优质用户资源的应用，以及对上游供应链资源和企业用户资源的掌握。从文化业务方面来说，京东作为最大的3C数码零售商，通过上游联手品牌商预装APP，从而进行游戏分发，其中有很多可以有动作的地方。在旅游业务上，京东凭借企业大客户资源，可以把更多的旅游产品提供给企业用户。

2. "金夫人"上架旅拍品牌

中国金夫人集团成立于1989年，近些年婚纱摄影行业商家质量良莠不齐，相继爆出"隐形收费""售后无门"等行业问题，同时准新人们对婚纱照个性化、时尚化的要求越来越高，度蜜月旅拍的需求越来越多，导致面对传统婚纱摄影门店望而却步的准新人越来越多，整个行业发展也进入了瓶颈期。针对行业现状，金夫人集团开始拥抱市场变化，积极转型打造年轻化、规范化的婚纱摄影门店，试水电商化，并面向有旅拍需求的准新人推出了新品牌时尚经典全球旅拍。

金夫人集团选择了京东进行深度合作，双方从硬件配置、服务品质、专业技术等方面进行多维度探讨，为京东站内高品质用户量身定制旅拍方案。京东在无界零售领域的探索，把积累的服务、仓配、技术能力、大数据等赋能给品牌商，打破线下零售的诸多限制，帮助对方进行资源深度整合，深入触达目标用户，实现品牌精准定向营销,最终达成品牌与销量的双重提升。

(二)战略合作

关键词:东航 青岛航空

6月,京东集团宣布与中国东方航空集团公司签署战略合作协议,在航空物流、航空客运业务、品牌宣传、企业采购、会员体系、信息化建设等领域展开合作。

根据双方的合作协议,中国东方航空集团公司将为京东提供货物的提货、运输、派送及相关增值服务,双方将通过共享场站资源,实现流程和系统对接,开通安检和交货的绿色通道,搭建国内和国际航空货运运输网络,提升航空物流的履约时效。未来,东航将协助京东建设航空转运中心、临空仓储业务,共建跨境物流网络,打造国内国际仓运一体化服务。

京东方面称,此次双方在战略定位、互联互促等方面存在诸多优势互补。截止到4月底,京东物流独立运营,目的就是为了引入更多合作伙伴,共同建设涵盖物流、电商、金融、保险、数据、技术在内的智慧供应链价值网络,降低供应链成本、提升流通效率。

东航作为全球十大航空公司之一,拥有完整的航空物流产业链条以及强大的运输保障能力。且目前东航正在全力打造快速供应链平台,以更好地整合社会资源,为客户提供从空中到地面的一体化物流航空运输服务。

对京东来说,不仅借此补齐航空货运短板,还顺势增强了企业购尤其是商旅业务;对于东航来说,则是旗下物流公司混改之后寻找新利润增长点的一次尝试。

京东将借此次合作,实现航空运力真正意义上从无到有。此外,也将借东航航线,打通国际航空运输网络。

东航与京东还在商城业务上展开合作。东航已在京东商城开设官方旗舰店,并将京东机票业务部纳入核心合作伙伴,为京东提供国内机票、国际机票以及相关产品资源,还将针对不同用户群体推出定制化的产品和服务。此外,京东还将与东航打通会员体系,优化东航的电子商城系统,实现与京东会员积分互通。

2017年5月,京东商旅首次亮相,将以采购为主场景,围绕京东企业购,提供布局技术、商品、履约交付、增值服务,并和京东云、京东金融、京东物流一起为各种规模的企业,尤其是中小微企业提供差旅管理。

此次合作中,京东还将推进东航的信息化建设,部署东航应用在京东提供的基础架构云,协助东航建设运营积分商城、搭建内部采购体系、升级职能研发OA系统等。东航将与京东在大数据分析领域进行合作,同时京东万象大数据平台作为京东授权的数据交易平台,将经过东航脱敏后的航班数据信息、机票数据信息及航空物流信息等航空数据开放给更多领域应用。

东航方面表示,此次合作,正是要充分挖掘和发挥双方核心资源优势,实现业务互补和整合联动发展,凸显优势叠加的协同效应,积极培育新的利润增长点。

9月,京东旅行和青岛航空于京东总部签署战略协议,未来,双方将围绕各自优势资源,在航空旅行、跨界合作、会员权益以及精准营销等方面展开深度合作，并通过推动线上线下产业链融合，构建协同发展的共赢生态，开启品质出行新时代。

双方将充分释放优势能力推进深度合作，青岛航空、京东图书文娱将开展"爱读书、爱旅行"为主题的机上阅读系列活动的战略合作。京东旅行和青岛航空双方将致力于共同精耕细分市场，通过全渠道零售合作打造差异化服务，提升京东平台和青岛航空旅客服务质量，携手为不同用户群体提供定制化产品及服务，带来一站式旅游出行体验，用户也可在京东平台获取青岛航空特惠机票、优质旅游资源和独家产品等。在航空旅行方面，青岛航空将在京东开设青岛航空官方旗舰店，京东用户可直接进行机票、自由行及增值服务产品的选购，京东旅行"智慧行李箱"业务，也将进一步为用户在机票预订时提供更多旅游出行装备的选择；在积分和会员权益方面，双方借助卡包、积分兑换功能实现双方会员系统的互通，将专设针对会员的专属产品和权益，为用户提供多重优质服务；在精准营销方面，青岛航空利用京东大数据优势资源，针对用户消费行为进行分析，反向定制更适合用户的出游产品；值得一提的是，青岛航空也将与京东旅行、京东图书文娱展开跨界合作，将开展"爱读书、爱旅行"为主题的机上阅读系列特色航班，丰富旅客在乘机过程中的服务体验。

京东旅行自 2014 年 6 月上线后，便一直致力于为用户提供品质出行解决方案，通过京东平台的大数据分析，为用户规划最优的旅游路线和套餐组合。京东旅行已先后与天津航空、东方航空以及芬兰航空等国内外合作伙伴实现战略携手，加之此次与青岛航空的联手，未来京东旅行将进一步丰富平台的服务内容，提升整体服务品质。

第三节　2017 年团购电商旅游市场具体发展事件

一、美团点评

关键词：结构调整　出境游市场

（一）美团点评内部进行结构调整

2012 年，美团以酒店起步切入在线旅游行业，2017 年 4 月 20 日正式推出美团旅行品牌，成为在线旅游行业重要建设者之一。

住宿业务是美团旅行的"一级火箭"，在美团旅行 APP、美团 APP 和大众点评 APP 多流量入口模式下，美团旅行住宿业务累计用户数已经超过 1 亿。7 月和 8 月，美团旅行月入住间夜连续突破 1800 万和 2000 万大关。美团旅行连接 34 万个国内酒店、23 万个海外酒店，经过产品设计、用户运营、客户服务、大数据支持的不断积累和优化，以及与境内度假、境外度假、大交通等旅行业务的一站式预订体验，能够有效满足人们对"食住行游购娱"便捷体贴的个性化需求。美团旅行住宿业务还对传统住宿行业进行科技赋能，通过数据、技术、人才培养等多管齐下的合作方式，与酒店携手构建协同创新的健康生态。在间夜量稳步增长的同时，如何为消费者提供更有价值的服务，始终是美团旅行住宿业务的关键课题。在住宿业务方面，2018 年将重点打造"新住宿"，其核心是"用心服务 × 科技创新"，希望在加速扩大市场规模、推动酒店行业在线渗透率进一步提高的同时，提升中国消费者在旅行住宿消费中的整体体验。

12 月 1 日，美团点评 CEO 王兴通过内部信宣布了公司最新的组织升级。此次调整中，美团点评将聚焦到店、到家、旅行、出行四大 LBS 场景，升级前台业务体系，强化中后台支撑和保障能力，升级公司综合管理体系。这是美团点评在完成新一轮 40 亿美元融资后的首次组织升级。

在前台业务体系上，美团点评成立新到店事业群和大零售事业群，分别由张川和王慧文担任总裁。

新到店事业群，整合了原到店餐饮、餐饮生态、到店综合及智能支付业务，意在增强全场景用户体验。

大零售事业群，统筹生鲜零售、外卖、配送、餐饮 B2B 等业务，强化外卖配送网络，建设生鲜零售等新能力，全面布局大零售生态。由王慧文、姜跃平、郭万怀、王莆中、杨锦方组成大零售事业群班委。

同时，成立出行事业部，由王慧文负责，继续探索创新，为消费者提供更丰富、优质的出行选择。

基于此次升级，美团点评将构建起新到店事业群、大零售事业群、酒店旅游事业群以及出行事业部四大业务体系。

为了保障公司业务的快速发展，中后台体系建设也成为此次组织升级的重点。在内部信中，黄海被任命为点评平台负责人、广告平台负责人，与张川搭档，提升用户体验，增强商业化能力。美团平台继续由陈亮负责，建设旗舰级生活服务用户入口。

在此次中后台的组织升级中，王兴亲自成立了数据战略委员会、业务管理委员会和安全委员会，陈少晖和穆荣均分别担任业务管理委员会和安全委员会的常务副主任。

美团上一次的架构调整发生在近一年前，其宣布美团平台与的酒旅事业群合并，成立美团平台及酒旅事业群；将大众点评平台与到店综合事业群合并，成立点评平台及综合事业群打车业务和新零售，不但更新，在现有市场上，也并不占据优势。虽然美团点评在新零售方面投资了掌鱼生鲜、猩便利、康品汇等创业公司，不过目前阿里和京东已经在线下业态上形成了强大的生态圈。阿里投资百联、三江、高鑫、银泰、易果等，自己操盘盒马鲜生；京东投资永辉、联手沃尔玛等，阿里的投资金额已经接近 500 亿元人民币。

（二）出境游市场运作

关键词：日本网站 GURUNAVI　海外住宿

1. 美团点评与日本网站 GURUNAVI 进行合作

日本餐厅指南网站 GURUNAVI 将与中国大型点评网站等 5 家亚洲企业合作，使顾客能通过当地网站预约日本餐厅，其中与美团点评的合作于 2017 年 12 月开始。

GURUNAVI 相当于日本的大众点评，有 50 万家餐厅咨询，每月访问人数 6100 万人。与美团点评合作后，中国游客可以在美团点评 APP 上直接预约 GURUNAVI 上注册的日本餐厅

美团点评向新闻界证实了这项合作，并表示正式合作达成为 2017 年 12 月，第一批上线约 150 家餐厅。美团点评方面向界面新闻表示："通过合作，一方面打破中国用户直接在 GURUNAVI 预订餐厅的语言障碍，方便用户直接便捷地预订到更丰富的日本餐厅产品和服务；另一方面 GURUNAVI 通过美团旅行的流量转化，获得更大的预订量，扩大其在中国的知名度。"

2. 美团点评酒旅事业部探索海外住宿业务

根据美团点评大数据，2017 年国人出境游热度持续增长，美团点评来自海外用户的访问量一天高达数十万，而大众点评已经成为国人在海外最爱用的生活服务 APP。

美团点评海外住宿项目组负责人覃婷立透露，海外酒店业务在短短一个月时间里已经完成了与代理商在技术、产品和服务方面的对接，目前二三线城市预订海外酒店最多，东南亚地区最受欢迎，高星酒店需求最旺盛。

背靠美团点评平台 6 亿用户，美团点评酒旅事业群一路高歌猛进，在住宿业务、境内度假业务、境外度假业务和大交通业务快速发展，2016 年全年，美团点评酒店全年间夜量超过 1.3 亿，门票销售超 6700 万张，机票销售超 200 万张，火车票超 800 万张。2017 年美团点评酒旅事业群在继续深耕国内旅游市场的基础上，加快海外布局。

2 月 13 日，美团点评酒旅事业群宣布正式布局海外住宿业务。目前，全球近百个国家 5000 多个城市超 12 万个酒店已经上线美团和大众点评 APP。美团点评酒旅事业群住宿事业部在去年十一后正式设立海外住宿项目组，与多家海外知名酒店供应商达成合作，通过代理分销的方式快速切入海外酒店市场。

用户在美团和大众点评 APP 可以订到的 12 万家海外酒店里，高星酒店占比 25%，包括万豪、费尔蒙、半岛、君悦、凯宾斯基、丽思卡尔顿、温德姆、W 酒店等世界顶级奢华酒店。

相比于其他在线旅游平台，美团点评酒旅事业群依托国内最大的生活服务电商美团点评自 2013 年起步，在旅游领域不断进行纵深发展，同时与餐饮事业群、综合事业群形成强大的协同效应，逐步将美团点评打造为提供食住行游购娱一站式服务的超级 APP。美团和大众点评用户在预订海外酒店时，还可以便捷地预订到当地美食、休闲娱乐、机票、跟团游、订座、签证、Wi-Fi、机酒套餐、电话卡、火车票、

船票、用车、门票、一日游等十多个品类的相关产品,轻松完成一次旅行规划。

二、美团点评与携程的竞争关系

(一)美团酒店的发展历程

2012年6月,美团接入酒店团购,启动酒店业务。

高星酒店商务中心总监刘剑2013年加入美团的酒店业务团队"西瓜项目组",当时美团只有四五万家酒店在线销售,产品细节不像其他OTA那样完整,但更简单,交互体验更符合年轻人需求。2013年8月25日,王兴亲自批准建立电销团队。第一个月签下150多家酒店。电销的优势在于接触酒店的效率更高,地推每天能接触三四家酒店,电销一天可接触60家酒店。刘剑设计的策略是根据当地同类竞争对手的价格来给电销酒店设计价格。

2014年,美团酒店业务被划拨成独立的事业部,由陈亮负责,选做增量市场。过去OTA是从商旅、交通切入,导致异地场景比例高,而中小型酒店的本地客源占了一半以上。消费者每年酒店平均入住频率是4次,既有本地需求也有异地需求。美团点评电销80多个员工一个月签了6000多家酒店。电销提升了美团点评的效率,32万家酒店在线销售,美团点评只用1000多个地推覆盖,如果没有电销的话可能需要数倍人力。郭庆2014年3月加入美团,从酒店的本地消费做起,从携程去哪儿等忽略的三四线城市酒店做起,遵循"差异化竞争、侧面进攻"的策略扩大酒店份额。2014年,酒店团购业务最大的是艺龙,美团的丽江酒店团购量在快速缩小和艺龙的差距。呼和浩特客户居多,美团上呼和浩特当地酒店消费份额比较高。这让陈亮意识到,本地消费做得好的城市客源自然选择了异地消费,本地住宿可以迁移到度假场景。一个点做好了,另一个点就会增加供给,就能慢慢把需求串起来。

2014年美团开始加大对酒店的投入,将供应链团队做切割,原有在团购业务的酒店商家全切过来,切割供应链一直到2015年才彻底切割完毕。

2015年,去哪儿增发融资8亿美元,大规模补贴促销,全场五折,在高星酒店与携程竞争,同时在中低端酒店也和美团点评酒店业务比拼。去哪儿采取了全国切客的招数,雇用了8000~10000名兼职大学生或者员工,到各地酒店前台站着,看到客户来了就要客户退掉订单,从去哪儿下订单,每一单给客户50元,同时给前台10元。去哪儿的切客高峰期是2015年第二季度和第三季度,2016年春节后就全面叫停。

郭庆将酒店业务分成长尾战区、经济连锁战区、核心战区、高星战区等。高星战区是2016年划分出来的,这一战区客单价达到400元,直接动了携程的蛋糕,与其正面交锋。高星酒店责权划分更细,不能像普通酒店一样用电销模式来推。销售团队成员必须是穿西装,说英语。近年来,携程收编OTA竞争对手,一家独大,高星酒店不愿意话语权被携程掌控,不愿意把所有鸡蛋放进一个篮子里,希望扶持新的渠道。美团点评酒店业务是纯在线预付,10个订单里9个直接入住,这让酒店不留空房,更容易掌握房源。并且毛利低,高星酒店佣金比例也是10%。在毛利低、新增客源的情况下，高星酒店也乐意尝试。高星酒店也希望提前触碰年轻消费者，抓住未来的客户。美团点评给温德姆酒店带去的客户里，70%是从未住过温德姆。一开始，高星酒店惯性认为美团点评是团购，团队几个月都没产出，反反复复向对方解释美团点评的模式。这个过程里，携程也在逼高星酒店站队，如果在美团点评上线，就降级。从金牌商家降级为银牌的话，排名下降，销量也下降。难以突破高星酒店客房业务的时候，美团点评依旧采取了侧面进攻的方式。既然高星酒店客房业务比较难进入，就先帮高星酒店的健身、餐饮周边业务提升营收。餐饮也是高星酒店的重要业务，像洲际酒店的餐饮收入占比50%，客房只有40%。

美团点评的优势在于更为综合全面的服务，携程相对单一主要是客房预订服务，刚性但不能产生更多增量。美团点评更强调的是产生协同效应，酒店用户里的32%通过美团点评产生美食消费，17%产生游乐消费。从2016年5月开始，美团点评大规模推广高星酒店，10月突破100万间夜。目前有1.4万家高星酒店和美团点评签约。

美团点评酒店业务逐渐蚕食异地消费市场，在OTA巨头的嘴里虎口夺食。美团点评不可回避的问题是，必须弥补上异地消费场景里缺失的一环——交通。

2015年6月，美团开始做火车票，每天不到1000张。姚虎加入之后，改变原有的代购模式，把供应链搭起来，做好出票率。

2016年5月美团点评组成大交通事业部，姚虎担任大交通事业部总经理。美团对机票、火车票的需求，是因为需要通过交通拓展到异地场景里。交通是拉新的工具，也是提高用户黏性的方式。对于姚虎来说，美团点评的本地生活印象已经是根深蒂固，交通这种异地场景的消费，挑战用户固有认知，在美团APP首页，其他品类首页CTR（点击通过率）10%，机票/火车票只有百分之一点几。姚虎想的是，机票在线化率75%，每年还有4000万客户第一次购买机票，美团在二、三、四线城市有更多触点，有更多机会接触到这些新客。同时，国内市场国际机票的增长也很快，份额只有国内机票的十分之一，但增速是其的3倍。做增量市场更重要。

吸引高星酒店和美团点评合作的一个重要因素是，美团点评是在线预付。

酒店团购前期增速快，灵活，但用户体验糟糕，客户无法确定当天消费时酒店是否有房，需要打很多家酒店电话，酒店也很容易逃单，且会对到达前台的客户加价。陈亮认为未来移动支付场景很关键，能形成数据和资金的闭环，并且美团点评上的用户习惯了直接在线支付，决定做在线预订系统。

2015年10月底，美团点评推出预订系统，第一个月预订消费量占百分之十几，到年底提升到50%。2016年春节后，酒店在线预订占比70%~80%，清明节后酒店业务预订已经占比90%。

（二）美团与携程在高星酒店的差异

2016年12月美团点评与洲际酒店集团签订分销合作协议。

洲际是一家来自英国的酒店集团，旗下拥有包括洲际酒店、皇冠假日酒店、假日酒店及度假村等在内的多个品牌，在几十年经营积累下，建立了高档、专业的品牌标签。

对正在努力开拓高星酒店市场的美团点评而言，与洲际酒店集团达成合作，是其急需的一次来自高端酒店的品牌背书。

美团点评已经成为在线旅游行业携程系之外的另一个山头，而在中低端酒店确立地位后，美团点评酒旅事业群开始向高星酒店及休闲度假领域进攻。

与洲际酒店集团合作是美团点评酒旅事业群攻破高星酒店业务的一个开始，随后美团点评酒旅事业群陆续对外宣布了与华住酒店集团、维也纳酒店集团、默林娱乐集团等达成合作的消息。2017年2月13日，美团点评酒旅事业群还首次对外公布了其海外住宿业务的布局情况。

在美团点评酒旅事业群战略会上，陈亮公布2017年美团点评酒旅战略为"全面提升品质"，这对美团点评酒旅事业群意味着从产品到服务的整体升级。

美团点评CEO王兴在2016年亚布力夏季峰会上表示，7月美团点评除外卖业务外，其他业务实现整体盈利，意味着酒旅事业群也已经实现整体盈利。

美团点评酒旅事业群由四个事业部组成：住宿事业部、境内度假事业部、境外度假事业部和大交通事业部。为盈利做出最大贡献的是住宿业务。

中高端酒店客单价、佣金高，给渠道带来的利润更加丰厚，仅从盈利角度考虑，发展中高端酒店业务是必然选择。同时，国内旅游市场在快速增长，用户需求不局限于酒店，还包括大交通，目的地交通，目的地玩乐、美食、购物等多种需求，这些需求所蕴含的市场，比酒店业务能带来更多想象空间。

从2015年开始，美团点评酒旅事业群在业界推行"他乡是故乡—旅行即生活"的概念，这与美团点评的大平台特点有关。陈亮曾如此对腾讯科技解释这句话的含义："我们要提供给用户的不仅仅是机票、酒店和门票，而是在异地的生活方式。"

对美团点评酒旅事业群而言，要为用户提供异地生活方式，需要丰富其产品供给，而丰富产品供给的同时，需要完善平台服务，在消费升级的大趋势下，提升服务品质也十分必要。

因此，在中低端酒店站稳脚跟后，美团点评酒旅事业群必须开拓中高端酒店业务，提升供给及服务的品质，这是提升盈利空间的必然之举，也是吃到在线旅游市场更大蛋糕的必经之路。

住宿业务的关键词毫无疑问是高星酒店，境内度假业务的关键词是门票和线下，境外度假业务的关键词是商户，大交通板块的关键词是全球化和售后服务。

具体来讲，2017年在高星酒店领域，美团点评将结合用户特点，分阶段、分层次、分顺序地发展高星酒店业务。在境内度假业务上，2017年将深耕门票、建设场景，同时探索线下；境外度假业务今年会在全球热门旅游城市建设上万个海外站，加大在购物、当地玩乐业务的推进；大交通板块要布局全球市场，加强服务保障，提高出票、退改、邮寄效率。

整体来看，增加和丰富供给、完善运营及服务环节，是美团点评发展旅游度假业务的大方向。引入更多供给资源需要强大的线下团队支持，完善运营及服务则需要内部再分工，管理上进行细化和规范。

以高星酒店业务为例，陈亮表明美团点评拓展高星酒店业务的思路：一是帮助酒店销售房间，二是帮助酒店增加在餐饮、会务方面的收入，三是帮助酒店做好营销。

依托美团点评的大平台优势，结合商户需求提供个性化服务，这是美团点评酒旅事业群发展高星酒店业务的思路，这一思路在推进之中。

携程集团首席运营官（COO）及酒店集团CEO孙茂华表示：相比于美团酒店，携程最大的优势在于两点：一点是通过过去十多年的品牌积累，酒店对携程"非常认可"，也认为携程是维护上下游产业链关系的"润滑剂"；另一点是，在利润最高的高星酒店市场，很多品牌，尤其是外资品牌几乎"只认可携程"。

中高端酒店会考虑到渠道的品牌形象及获客效率，美团点评需要拿出更大证据去说服合作伙伴，与洲际酒店集团的合作就曾遭遇直联预订进展缓慢的质疑。

对此美团点评住宿事业部总经理郭庆对腾讯科技表示，美团点评和洲际酒店集团自从签署战略协议以后，按计划继续推进合作，最近洲际酒店集团国内酒店已经陆续上线美团和大众点评APP，并在两周左右时间达到200家。海外酒店会在下半年实现上线。

在美团点评完善基本能力的同时，携程已在海外酒店、国际机票及海外目的地资源上有更深入的布局。

携程如今正在内部鼓励创新并且已经推出一些新业务，比如用车、美食林等开始强调让顾客在携程上享受全方位的服务，这与美团点评酒旅业务的"生活方式"战略有共同内核，携程积累了更加优质的用户群。在争夺在线旅游市场蛋糕的过程中，美团点评酒旅事业群与携程之间的正面交锋将更加激烈。

（三）美团酒旅与携程运营观念的差别

携程是一个大旅游交易平台，美团点评是一个生活消费的交易平台。

"以客户为中心"还是"以人民币为中心"？

携程的Call Center服务是一个非常好的以客户为中心的案例，但是今天当80%的用户都喜欢通过移动端APP来做酒店客房预订的时候，Call Center实际上已经不能给用户带来什么太强的帮助，反而可能会带来一些"干扰"。

美团是全新的移动端创新体验，王兴对于以客户为中心的思考更多的是如何给用户带来极度流畅的产品体验。

事情的关键点在于消费群体的认知和需求在不断地发生变化，消费者对于"What's good for me"的认知决定了企业的以客户为中心是否能取得成功。

美团和携程在酒店客房预订业务上的差异，目前情况是两家都有流量和用户，但是美团更年轻化；都有人在线预订酒店客房，但是向酒店收取的佣金比例却不太一样。

携程网站的搜索结果是给用户自动推荐高佣金比例的酒店，美团点评则更加以客户为中心，经常为了提高间夜数而做些活动来补贴用户。

携程是一个二级市场的公众公司,他的所有财务数据和部分核心运营数据是必须公开的,美团点评是在一级市场私募基金投资下的企业。

王兴认为美团点评需要共建生态体系,梁建章认为伟大企业一定要专业化,再国际化,例如华为。携程的发展围绕机票和酒店的核心衍生出的大旅游大出行生态。

美团的业务发展历史,团购阶段发展出两张牌,吃(美食)和住(酒店)。

在业务认知的唯一差异上,王兴对于竞合的看法更开放一点,王兴认为大市场上会长期有大型竞争者,在酒店预订行业携程是垄断不了的。

携程是投行思维,厌恶竞争,追求名义或者事实上的垄断,以获得巨大的二级市场溢价。

三、美团旅行

关键词:美团旅行 APP 上线　目的地合作　酒店业务

(一)美团旅行 APP 上线

9月9日,美团旅行 APP 正式上线,同时,美团旅行签下 Angela baby 作为品牌代言人。

美团旅行是美团点评在旅游领域的纵深布局。经过短短几年耕耘,美团旅行已经积累近亿用户,连接32万个国内酒店、23万个海外酒店、2万个景区、7万多条周边游线路、10万条海外航线、215个国家站。

美团点评高级副总裁、美团平台及酒旅事业群总裁陈亮表示,为了让重度用户有更便捷的使用体验,美团旅行继4月20日品牌亮相后,于9月9日正式推出独立的 APP,未来美团旅行将依托于美团 APP、大众点评 APP 与美团旅行 APP,采用多流量入口协同策略,致力于为年轻旅行者提供一站式旅行预订服务。

(二)目的地合作事宜

关键词:上海黄浦"目的地馆"营销　千岛湖　美团专线

1. "黄埔最上海"精彩目的地营销

5月,美团旅行与上海市黄浦区旅游局达成战略合作,双方在美团旅行平台共同建设"黄浦最上海"目的地品牌馆,在旅游目的地营销、大数据运营、"旅游+"等领域进行深度合作。创新的合作模式带来了美团旅行与上海黄浦双赢的局面。5月4日,"黄浦最上海"目的地品牌馆率先在美团 APP 上线,美团旅行大数据显示,通过品牌馆的品牌效应和全域资源整合营销,黄浦文旅交易额明显高于自然增长。以门票业务为例,2017年1—7月上海黄浦区10个地标景点门票交易额现阶段已完成2016年全年交易额的122%,预计2017年全年交易额将是2016年的2.26倍。随着近期上海黄浦品牌馆上线大众点评 APP,可以预见,未来这一增势将更加明显。此次在美团和点评双平台推出的"黄浦最上海"目的地品牌馆是美团旅行和上海黄浦旅游局联合打造"旅游+"整合产品平台、创新合作目的地品牌营销新模式。运用互联网思维打造旅游消费新模式成为今年"2017欢购乐游黄浦行"活动的一大亮点。

美团旅行还将助力上海黄浦旅游局对区内商旅文资源进行大数据统计和分析，探索建立完善"都市型"全域旅游示范区的数据指标体系。美团点评境内度假事业部总经理 Nancy 表示，美团旅行与上海黄浦区旅游局进行战略合作，共同打造目的地营销新样本，将进一步增强黄浦区在美团旅行用户中的吸引力和口碑，实现客流提升。未来美团旅行目的地营销策略将主打平台大数据，帮助目的地提升旅游服务品质；美团点评将强化食住行游购娱一站式平台的定位，助力目的地全域旅游消费升级，提升目的地影响力。

9月，美团旅行助力上海黄浦区旅游局推出的"2017 欢购乐游黄浦行"活动正式开启。同时，"黄浦最上海"目的地品牌馆继上线美团 APP 之后，在大众点评 APP 正式亮相，为用户提供黄浦旅游最全的旅行产品与信息。用户在美团 APP 输入"上海黄浦"，或者在大众点评 APP 输入"上海"，就可以直达"黄浦最上海"目的地品牌馆。

2. 与千岛湖集团战略合作，上线"目的地馆"

12月1日，美团旅行与千岛湖旅游集团（以下简称"千旅集团"）达成战略合作，双方将在大数据运营、品牌联动、精准营销、旅游攻略建设等方面加深探索。同时，千旅集团在美团旅行的"淳安·千岛湖"官方目的地馆全新亮相，"当地特产"频道正式上线。美团旅行境内度假事业部目的地营销中心总经理李雪芳表示，千岛湖具有得天独厚的旅游资源，美团旅行将联手千旅集团做强"淳安·千岛湖"官方目的地馆，将当地酒店民宿、景区门票、交通服务、当地美食、文化休闲、婚纱摄影、特色线路、特产购物等旅游产品聚合起来，让前往千岛湖旅行的用户可以在"淳安·千岛湖"官方目的地馆轻松预订，一站搞定。

千旅集团电商总经理叶如华表示，美团旅行背靠国内最大生活服务互联网平台美团点评，不仅拥有最全品类的旅游产品，还拥有极强的餐饮优势，在目的地打造和全域旅游建设上独具优势。

随着与旅游目的地的合作共建，美团旅行如今在"当地味"的探索越来越深入。一方面，通过内容攻略为用户提供具有"当地味"的玩法、特色产品；另一方面，通过"当地特产"频道让用户在吃的体验上也更具"当地味"。

对于美团旅行开始卖当地特产的最新尝试，美团旅行方面认为，只要是满足用户者需求的，都会不断探索。美团旅行今年围绕旅行场景构建一站式预订，让用户获得更好的旅行体验，此次"当地特产"是美团旅行深掘目的游的重要一环。

3. 美团旅行与各景区合作，运营门票、美团专线

2017年全年，美团旅行门票出票量超1亿张。2017年，美团旅行与上海迪士尼度假区、长隆集团、方特集团、默林集团、华侨城集团、海昌集团等战略合作伙伴在大数据营销等方面加深合作，线上线下结合，精准营销，进一步提升门票市场在线渗透率。以迪士尼乐园为例，美团旅行通过为其提供门票、餐饮、住宿等多样化以及多要素打包产品，一站式解决用户需求，使用户出行更便捷、更省心。横店影视城与美团旅行战略合作后，其官方数据显示，美团旅行在其分销渠道中的交易占比达到 25%，牢牢占据分销渠道第一名的位置。

美团旅行与上海市黄浦区旅游局的政企合作创新模式初见成效。自 2017 年 5 月双方合作以来，通过"黄浦最上海"官方品牌馆的品牌效应和全域资源整合营销，黄浦区文旅交易额增长显著。2017 年全年，上海博物馆、上海城市规划展示馆、豫园和杜莎夫人蜡像馆等黄浦区 10 个地标景点门票的交易额是 2016 年全年交易额的 177%。

（三）酒店业务

1. 共建酒店业共同体

"第 53 届国际饭店与餐馆协会年会暨一带一路国际饭店业合作大会"在杭州召开。如何让线上平台和线下酒店商家更好地融合互通，共同为消费者提供更品质化的住宿服务，中国饭店协会副会长、美团点评副总裁、住宿事业部总经理郭庆在致辞中表示，应该优势互补、协同创新，共建酒店行业共同体。美团点评为 2.8 亿活跃用户和超过 500 万的优质商户提供一个连接线上线下的电子商务网络。郭庆表示，高频生活服务如餐饮外卖，将巨大用户流量导入平台，不仅让住宿业务得以快速发展，更能够通过互联网对住宿行业带来过去传统手段不太具备的赋能：可视化、可优化和可衡量。

可视化是在线平台可以让每一个线下的行为线上化，从而进行定量的分析，形成最后闭环的管理。这样可以让酒店的管理有抓手，能够看到每一个用户，每一个员工的所有行为，提高员工工作效率，同时提升消费者体验。以用户年龄组成为例，是否能够准确知道用户群体的主要年龄结构和不同年龄层对酒店住宿的喜好，是决定酒店未来 3~5 年是否可以在市场竞争中获胜的关键因素。依据购买力用户曲线，当下酒店更应该注重对 23~45 岁的核心消费者的培养。通过可视化，在线平台可以和酒店商家一起获取用户画像模型。再结合大数据下对竞争环境的分析比对，进行自我产品和活动的优化，从而达成服务升级的目的。

产品创新方面，背靠美团点评双平台流量优势，美团旅行为酒店带来的不仅是增量的住宿用户，还有美食、娱乐等其他消费需求用户的增量收入。数据显示，在入住酒店时，有 32% 的用户有美食需求，还有 17% 的用户有休闲娱乐需求。因此，美团旅行推出"住宿＋餐饮"打包产品，每个月可以带来 1.5 亿的高端酒店餐饮消费额，提升酒店行业的整体收入。

管理创新方面，美团旅行希望酒店商家可以根据酒店自己的需求自主上单、自主定价、自主设定库存、自主根据营销的情况来发布营销活动，同时可以自主提升整体效率。此外，据郭庆透露，在过去一年里，美团旅行联合业内知名大学培养了数万名互联网的营销师，数千名互联网收益管理师，希望以此能够帮助企业提升收益、降低成本。

2. 民宿

2017 年 4 月 12 日，美团点评宣布，美团点评旗下住宿分享平台榛果民宿 APP 正式上线。基于对用户需求的洞察，在对行业做深入分析以后，美团点评推出榛果民宿 APP，致力于为年轻旅行者提供具有高性价比的民宿，为美团点评用户的出行住宿带来更多更丰富的选择。榛果民宿的特点是房源个性化、多样化，住宿年轻化、有趣化。榛果民宿精选打造的全国首家猫的民宿——"喵屋"在榛果民宿 APP 上线，榛果民宿希望为年轻旅行者提供新鲜、个性化的体验。

3. 美酒学院

美团点评副总裁、酒旅事业群住宿事业部总经理郭庆于 2016 年 12 月创办"美酒学院"，并担任首任院长。郭庆认为，人才是最终的核心竞争力，美团点评平台目前有 32 万酒店商家，如何进行"互联网+"转型，借助在线旅游平台做好酒店营销，是很多酒店发展痛点。美团旅行"美酒学院"通过大数据洞察与专业课程打造，帮助酒店培养"互联网+人才"，推动国内酒店行业"互联网+"的进程。

美团旅行打造的"美酒学院"分为线上酒店移动互联网营销师培训体系以及"美酒学院"线下公开课两大板块，集线上线下一体化。

在培训资源和课程体系方面，"美酒学院"协同知名机构、行业协会及旅游院校等行业名家组建讲师团队，联合各方资源打造专业课程，通过公开报名、平台审核的方式接收学员，经过一个阶段的培训以后，学员如果通过考试，就可以获得由美团点评颁发的"美酒学院"毕业证。

"美酒学院"是美团旅行布局国内在线旅游行业生态圈坚定而扎实的一步。对于美团旅行而言，美酒学院对于酒店"互联网+"人才的培养，一方面能帮助酒店从业人员及商家成长，另一方面也为未来"美酒学院"打造酒店行业的官方人才库提供了积淀。美团旅行还希望通过"美酒学院"的积淀，形成国内酒店行业人才库。酒店商家可以通过"美酒学院"毕业生人才库寻觅优秀的营销高手，而学员也可以通过"美酒学院"毕业证获得能力的背书，提升职业竞争优势。

美团旅行酒店业务特设商家赋能中心，商家赋能中心负责人朱凯表示商家赋能中心将从经营流程方法、行业岗位人才、上游供应链供给、行业服务市场等方面全面赋能酒店商家，除了"美酒学院"，未来将推出更多举措。业内人士认为，美团旅行带来的不仅是平台的交易价值，更是回归产业纵深后，全方位经营效率的提升，为酒店商家赋能，推动行业共赢发展。

4. "金牌店长"培养核心人才

美团旅行为酒店商家打造的线上线下一体化酒店移动互联网营销教育平台"美酒学院"正式启动互联网"金牌店长"培训计划。

"美酒学院"通过线上培训与线下公开课的方式，已经输出 18 000 名毕业生，从人才着手助力国内酒店进行"互联网+"升级转型。为了进一步帮助酒店商家培养核心人才，针对经济型酒店和单体酒店推出的互联网"金牌店长"培训班于今年 7 月开班，首批互联网"金牌店长"诞生。

5. 与"维也纳"互通会员

4 月，维也纳酒店与美团旅行联合宣布，正式打通会员体系，拓展"住+"消费生态。

维也纳酒店集团表示,此次合作拓展了会员消费场景,打造以"住+"为核心场景,满足会员在"食""玩乐"等旅游需求,在获得美团点评更多的流量以及曝光加持,进一步稳固维也纳作为中国中档商务连锁酒店第一品牌。

美团点评表示,双方会员互通,不仅让美团点评用户获得房源的库存保障,更可以享受到维也纳绅士会会员的优惠权益及服务,双方通过深度的合作进一步提升了用户体验。

维也纳酒店集团旗下超过12万客房在美团点评全库存上线,实现直联,后期打通会员体系,实现无缝数据对接,以保证更便捷的预订和优质的入住体验。更深层次的,维也纳和美团点评共同打造以"住+"为核心场景,匹配美团点评平台中美食、门票、出行等当地玩乐场景,完善用户出行生态。

美团点评方面透露,维也纳酒店集团"五星体验 二星消费"的会员理念与美团点评高度打造的生态理念高度契合。美团点评平台涵盖食住行玩乐生态资源综合优势,结合维也纳在中高端酒店资源的优势,双方强强联合,为双方用户提供更有价值、更优质的服务体验"住+"产品,如:"住+门票""住+美食""住+旅游",深挖商业价值实现共赢。

维也纳酒店集团表示,此次战略合作,将全方位的直连互通,涵盖维也纳酒店旗下的维纳斯皇家酒店、维纳斯度假村酒店、维纳斯国际酒店、维也纳国际酒店、维也纳酒店、维也纳智好酒店、维也纳好眠酒店、维也纳3好酒店、维也纳公寓、维也纳大健康酒店十大中高端酒店品牌,100多个大中城市约1000家酒店。

除了与维也纳达成战略合作,此前还与洲际酒店集团、华住酒店集团有合作。美团点评副总裁、住宿事业部总经理、中国饭店协会副会长郭庆表示,美团点评将继续通过CD模式为酒店赋能,帮助酒店实现在资源上开源、在成本上节流,实现增量收益,优质的酒店、丰富的房源为美团点评用户出行住宿带来美好体验,美团点评此次联手维也纳酒店集团加强数据运营,洞察消费者需求,进一步优化服务。"流量+曝光"的加持,将有助于酒店摆脱对OTA的依赖,促进酒店"互联网+"转型。此次维也纳与美团点评的战略合作,在品牌及市场方面涵盖了品牌推荐、联合活动,分店推荐等多种模式导流,特别是在出行淡季,给酒店带来充足的本地客源作为支持。

会员体系打通,权益和服务升级,摆脱OTA高佣金模式。酒店将给予OTA的佣金转化为用户福利,让会员获得更多的实惠。双方的深度合作将大数据运营布局全国,触达更多高潜用户,双方实现无缝数据对接,进一步保证更便捷的预订和优质的入住体验。美团点评用户入住维也纳将获得更多实惠,享受对应的会员权益,涵盖会员积分、延迟退房、房型升级等系列增值服务。

(四)旅游扶贫

关键词:高铁 电商扶贫

1. 美团旅行与西安高铁合作

2017年12月6日,西成高铁正式开通。美团旅行和西安铁路局、西安旅游局达成战略合作，未来将在票务、大数据运营、旅游目的地营销、"旅游+"等领域展开深度合作，通过"高铁+互联网"的模式带动铁路沿线地区的旅游经济发展。这是继与东中南部达成地方合作之后，美团旅行在全域旅游布局中再次落下的重要一子，也是旅游扶贫的持续落地。美团旅行在为消费者提供票务产品的同时，也会推出相关主题活动，将西成高铁沿线的旅游特色产品和玩法呈现给用户。消费者不但可以在美团旅行购买高铁车票，同时还可以获取旅行攻略、了解景点信息、购买相关产品等。

此前，美团旅行已与上海黄浦区旅游局、广西旅游发展委、千岛湖旅游集团等多个单位达成战略合作，在东中南部地区建立起数个新目的地品牌馆和当地特产频道，助力旅游扶贫。而随着西成高铁的开通，高铁带人、景区带村的深入，西南地区也必将迎来一番发展新气象。

消费者如今不缺订票平台，但是要一键解决景点车票、攻略、住宿和吃喝玩乐，可能只有美团旅行可以做到。美团旅行背靠具有6亿用户的美团点评，拥有多个流量入口，聚合了景点、住宿、餐饮、休娱等资源，用户搜索关键词即可获得当地旅游的一站式解决方案，今年得到越来越多"说走就走"的旅行者的青睐，也正在成为商务人士的最新出行选择。10月，美团旅行与全球最大在线旅游公司The Priceline Group达成了战略合作，更多海外资源也将接入。

美团旅行与地方合作并非单纯针对服务消费者，还包含了针对当地的多种有益措施，真正做到因地制宜、精准推广、一站联动。比如在与广西旅游发展委的战略合作中，广西旅游发展委将联动农村一线，整合辖区内的特色村屯、农家饭票、民宿客栈、农特产品等乡村旅游优势资源，和美团旅行共同推动当地乡村旅游发展。而在千岛湖合作项目中，则重点打造"全域景区化、县域大景区"，以旅兴农。

美团旅行这种新兴的旅游电商扶贫模式，通过互联网使目的地旅游价值达到最大化，被媒体称为"是运用'互联网+'旅游扶贫的创新举措"。利用平台和当地结合的大数据运营，至少可以带来三大好处：品牌联动、个性营销、精准扶贫，使企业和当地均获益，也为精准扶贫提供了一种全新思路。美团旅行也因此和其他只能订酒店和跟团游的OTA完全区别开来。

2. 与广西旅发委共商电商扶贫

2017年9月，广西壮族自治区旅游发展委员会主任甘霖、广西壮族自治区旅游发展委员会副主任贾玉成、广西壮族自治区组织部两新工委党建处处长孙红等与美团点评集团高级副总裁、美团平台及酒旅事业群总裁陈亮，美团点评集团副总裁、境内度假总经理Nancy就共同搭建广西乡村旅游扶贫平台展开深入讨论。双方就广西旅游电商扶贫项目达成共识。未来美团旅行将专门推出广西旅游品牌馆，广西旅游发委方面将推荐当地最全最优质的旅游商家和产品上线，共同打造特色旅游产品和特色旅游路线，通过旅游电商推动乡村旅游，实现精准扶贫。

（五）机票业务

2017年10月24日，美团旅行与新加坡酷航航空公司宣布达成战略合作，在美团旅行开设酷航官方旗舰店,从此美团旅行的用户将享受和酷航官网同步的最优价格和折扣,并可同时参与酷航的促销活动。新加坡酷航是首家入驻美团旅行的境外航司。

美团点评酒旅事业群大交通事业部总经理姚虎表示,亚太地区是美团旅行业务的重要区域,特别是东南亚热门国家备受消费者青睐,此次和酷航的战略合作将翻开美团旅行国际机票业务的新篇章,未来通过更多航司入驻美团旅行,将持续为消费者提供质高价优的机票产品,旗舰店模式的深入将有利于美团旅行全面布局全球航空市场,加速国际化进程。

酷航中国区总经理李荣新表示,美团旅行是酷航最重要的合作伙伴之一,未来酷航将借助美团旅行的平台优势,为年轻旅行者提供高性价比的超值服务,帮助消费者节省旅行中的机票花费,满足年轻潜力用户的旅行需求。

航司以旗舰店的模式入驻美团旅行,是双方资源互补的重要形式,旗舰店的机票产品和航司官网保持一致,享受同样的退改签服务,同质同价,对于消费者而言更加实惠、便捷,购票也更放心,航司也可以借此获取流量进行机票直销,避免由于第三方代理带来的种种弊端,目前该模式已经成为海外航司进入中国、提升服务的最好方式,也成为平台和航司合作的重要模式之一。

(六)美团点评成立产业基金

2月21日,美团点评CEO王兴在2017年年度内部沟通会上透露,由公司作为基石投资人首次发起设立美团点评产业基金。该基金将主要专注于大消费领域的项目投资,致力于推动本异地生活服务企业的发展和产业升级。美团点评产业基金将会进行独立的市场化运作,基金目标规模30亿元人民币,首期15亿元人民币,资金来源包括美团点评、腾讯、新希望等一批大型企业及专业母基金。基金的投资阶段,将主要专注于大消费领域C轮以前的项目投资,投资方向为To B及To C的双向投资,具体包括餐饮、零售和酒店旅游、休闲娱乐等本地生活服务领域。投资额度上,单个项目的投资金额会在3000万人民币到1亿人民币之间不等。美团点评高级副总裁陈少晖将担任产业基金管理公司CEO。陈少晖曾任腾讯产业共赢基金执行董事,2014年加入美团点评负责公司战略发展与投融资。

过去三年,美团点评公司已在餐饮、旅游、生活服务等产业链上下游投资超过30个项目。

随着美团点评产业基金的成立,美团点评战略布局的能力将进一步增强,有望在产业链上下游撬动更大的生态势能。美团点评产业基金已确认引入在大消费领域有10年资深投资经验的朱拥华作为首位创始合伙人。加入美团点评产业基金前,朱拥华曾任联想控股执行董事、天图资本合伙人,曾主导投资包括酒便利、劲仔小鱼、周黑鸭、甜心摇滚沙拉、贝乐英语等超过40个项目。据朱拥华介绍,美团点评产业基金的投资策略将着重体现在"发现+赋能"两个关键词上。"发现"更多体现了依托美团点评快速成长的平台,产业基金拥有更为优势的优质企业前瞻性;而"赋能"在一定程度上又保证了美团点评对优质项目的成长支持。

目前美团点评产业基金已迅速展开优质项目筛选，项目池储备较为丰富，集中在上述餐饮、零售和本地生活服务领域，同时基金将继续从投资圈内招募有深厚的消费品行业产业背景、丰富的投资经验及出色业绩的合伙人及团队成员。美团点评产业基金的另一大特色是设立了专业的战略顾问团队，由王兴亲自挂帅，同时包括王慧文等美团点评的核心管理团队。战略顾问团队将为产业基金引入美团点评在餐饮、外卖、电影及酒店旅游等领域的创新打法，最大程度地为基金的发展和投资公司快速成长出谋划策。

参考文献

［1］环球旅讯. http：//www.traveldaily.cn/?s=noredirect.
［2］劲旅网. http：//www.ctcnn.com/.
［3］易观智库. http：//www.analysys.cn/view/home/home.html.
［4］中国电子商务研究中心. http：//www.100ec.cn/zt/ztym/.

第四篇
旅游 APP 移动应用

第八章 旅游APP移动应用

第一节 旅游 APP 态势概述

一、旅游 APP 发展现状

移动互联网的出现颠覆了诸多传统行业。大量创业热点以手机 APP 作为平台萌芽。2017 年,移动用户数量增长态势迅猛,中国手机用户已经超过 9 亿,成为全球第一大市场。目前,中国每个手机用户,手机 APP 的数量平均超过十个。在 APP 开发领域,中国 APP 开发数量依然取得全球第一。旅游 APP 作为旅游业发展的革新技术,针对受众的不同需求,能够为受众提供各式各样的个性服务,人们越来越习惯于通过互联网获取旅游信息与服务。

据中国互联网信息中心[①]统计,截至 2017 年 11 月,我国市场上监测到的移动应用程序(APP)在架数量为 391 万款。2017 年 6 月至 11 月,生活服务类应用规模位于第二,超过 49.7 万款,占比 12.7%;电子商务类应用规模位于第三,超过 40.8 万款,占比为 10.4%。截至 2017 年 12 月,我国网民规模达 7.72 亿,全年共计新增网民 4074 万人。截至 2017 年 12 月,我国网民使用手机上网的比例达到 97.5%,较 2016 年年底提升了 2.4 个百分点,实用率再创新高;使用台式电脑、笔记本电脑上网比例分别为 53.0%、35.8%,较 2016 年年底均有所下降。

---

① http://www.cnnic.net.cn/.

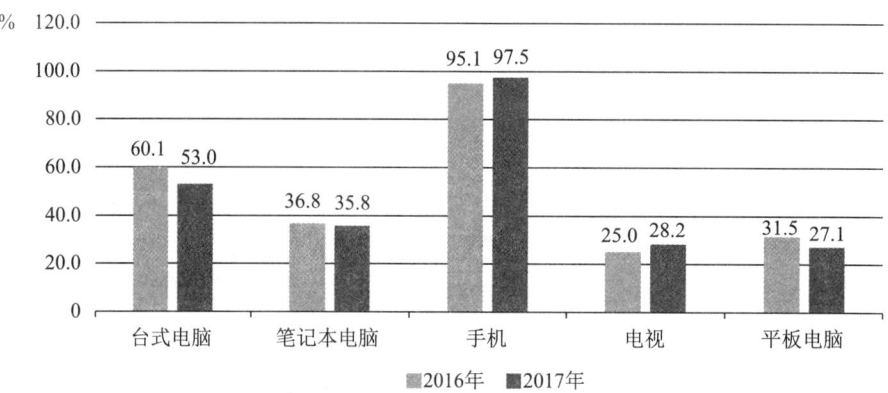

图 8-1 互联网接入设备使用状况

资料来源：根据 CNNIC《2018 年第 41 次中国互联网络发展状况统计报告》整理。

根据《2018 年第 41 次中国互联网络发展状况统计报告》，中国网民各类互联网应用的使用频率中，旅行预订的用户规模达 3.76 亿人，较 2016 年年底增长 7657 万人，增长率为 25.6%。在线旅行预订使用比例达到 48.7%，较上年提升 7.8 个百分点。网上预订火车票、机票、酒店和旅游度假产品的网民比例分别为 39.3%、23.0%、25.1% 和 11.5%，其中通过手机旅行预订用户规模达 3.40 亿人，较 2016 年年底增长 7782 万人，增长率为 29.7%。我国网民使用手机在线旅行预订的比例由 37.7% 提升至 45.1%。可以发现，手机已成为在线旅行预订的主要渠道。

2017 年，"共享经济"无疑是讨论热度最高的模式之一，借助手机 APP，各类共享经济风起云涌，共享单车、共享充电宝、共享汽车、共享雨伞、共享办公、共享床位，等等。旅游 APP 也被拉入了共享经济的战场当中，根据环球旅讯发布的信息，共享住宿 Airbnb 在 2017 年首都全年盈利。根据 CBInsights[1] 报告，独角兽企业中涉及的旅游与旅游相关公司，大多数都受益于"移动互联网"和"共享思维"。科技创新通过塑造和改变人们日常生活来影响旅游业的运营方式，也孕育和塑造新的旅游企业。"移动互联网"已经改变了游客搜集、查找旅行信息、预订住宿出行和体验旅行的方式。"共享思维"已经融入旅游业的血液，挖掘新的市场需求，打开新的市场，孕育的创新型企业成为不可忽视的一股力量。

人工智能以及 AR、VR 的发展也使得旅游 APP 有了与之相结合有了新的产品创新。根据世界旅游城市联合会（WTCF）中国社会科学院旅游研究中心发布的《世界旅游经济趋势报告（2018）》，人机交互技术催生新的旅游产品和设备，如用增强现实技术设计介绍旅游景点、历史文化的一系列旅游特色明信片，游客们能够免费下载相对应的手机 APP，在通过手机 APP 扫描明信片，便能够在手机上再现旅游景点的 3D 模型和介绍其历史文化背景的动画短片。提供实景导航解说。游客手持移动终端设备（如手机、iPad 等）在景区游览时，能够随时通过手中设备的摄像头欣赏景物，手持设备的显示屏上将会出现摄像头所拍摄到的景物相关的文字和数据信息，同时还有虚拟导游及语音多媒体讲解。这使得旅游 APP 的功能得到了进一步的扩充和发展前景。

二、旅游 APP 市场特点

（一）移动端在旅游市场的影响力逐渐增大

随着使用量的增长，APP 已经成为旅游业不可缺少的一部分。一直深受技术影响的旅游业已经先向互联网转移。对比传统的旅游公司，手机旅游 APP 的优势是显而易见的。旅游前的路线规划、组团、查看攻略到旅游过程中的查看景区详细等都可以利用旅游 APP 实现。

日益增多的旅游者青睐于使用智能手机、智能终端等设备来获取航班、景点、酒店等旅游信息，并对相应满意的旅游产品直接采取在线支付的方式进行预订与选购。在旅游的过程中随时、随地、随心地通过手机微博、微信等方式分享个人的旅游经历与感受。搜狐的一项调研显示[2]，当下大众对于旅游的预订选择上，在线预订成为毫无疑问的主流方式，有超过 70% 以上的旅游者倾向于手机 APP 或专业网站进行预订。此外，全流程服务越来越收到人们喜爱，旅游用户已逐渐习惯在旅游 APP 上提前筹备旅程。旅游 APP 已能提供全流程链的旅行服务，极大提升了用户的下载使用意愿。

日益增多的智能手机使用率与占有量昭示着整个无线旅游业市场的发展潜力。旅游企业从传统的有线网络网站预订纷纷涉足移动互联网，全球酒店业也寄希望通过移动营销来增加客源，为用户提供更加移动化、自主化、互动化、实时化服务已经是大势所趋。企业利用高速移动通信技术和智能终端设备、云计算、物联网为支撑的智慧旅游目前已成为旅游的一种新形式，满足旅游管理中的管理智能化、服务主动化、旅游个性化和信息对等化发展需求，提升旅游产业现代服务业的科技含量和服务质量。

（二）垄断态势明显，差异化产品增加

"携程系"的诞生，奠定了携程一家独大的地位，随着美团和飞猪的崛起，再加上刚刚合并的"同程旅游"，几大 OTA 企业几乎垄断了市场份额。针对旅游类产品，各家旅游 APP 也都在差异化、新玩法上下功夫。各类旅游 APP 以更加精准切入更有针对性的要素组合，将其中某一个要素做好做精做得更满足个性化需求，集中力量成为领先者。

三、旅游 APP 发展问题

旅游相关的 APP 多达上万个，几乎涵盖了市民出游衣、食、住、行等所有链条。调查显示，七成游客通过在线旅游 APP 软件订酒店、订机票，而且这类人群主要是北上广深一线城市的 80 后、90 后。与此同时，以 APP 平台运营为主的在线旅游企业被投诉的情况已经超过传统旅行社，预订酒店、门票等没兑现，客服电话无人接听、投诉迟迟得不到解决等问题最为突出。

旅游用户单次在旅游 APP 上的平均停留时间较短，难以进行大规模深度内容消费和对比研究。旅游价格和旅游品质是游客在使用旅游 APP 时最为关注的两点。旅游收费透明化、合理化，提供更贴心的服务是旅游 APP 目前应改进的地方。此外，大多数旅游 APP 大同小异，差异性小，使得用户黏性较小，如何提高用户使用黏性也是旅游 APP 应注意的地方。

四、旅游 APP 未来趋势

未来，旅游 APP 品种更丰富。除了机票、酒店或者打包套餐商品，休闲度假、亲子教育、周末出行游等针对细分市场的产品将成为自由行用户旅游的新标配，用户对旅游的追求也将逐步从到此一游过渡到深入体验当地民众的经典食住游。

出境游更受追捧。现阶段境外国家的签证越来越便利，密集的航班也让境外游变得像国内游一样便利，与国内节假日时的人山人海相比，境外游自由行将在未来有更大幅度的增长。

三四线城市的在线旅游渗透率变高。随着一二线城市在旅游方面的逐步饱和，三四线城市的旅游潜力也有望成为新的增长点，相比起发达地区，三四线城市获客成本较低，人闲时间多的人群也会更庞大。

自由行旅游应用软件及其周边产品在未来一段时间内将会受到欢迎，越来越多年轻人希望到外面看看更大的世界，自由行和穷游成为这些年轻用户走出国门的首选，能为其提供便利和优惠的自由行互联网产品也日益丰富。

随着越来越多个性化移动旅游 APP 出现。由"Airbnb"开始的"共享经济"的商业模式，在 ofo、摩拜运用之后，也被逐渐运用到旅游 APP 的开发当中。我国现自助游游客出现爆发式增长，"共享经济"旅游模式能够为自助游游客节省较多费用，同时便于其结伴旅行，将受到自助游游客的青睐。

利用 VR、AR 等人工智能技术与旅游结合的 APP 也将有可能成为旅游 APP 新风口。微信小程序等端口的出现将会与旅游 APP 有更好的结合。

第二节　旅游 APP 综合分析

一、旅游 APP 用户行为分析

（一）用户分布

从天翼大数据[①]的统计分析中，可以看到在众多旅行类 APP 中，"携程旅

---

① http：//www.sohu.com/a/231859171_816263.

行"APP 一家独大。通过"特价""热门""特色"三大核心优势牢牢吸引住用户，以 57% 的占比处于绝对优势地位。

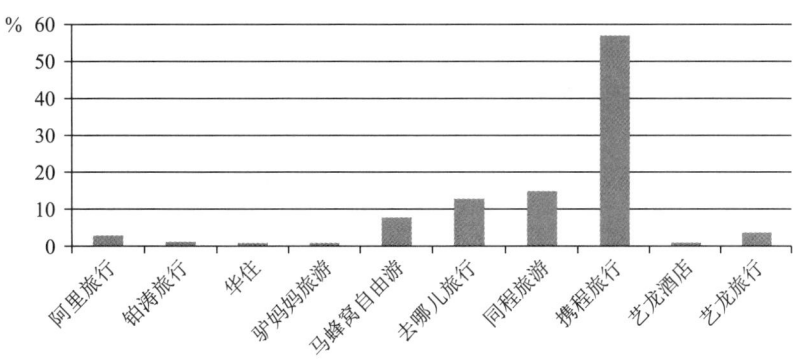

图 8-2　不同旅行类 APP 用户分布

资料来源：天翼大数据。

（二）用户年龄分布

从天翼大数据的数据分析中，可以看到阿里旅行与马蜂窝自由行两款 APP 用户年龄相比总体呈年轻化趋势。阿里旅行在自由行市场和中低端市场上占据更大优势，主推的"未来系"服务的方式更符合年轻人的需求。同时，相比于 OTA 标准旅行产品，马蜂窝的社交服务、资讯服务、定制旅行等亦更符合年轻人的个性化自由行的需求。

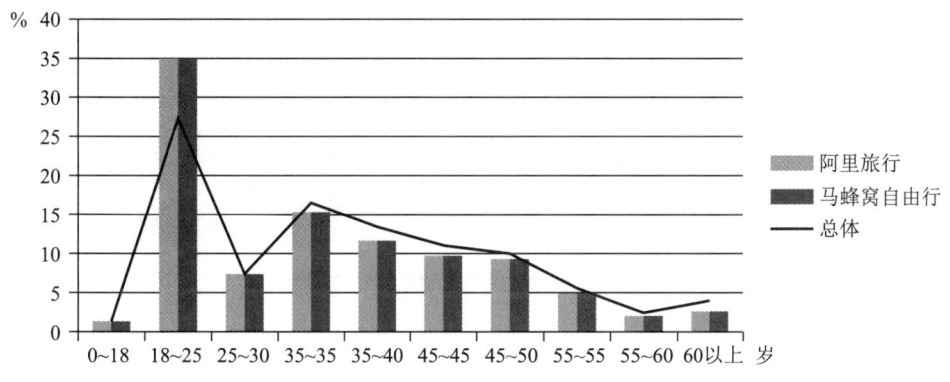

图 8-3　不同年龄用户使用 APP 偏好分布

资料来源：天翼大数据。

（三）用户旅途行为

查攻略、查路线、查餐厅、查词翻译、拍照、读书、运动、背单词……如今，移动 APP 填满了中国年轻人的旅途，"APP 依赖症"表现在旅行的各个方面，它甚至潜移默化地"支配"着人们的行为。每个人不同的 APP 使用方式，还标榜着不同的人格、信仰和旅行方式。

全球旅游消费指南马蜂窝旅游网联合BeautyCam美颜相机、Keep、微信读书、沪江小D词典、沪江开心词场五大品牌，发布了《旅途中APP使用行为分析报告》[①]，以马蜂窝平台大数据、各品牌用户行为数据、在线问卷调查获取的抽样数据为基础，全面解读了年轻旅行者在旅途中使用各类APP的行为。

大数据展现出旅行者对APP的严重依赖：超过85%的人会在旅途中一直使用手机，日均使用时间超过6个小时，主要的时间都花在使用各类APP上。报告发现，人们不仅会使用与旅行高度相关的工具类APP，还会使用如拍照类、运动类、阅读类、学习类的软件——摄影、运动、读书、背单词等成为新的旅行时尚。

报告显示，旅途中，中国旅行者平均每天打开马蜂窝旅游APP 5.6次，打开时最关注的内容分别是景点、攻略、美食、游记、酒店、当地玩乐、购物、问答、玩法路线和娱乐，具有很强的功能性。

早上10点和晚上10点是马蜂窝旅游APP被打开的高峰时间点，上午出去观光和晚上待在酒店时，旅行者总会使用APP研究当日和次日要游览的景点；其次是上午11点和下午4点，也就是旅行路上临近享用午饭和晚饭的时间，人们会打开马蜂窝旅游APP寻找周边美食店。

图8-4　旅途中使用马蜂窝旅游APP行为

资料来源：马蜂窝《旅途中APP使用行为分析报告》。

利用旅游APP即时解答疑问也是旅行者的重要需求。无论是出发前的准备期，还是旅行途中遇到问题时，很多旅行者都喜欢向线上的其他用户咨询，提出的问题主要与当地交通、行程规划、景点等相关。数据显示，来自广东、浙江、北京、四川、上海、江苏、重庆、福建、山东和河北的旅行者最爱在旅途中提问。

在旅途中，人们也经常会使用到翻译、查词等功能。报告显示，53%的人表示在与当地人面对面交流时会使用查词/翻译工具。48%的人在购物时为了了解物品

---

① http://www.pinchain.com/article/152946.

说明书上的文字，也常常"查字典"。44% 的人会在游玩时看景点介绍和使用查词 / 翻译工具及服务，还有 41% 的人会在用餐时，翻译菜单上的菜名。

图 8-5　出国旅游途中使用查词 / 翻译 APP 的场景

资料来源：马蜂窝《旅途中 APP 使用行为分析报告》。

无论是男性还是女性，都因渴望向当地人表达自己，与当地人面对面交流而使用查词 / 翻译工具，这点在购物时也很明显。我们也发现了一些不同，男性在餐厅点餐时更多地会查词 / 翻译，而女性在了解目的地的文化信息方面，会更多使用查词 / 翻译服务。

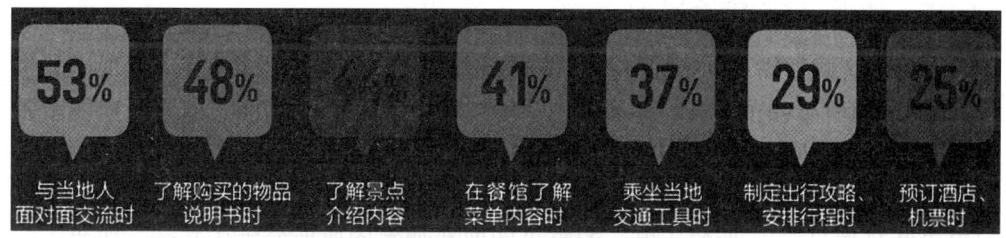

图 8-6　出国旅游途中使用查词 / 翻译性别分布

资料来源：马蜂窝《旅途中 APP 使用行为分析报告》。

二、旅游 APP 盈利模式分析

在移动互联网旅行平台中，大部分都是依靠门票以及商户的预订服务获取收入，很少会考虑扩展性的盈利。旅游 APP 开发想要建立成熟的盈利模式基本是依靠三个方面，主要是广告、预订和用户付费的模式。

（一）旅游广告模式

针对旅行计划以及用户体验分享阶段，广告已经成为旅游点评以及社区网站实现流量变现的成熟模式。特别是随着移动互联网旅行平台不断增加的现状下，全球最大的旅游社区 Tripadvisor 第三季度的财报[①] 显示，点击和展示付费广告收入占其

---

① http://www.sohu.com/a/206105342_685098.

总收入的90%，商户订阅付费及其他收入约占10%，其广告主包括OTA、目的地景区、酒店、航空公司、餐饮等旅游供应商和分销商，这足以证明旅游媒体平台所蕴藏的巨大商业价值已经被广告商所认同。

从客观上来看，这种模式有回报，可表现力不足会很难获取用户的注意。

（二）用户预订模式

传统的机票和酒店预订竞争已经高度白热化，APP创业公司在这一领域基本没有生存空间。移动旅行类APP的旅游预订机会将更多集中在餐饮、门票、酒店、目的地活动和地面交通领域，结合LBS的广告推送及预订具有相当大的想象空间。

（三）用户付费模式

对于大多数的平台来说，用户付费的道路真的很难在短期之内走通，一是国内用户付费消费习惯并没有形成，二是产品同质化严重，付费的理由难以成立。

第三节 旅游APP排名及分类详情

一、旅游APP排名总结

（一）2017年国内旅游类APP 1月用户规模排名

1月是旅游市场淡季，但在春节假期出行的因素影响下，旅游APP表现出鲜明的季节性特征。

根据易观智库[①]报告发现，从2017年1月旅游类APPTOP60榜单来看，综合旅游预订和火车票预订两个领域在平均活跃用户规模上保持领先地位，分别达到671.11万和560.57万，综合度假旅游预订领域以403.52万的平均活跃用户规模排名第三。火车，尤其是高铁，承担了春运大潮的主要客运任务，预订量出现大幅增长；综合旅游平台通过机票、火车票以及度假旅游等多元化产品预订，为元旦旅游和春节度假和返乡用户提供一站式出行预订解决方案。

表8-1 旅游类APP TOP10总榜单

排名	应用名称	领域名称	月度活跃用户规模（万人）
1	12306官方版	火车票预订	3637.73
2	携程旅行	综合旅游预订	2119.41
3	去哪儿旅行	综合旅游预订	2114.07

① http://www.askci.com/news/hlw/20170301/15572292109.shtml.

续表

排名	应用名称	领域名称	月度活跃用户规模（万人）
4	智行火车票	火车票预订	1079.39
5	飞猪旅行	综合旅游预订	765.24
6	同城旅游	综合度假旅游预订	665.67
7	高铁管家	火车票预订	559.29
8	途牛旅游	综合度假旅游预订	535.08
9	铁友火车票	火车票预订	321.35
10	巴士管家	旅游工具	282.71

从上榜APP数量来看，酒店预订类APP达到13个，位居第一，其中酒店自营APP达到6个；火车票预订类和旅游工具类APP均为11个，并列第二位。

综合旅游预订类APP为用户提供包括交通、住宿和度假旅游等多种旅游产品预订，具备广大的用户基础，春节返乡及度假出行利好在2016年12月已提早释放，因此综合旅游预订类APP整体交易频次降低，用户活跃下降。2017年1月综合旅游预订类APP TOP10榜单中，携程旅行连续4个月保持活跃用户规模最高，月度活跃用户规模达到2119.41万；去哪儿旅行成为月度活跃增长亮点，月度活跃用户规模2114.07万，环比增幅达到15.61%；飞猪旅行1月月度活跃用户规模为765.24万，环比有所回落。

表8-2 综合旅游预订类APP TOP10总榜单

排名	APP名称	用户规模（万人）	活跃用户环比增幅（%）
1	携程旅行	2119.41	-0.23
2	去哪儿旅行	2114.07	15.61
3	飞猪旅行	765.24	-10.82
4	艺龙旅行	282.65	-8.99
5	春秋旅游	25.32	-11.44
6	畅行齐鲁	22.13	7.77
7	114票务网	20.08	40.85
8	携程企业商旅	19.97	-33.82
9	韩游网	15.66	-14.58
10	Ctrip	14.16	19.83

2017年1月13日春运大幕正式拉开，而提前30天购票提早释放了火车票交易潜力，尽管如此，2017年1月火车票预订APP表现仍然突出。TOP10榜单中，12306官方版APP月度活跃用户规模达到3637.73万，远高于其他APP。12306作为唯一被铁路总公司授权进行互联网售票的火车票预订平台，拥有独占优势。智行火车票和高铁管家月度活跃用户规模分别位于第二、第三位，分别为1079.39万和559.29万。

因临近游客出行，相比于火车票预订，出行时刻提醒、信息查询、退改签等途中服务更受到用户欢迎，高铁时刻表月度活跃用户环比增幅达到49.98%，体现出基于用户出行场景落实服务体验，并搭建个性化交易场景，提供增值服务的市场潜力。

表 8-3　火车票预订类 APP TOP10 总榜单

排名	APP名称	用户规模（万人）	活跃用户环比增幅（%）
1	12306官方版	3637.73	3.92
2	智行火车票	1079.39	33.77
3	高铁管家	559.29	−14.04
4	铁友火车票	321.35	40.57
5	12306火车票	141.39	−1.00
6	盛名列车时刻表	135.78	−8.00
7	火车票	95.05	25.13
8	极品时刻表	55.66	−10.87
9	网易火车票	55.66	−10.87
10	高铁时刻表	29.63	49.98

2017年春节假期期间，中国公民出游人数、旅游收入双双走高：全国共接待游客3.44亿人次，同比增长13.8%，实现旅游总收入4233亿元，同比增长15.9%，因此同程旅游、途牛旅游和驴妈妈旅游等主要度假旅游APP活跃用户环比小幅增长。特别是出境游人次增长迅速，春节期间，我国公民出境旅游总量约615万人，同比增幅近7%。Analysys易观分析认为，旅游在中国居民日常消费中占比日益提升，旅游出行半径迅速扩大，目前呈现周边休闲和出境度假同时发展的大趋势。

表 8-4　酒店预订类 APP TOP10 总榜单

排名	APP名称	月度活跃用户规模（万人）	活跃用户环比增幅（%）
1	华住	123.03	−13.58
2	掌上如家	121.99	−17.84

续表

排名	APP名称	月度活跃用户规模（万人）	活跃用户环比增幅（%）
3	铂涛旅行	119.09	-9.08
4	艺龙酒店	95.92	-22.31
5	TripAdvisor	62.19	-43.27

酒店预订 APP TOP5 榜单中，酒店自营类 APP 占 5 席，其中华住 1 月环比降幅较小，月活规模位居第一。掌上如家和铂涛月活降幅较大，排名滑落至第二、第三位。2017 年 1 月在线酒店预订市场进入淡季，整体月度活跃用户规模下降。相较于综合旅游预订 APP 的一站式预订体验，专注于酒店预订单一业务的 APP 在市场竞争中存在一定弱势。Analysys 易观分析[①]认为，酒店预订 APP，尤其是酒店自营类 APP 需进一步加强会员体系建设，增强用户黏着度和品牌忠诚度，并通过完善增值服务提升渠道活性。

（二）2017 年国内旅游类 APP 3 月用户规模排名

从 2017 年 3 月旅游类总榜单来看，综合旅游预订和火车票预订两个领域在平均月度活跃用户规模上继续保持领先地位，分别达到 693.34 万和 565.74 万，综合度假旅游预订领域以 282.28 万的平均活跃用户规模排名第三。

表 8–5　旅游类 APPTOP10 总榜单

排名	应用名称	领域名称	月度活跃用户规模（万人）
1	12306官方版	火车票预订	3715.96
2	去哪儿旅行	综合旅游预订	2019.77
3	携程旅行	综合旅游预订	1953.00
4	智行火车票	火车票预订	821.15
5	飞猪旅行	综合旅游预订	600.47
6	同城旅游	综合度假旅游预订	550.29
7	途牛旅游	综合度假旅游预订	480.94
8	高铁管家	火车票预订	450.81
9	马蜂窝自由行	综合度假旅游预订	252.87
10	铁友火车票	火车票预订	250.02

2017 年 3 月综合旅游预订类 APPTOP10 榜单中，去哪儿旅行和携程旅行的月活跃用户数较为胶着，均达千万级别规模，但是去哪儿在经历小幅下降、携程小幅上

---

① http://www.askci.com/news/hlw/20170301/15572292109.shtml.

涨之后，去哪儿以用户数 2019.77 万超越携程的 1953.00 万，夺得魁首，旅游大格局相对稳定。

表 8-6　综合旅游预订类 APPTOP10 总榜单

排名	APP 名称	月度活跃用户规模（万人）	活跃用户环比增幅（%）
1	去哪儿旅行	2019.77	−2.23
2	携程旅行	1953.00	3.53
3	飞猪旅行	600.47	−4.76
4	艺龙旅行	229.63	−1.17
5	春秋旅游	22.27	−26.12
6	携程企业商旅	14.54	12.07
7	畅行齐鲁	14.03	−22.46
8	金色世纪旅行	12.32	14.94
9	Ctrip	11.07	26.98
10	114票务网	10.51	−27.25

铁路运输在用户中应用和表现呈现相对旺盛的态势，尤其是随着 3 月国务院印发"十三五"交通规划，高铁将覆盖 80% 以上的百万人口城市，在线火车票的预订业务想象空间巨大。TOP10 榜单中，12306 官方版 APP 3 月活跃用户规模达到 3715.96 万，远高于其他 APP。

表 8-7　火车票预订类 APP TOP10 总榜单

排名	APP 名称	用户规模（万人）	活跃用户环比增幅（%）
1	12306官方版	3715.96	12.18
2	智行火车票	821.15	−6.91
3	高铁管家	450.81	−3.09
4	铁友火车票	250.02	−4.11
5	盛名列车时刻表	145.36	27.15
6	12306火车票	79.89	−21.15
7	极品时刻表	62.45	−6.38
8	高铁时刻表	49.99	3.63
9	网易火车票	47.54	26.83
10	火车票	34.24	18.03

12306作为唯一被铁路总公司授权进行互联网售票的火车票预订平台，拥有独占优势。与前几个月趋势较为一致的是，携程系的智行火车票和高铁管家月度活跃用户规模分别位于第二、第三位，分别为821.15万和450.81万，但在活跃用户环比增幅上，都呈现出较为明显的下降趋势，反映出经历了春节返乡度假的火车、高铁票井喷的需求后，用户对此类抢票软件的应用已充分释放。

表8-8 综合度假旅游预订类APP TOP10总榜单

排名	APP名称	用户规模（万人）	活跃用户环比增幅（%）
1	同城旅游	550.29	2.93
2	途牛旅游	480.94	7.68
3	马蜂窝自由行	252.87	0.88
4	驴妈妈旅游	114.74	−20.48
5	要出发周边游	12.58	0.76

3月没有长假，出游时间以周末为主，而出游的辐射范围多囿于近郊的周边游，居民出行意愿日益强烈，旅行作为一种生活方式已日渐深入人心。而3月旅游市场作为全年的风向标，2017年旅游需求依然旺盛，全年旅游发展增长可期。

Analysys易观分析认为，随着旅游在中国居民日常消费中占比日益提升，OTA加速布局在线度假领域，重组预订体系。随着旅游生活方式的不断深入，利用周末出游的周边休闲、生活化度假方式等进行的创新服务深受用户追捧的趋势。

（三）2017年国内旅游类APP 7月用户规模排名

在7月的APP用户规模排行榜TOP10中，携程以5643.37万的月活人数高居榜首，去哪儿旅行和12306官方版的月度活跃用户分别为5133.84万和4156.86万，分列总榜第二、第三位。从二级领域来看，综合旅游预订和火车票预订APP在数量和用户规模上仍处于领先地位。从活跃用户环比增幅来看，火车票预订、度假旅游预订APP的活跃用户增幅较大，航空服务预订APP的用户活跃增幅相对较低，7月正值毕业季，反映出以度假旅游为目的的出行人数增多，以商旅为主的出行人数相对稳定的态势。

表8-9 旅游类APP TOP10总榜单

排名	应用名称	月度活跃用户规模（万人）	环比增速（%）
1	携程旅行	5643.37	12.77
2	去哪儿旅行	5133.84	6.63
3	12306官方版	4156.86	5.95
4	飞猪旅行	1179.76	1.87

续表

排名	应用名称	月度活跃用户规模（万人）	环比增速（%）
5	智行火车票	935.28	9.82
6	途牛旅游	791.28	9.70
7	高铁管家	639.82	12.16
8	同城旅游	509.42	5.07
9	马蜂窝自由行	500.08	10.46
10	铁友火车票	383.90	3.17

（四）2017 年国内旅游类 APP 10 月用户规模排名

根据易观 10 月综合旅游类 APP 的 TOP10 显示，虽然经历国庆假期短暂的高峰，旅游领域也呈现回落趋势，其中携程旅行、去哪儿旅行分别跌幅达到 8.08% 和 9.39%，艺龙旅行跌幅则达到 18.34%。

而从榜单中也可以看出该领域寡头明显，携程和去哪儿，以及阿里系的飞猪旅游占据前三。

表 8-10　旅游类 APP TOP10 总榜单

排名	应用名称	月度活跃用户规模（万人）	环比增速（%）
1	携程旅行	4774.68	-8.08
2	去哪儿旅行	4249.13	-9.39
3	飞猪旅行	1292.12	0.25
4	艺龙旅行	195.20	-18.34
5	彩贝壳	21.66	-0.89
6	叮哒出行	21.54	-21.56
7	春秋旅游	20.57	-4.81
8	愉客行	11.20	7.70
9	携程企业商旅	10.79	-0.12
10	美团旅行	2.91	5.54

二、旅游 APP 分类详情

旅游者一次完整旅行过程中的消费决策包括了启程前、行程中与行程后，智能手机的普及，让一次完整旅行的种种需求形成一个循环，几乎可以全部用旅游 APP 来得以实现。根据目前旅游市场里 APP 的功能和特征，目前市场上的旅游 APP 主要分为预订类、分享类、攻略类和工具类四大类。

（一）预订类旅游 APP

1. 预订类 APP 含义

一些相对较为发达的网络技术在人们已经预订好其旅游计划的状况之下，可以通过旅游 APP 进行机票、酒店、门票以及其他服务的定制。这种可以让人们在网络上就可以轻松地享受旅游 APP 的便捷服务。

移动互联网时代到来之后，各大旅游预订类网站都开始布局移动市场。早在 2009 年，去哪儿网就成立了无线部门，开发移动终端市场。紧随其后，携程旅行网、艺龙旅行网、淘宝旅行网也纷纷推出了自己的 APP 客户端。截至目前，几乎各大旅游预订类网站都根据网站特色和消费者需求，推出了各具特色的 APP 客户端。移动互联网的到来，真正实现了在线旅游，通过移动终端实现了用户实时地查询、预订、分享各种美食、景点、娱乐以及住宿信息。

目前，国内预订类旅游 APP 可分 3 种类型：一是以"机+酒"模式为主导，以携程、艺龙为代表，集中在餐饮、门票、酒店、目的地活动和地面交通等领域，结合 LBS 的广告推送及预订成为强大的渠道商；二是以旅游垂直搜索服务为主导，以去哪儿为代表，它们为消费者提供机票、酒店、会场、度假产品的实时搜索，并提供旅游产品团购以及其他旅游信息服务；三是只提供单一服务的预订类 APP，提供酒店预订的如今夜酒店特价、快捷酒店管家、七天、如家 APP 等，提供票务类预订服务的如酷讯机票、铁友火车票 APP 等，称之为细分化移动 APP 应用。

2. 预订类 APP 案例分析

携程旅游 APP

（1）战略设计

伴随着智能手机在人们生活中的普及，在线旅游移动端进入爆发阶段，在线用户移动端的使用习惯逐步形成。根据艾瑞咨询的数据，旅游用户在移动端的访问明显高于 PC 端，2015 年月平均占比达 64.6%。2010 年起，携程开始上线手机客户端，逐步形成"携程旅游"APP 以一带多的携程产品体系，移动端交易额更迅猛增长，在 2013 年年底已实现近一半酒店、1/3 的机票交易通过移动端完成。

作为移动端的产品代表，"携程旅行"APP 定位为旅游综合服务平台，在主打酒店和交通票务预订的业务基础上，提供旅游度假、主题旅游套餐、景点门票优惠、旅游攻略、旅行购物指南等一站式服务，覆盖尽可能多旅游相关生活场景。

（2）产品框架

酒店、票务、旅游产品三大核心业务在"首页"已经被清晰地展现出来，此外，首页还包含四个热门旅游分类和三项与出境游相关的旅游服务。"行程""客服""我的"都是围绕个人服务设置的辅助功能。

（3）产品运营

产品运营数目众多、分布分散，穿插在 APP 的各个频道内容中和页面 banner，然而归纳酒店、机票和旅游线路三大产品的推广内容可以发现，携程的产品运营主要围绕 3 个关键词进行："特价""热门""特色"，而低价是三者中的主策略。在推广手段上，绝大部分的推广直接摆出产品清单和低价，专题集合和游记软文仅占大约一成。

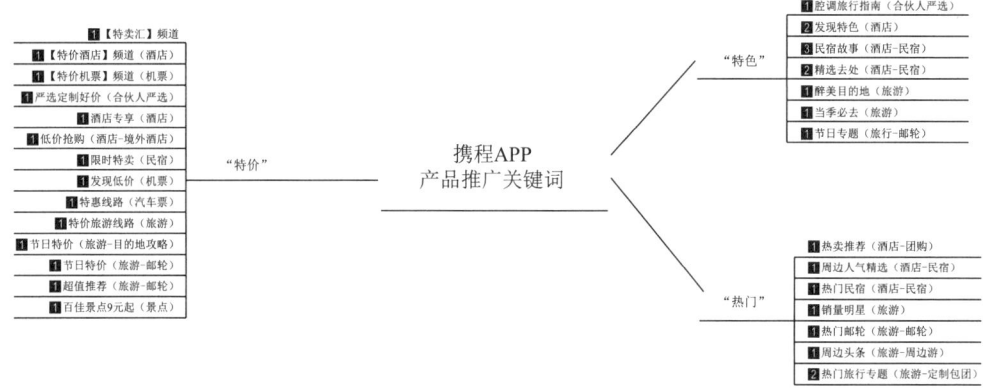

图 8-7　携程 APP 产品推广关键词

图片来源：https://www.jianshu.com/p/151e126dac13.

（4）基本业务以及产品框架

携程的主要分支分为"首页""行程""客服""我的"，所有的业务按钮都集中到首页。剩下的功能与去哪儿相似，分别为针对订单进行不同业务进行处理，在使用产品中出现的问题进行解决，查看个人信息浏览记录，等等。

携程的首页视觉焦点的信息也集中到"酒店""机票""旅游"三点，用户在不用滑动页面时就可以迅速地找到。

图 8-8　携程 APP 首页界面

"酒店""机票"的子功能与去哪儿网基本相同，在酒店部分少了"会场聚会"这一项，两者的"机票"下属子功能完全一样，将海陆空，目前能使用得到的交通运输都包含在内。

携程包含的子功能为"目的地攻略""邮轮""周边游""定制旅行"。携程将旅行的意义推向更新颖、刺激、与众不同。如果有周边短途旅行的用户点击"周边游"即可满足要求；如果是长途旅行，点击查看攻略，上千篇由旅行达人分享的旅行日记绝对可以让你对一个陌生城市神往，熟悉交通、住宿、美食、景点，以及必去却不出名的小景点都将一览无余。如果你是一位商务人士，没时间去翻看游记，那么定制旅行，选择定制师为你打造量身定做的旅行计划，你只需要定下计划就可轻松完成旅行中的所有小事。奢华的用户，想体验与众不同的旅行体验，"邮轮"之旅必会让你回味无穷。因此不同诉求、不同身份的用户在此处都能找到你出行的满意答案。

向下翻动，屏幕显示"美食林""热销排行"。美食林内搜索出定位城市的美食店铺，将旅行服务软件的食、行、玩、购升级为食、行、住、玩、购，更加丰富了软件的涉及领域。"热销排行"并非是以城市进行排行，而是根据当前城市的住宿、景点、团游套餐等进行排行。从收藏人数这一指数增加景点、酒店、团游套餐的购买指数。

图 8-9　携程 APP 界面

首页的底部显示"限时特惠""特价机票""特价酒店""门票特惠"，以及一系列热门活动很好地将同一功能的按键集中，使得产品井井有条。

携程在首页的条理性上显示得非常强大，从上至下显示的内容为别是：核心内容：发现好物，特价优惠。功能按键井井有条，基本没有冗余部分，所有核心业务功能用小小页面按类型分类清晰，尤其在旅行部分，子功能满足各类用户的需求。从结构来看简单不重复，干净整洁。

（5）核心业务以及页面显示

首页下旅游的子功能"目的地攻略""邮轮""周边游""定制旅行"之外点击进去旅行按钮，进入页面还包括以下功能。

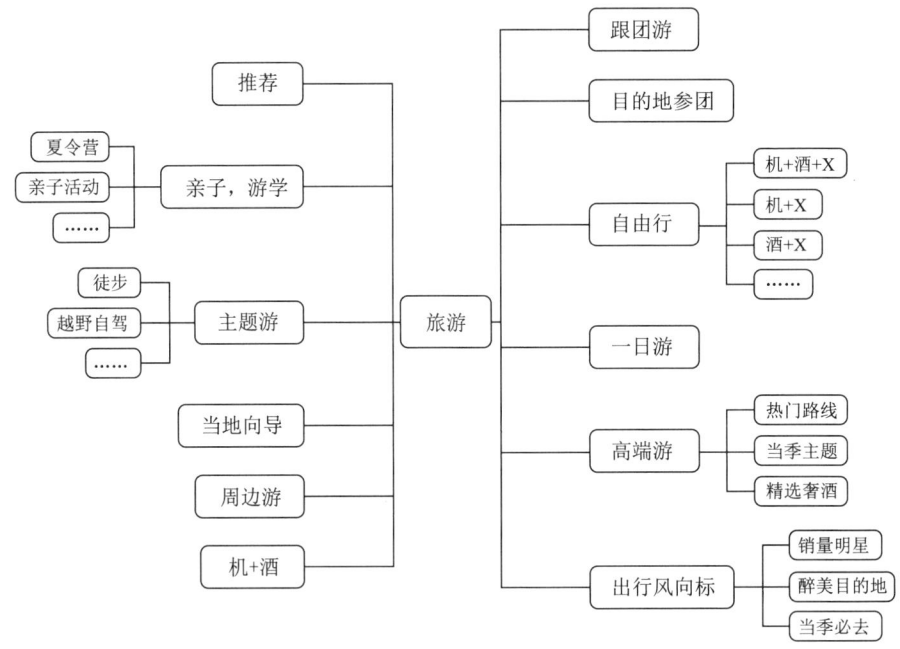

图 8-10　携程 APP 功能概览

资料来源：https://www.jianshu.com/p/151e126dac13.

携程将按键大小设计一致，这些功能主要分为两类。

一类是出行方式。如：一日行、跟团、目的地参团（这种参团方式往往减少了开支，也增大了旅游时间的灵活性），周边游一日游（推荐附近酒店），自由行（与去哪儿的自由行相比，携程的更为"自由"，可以选择捆绑类型："机＋酒"；"机＋X"；"酒＋X"……），高端游（推荐奢侈酒店，满足"人民币玩家"），当地导游（为你推荐靠谱的当地导游，带你一起游玩）。

一类是主题推荐。如：主题游（根据徒步、越野、文艺等当下热门主题），亲子，游学（以强调亲子，增强亲子关系为目的的引出夏令营，亲子活动等主题的游玩项目），出行风向标（根据季节、人气等进行推荐）。

在旅行种类上基本涵盖了所有可能出现的旅行类型，满足了旅行达人游览游记，提供和当地导游交流机会，满足"人民币玩家"享受奢华旅行，满足没有时间计划的用户跟团出行或是定制自由行。也提供了更多的主题满足出行的方向，为出行提供更多可能，不仅仅是旅游，更有亲子互动等活动可以选择。总体来说旅游页面平淡无奇，中规中矩，却包罗万象，自有方圆。

（6）新举措新功能

①携程宣布改进措施，将提供无默认勾选产品[3]

2017年10月10日，携程宣布推出"普通预订窗口"，提供可以随时勾选取消默认产品的服务。携程表示注意到"用户使用机票产品时反映的相关问题"。携程以10月11日东航MU9107上海飞往北京的航班为例称，进入携程APP机票预订页面，在折扣机票展示中，携程给予了消费者两种订票选项，一种是极速预订，另一种为普通预订；进入普通预订页面，所有的保险产品和接送机券、贵宾休息室均未默认勾选，消费者可以根据自己的需求自行勾选。

在公务舱机票的预订页面中，同样没有默认勾选的产品。如果消费者需要购买保险和接送机券，仍可以在预订页面中找到相关产品进行勾选。携程官网的机票预订页面中，增值产品的选项同样可以取消。若不自行勾选任何增值产品，最后支付的价格即为"机票价格+机建"，无任何其他消费。"未来，携程也将持续关注消费者的需求，提供更加好的预订体验。"携程机票相关负责人表示。

②上线"玩转当地"本异地旅游场景重塑[4]

a."精细灵活的商品+信息推荐"全面升级目的地服务

携程凭借近20年攻略信息的积累和目的地玩乐业务资源的高效整合，填补用户在旅行中的信息盲区，给到用户真正的攻略信息指导，和即时的推荐。

在"玩转当地"频道，目的地信息是在用户需求基础上的灵活呈现。例如，在"景点·玩乐"频道，目的地专家达人会用一句话简单介绍该景点的优势、特色。此外，"景点·玩乐"还融入了城市必体验内容，将目的地推荐的玩乐项目进行智能排序，信息获取效率更高。

"玩转当地"的"当地攻略"频道，则集合目的地最值得推荐的玩乐必体验项目、经典线路等旅游相关信息和商品，给用户带来旅行灵感。景点门票、当地玩乐、周边游等也与"玩转当地"频道和精准的信息内容深度结合，极大缩短了用户的决策路径和时间，更加快速响应用户需求。

b.基于用户定位智能化推荐满足本异地不同旅行需求

携程当地频道基于用户定位，进行了本异地不同场景下的默认推荐排序区分。例如，在上海的外地游客看到的"景点·玩乐"页面中，排名靠前的景点为外滩、上海迪士尼度假区、东方明珠等；而常居地为上海的用户所看到的则是东平国家森林公园、顾村公园、上海动物园等更加符合本地人周末短途出游需求的景点推荐。

作为携程进军本地化消费场景的先驱力量，携程美食林上线659万家收录餐馆，并为开放商家自主提交收录功能和用户点评功能；同时，对餐厅进行场景化分类和智能排序推荐，生活版中，餐厅推荐多以日常用餐、宴请为主；旅游版中，知名本地餐厅和特色菜系则占据了绝大部分。

而"周边游"频道中展示的产品同样适合不同场景。对于本地用户来说，跟团游、自由行、"景点+酒店",乃至一日游产品都可随心选择。所以,无论是本地用户的休闲泛旅游需求,还是异地旅游出行需求,都能在携程"玩转当地"找到相对应的推荐解决方案。

c. 未来玩转大数据千人千面更懂你

本异地场景的区分是携程"玩转当地"最重要的特色,在未来,本异地场景还将覆盖到"当地攻略""周边游"等更多频道;同时,信息推荐将依据对于用户浏览、点评、预订行为等大数据的分析,判断用户行为偏好。

随着用户消费理念的变化、旅游消费频次的提升和旅行需求的碎片化趋势,旅游的定义逐渐演化为"本地生活异地化"和"异地生活本地化";出行用户希望在旅行目的地获得更多本地化的生活体验,本地用户则希望能在自己所生活的城市发现新的风景、新的玩法。未来,携程"玩转当地",将以智能化千人千面的面貌,成为每一位用户,在无论旅行还是日常生活中都离不开的随行智能贴心导游。

(二)攻略类旅游APP

1. 攻略类APP含义及分类

这种类别的APP在人们确定其选择路线的状况之下,通过APP制定最佳的旅游路线,可以提供具有针对性的服务信息,为旅游者提供各种旅游攻略。相较于UGC主题分散、针对性较弱等的缺点,攻略类APP相对于分享类APP的优势是有对目的地衣食住行的全方位系统介绍。虽然内容可能十分有限,无法面面俱到,但对于多数的旅游者,这种全景式的描绘或许已经可以满足他们的需要了。

目前,在旅游市场上攻略类APP有很多,但根据开发者和开发目的来分类,大致可以分为两大类型。一类是旅游目的地或旅游景区官方撰写或汇编的攻略型移动应用,如智慧浙江、济南旅游APP、迪士尼乐园APP等,此类旅游APP可以提供旅游目的地当地涵盖住宿、餐饮、娱乐、门票、交通出行等各方面的信息,但由于局限于地区,旅游者使用目的地移动应用的APP使用率较低。同时,由于官方撰写或汇编的攻略主要注重当地关于衣食住行的全方位系统介绍,实际上内容却十分有限,尤其是住宿、餐饮方面,基本无法面面俱到。

另一类是指由企业开发的旅游攻略类APP,如Touch china开发的一系列景区APP。相比旅游目的地的移动应用,此类的移动应用覆盖景区数量较多,在旅游者重复使用率方面相应较高。

2. 攻略类APP案例分析

马蜂窝

(1)产品概述

马蜂窝主打5款APP:旅游攻略、马蜂窝特价、旅行翻译官、嗡嗡、游记—马蜂窝,分别对应:出行前决策、出行预订、途中的翻译、社交服务、归来后分享,几乎覆盖全场景。马蜂窝的优势是攻略,并且是高度结构化数据,将酒店、景点等有用信息从杂乱数据中提取出来,方便用户决策,也为大数据分析提供可能。马蜂窝有 5000 万用户（80% 来自移动端，持保留意见），200 万日活，日均 UGC 信息 10w 条，覆盖了全球 95% 的景点；与马蜂窝一样拥有大量 UGC 数据的穷游用户也是 5000 万（40% 来自移动端）。

马蜂窝以旅游 SNS 起家，核心竞争力是海量用户信息和强大的编辑团队提供的高质量攻略，旅行攻略 APP 即为这些核心数据的汇聚，辅助潜在出游用户出行决策。

整个 APP 的核心为旅行地推荐及详细介绍，围绕旅行地提供酒店、门票、特价、购物、美食等周边服务，从而拓展盈利模式，目前酒店、门票只是单纯导流到供应源网站，线路则自建预订流程，收取佣金。

（2）功能分析

产品设计上旅游攻略最大的特色是专题运营，不管是旅行地的介绍、问答，还是周边吃住玩购的信息，都以专题形式呈现，比如"跟着电影游台湾""人气按摩 SPA 集中营""农家菜里赏野趣西湖"等。主页面上分为发现、我的、查找、更多四个部分，主要以旅行地介绍为主（除了地区的详细介绍，还提供周边服务），同时还有看看游记、订酒店、找特价、问达人四项功能。

图 8-11　马蜂窝 APP 界面

专题每日都有更新，并且紧随社会热点，而且每张图片都很精致，游记还可以提取出文中的提到的景点、酒店、美食等有效信息。

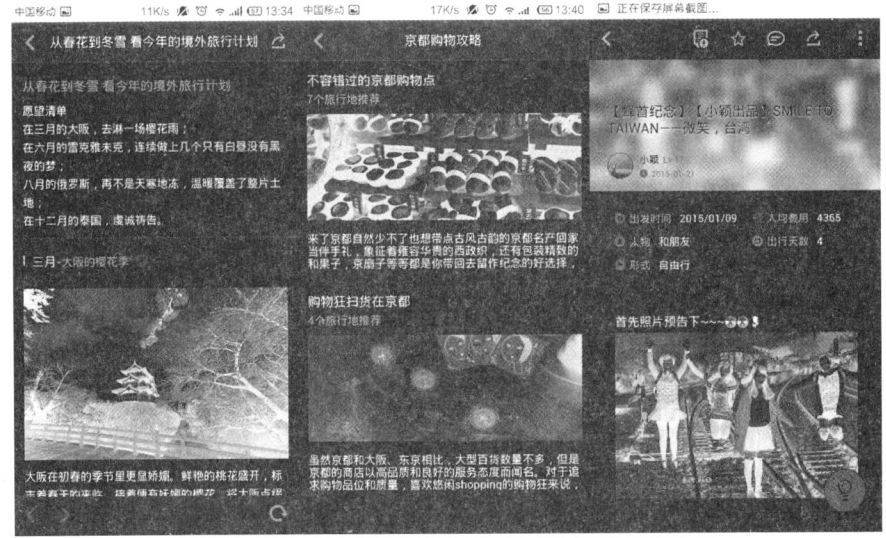

图 8-12 马蜂窝 APP 界面内容

（3）举措与动向

①自由行大数据联合实验室[5]

2017年12月19日，在全球旅游消费指南马蜂窝旅行网、国家旅游局数据中心联合举办的"重新发现世界"新闻发布会上，马蜂窝与国家旅游局数据中心共同成立"自由行大数据联合实验室"。此次成立的"自由行大数据联合实验室"将结合双方大数据特征，实现优势互补，从用户行为数据、交易数据、产业宏观数据等多维度，洞悉旅游发展新动向、新趋势、新特征，树立行业风向标，助力产业更快实现从"老旅游"向"新旅游"的转变升级。

②攻略全世界网红墙[6]

2017年12月8日，马蜂窝携手知名时尚地标北京三里屯太古里，共同发起了一场"攻略全世界网红墙"活动。在太古里南区的橙色大厅，马蜂窝将12面网红墙巧妙设计成一座色彩的城堡，为这个圣诞季带来了惊喜和温暖。

这次活动为马蜂窝第一次真正意义上的大型线下活动，设计理念结合了外部世界的多彩和内部理想世界的沉静，堪称是网红墙的乐园。为力求每一个作品真实还原，主办方不仅联系了原作者授权，还采取纯手工画的方法制作每一面网红墙。日本京都的千本鸟居、美国旧金山的救赎山，以及有着真实版的纪念碑谷之称的西班牙阿利坎特的红墙，更是3D实体打造。

线上线下的融合也为网红墙搭建的游览场景增添了更多真实的互动。

扫描每一面网红墙旁边的二维码，均可查看该网红墙及所在目的地对应的旅游攻略。攻略中除了目的地的地点、交通等常规介绍外，还有网红墙的背景详解、拍照姿势教学指导、周边旅游攻略等多元化内容，为任何想要开启一段"网红墙之旅"的人提供全方位指南，犹如一扇通往当地的任意门。

（三）分享类旅游 APP

1. 分享类 APP 含义及分类

分享类旅游 APP 作为记录旅行、分享旅行的社交软件，依靠用户 UGC（user generated content，即用户原创内容）形成社区，被越来越多的游客所认可和使用，该类旅游软件主要为用户提供景点周围的商店、参订以及当地交通的情况等，同时还会为用户提供游玩的详细攻略以及设置游玩时的地图导航功能等。认可度较高的有面包旅行、到到、在路上，等等。该类 APP 主要有两种形式：一是在手机上打造新型的旅游社区，记录游客的行程和见闻分享；二是旅行直播，通过记录下每张图片的 GPS 位置，系统自动地会在地图上生成一张完整的足迹图和带时间轴的照片墙，真正实现了分享变得随时随地。

2. 分享类 APP 发展现状

2012 年是游记类初创公司的"发展元年"。除了面包旅行外，同期涌现出来的同类公司还有蝉游记、淘在路上纯银等一二十家公司。其中，由前网易网站产品部总监纯银创办的蝉游记，也获得了不少的关注。不同产品之间的竞争，也从那时候起变得不可避免。2016 年，蝉游记被携程收购，纯银带领着原来的团队在 2015 年年底又开发了一款游记应用"氢气球旅行"，希望继续在这个方向走下去。但到了 2016 年 9 月，纯银在自己的微博上宣布"氢气球旅行"融资失败，项目关闭。早前的 2016 年 6 月，淘在路上也向供应商们发出公开信，称因经营陷入困境，将进行资产重组以谋求新的商业转型。事实上，游记攻略这一块市场想象空间本就不大，在多家公司纷纷进入之后，行业的天花板已经显现——无论是什么公司，前期的声势多么浩大似乎都绕不过"内容—电商"这个变现链条。

与它们相类似的面包旅行，在 2016 年内部主导开发了面包猎人这个项目，现在成为了面包旅行的重点所在，目前，面包猎人每周最高的订单数能够达到两万单，平均每周也有超过一万单，客单价大约在 50~100 元这个区间内，平台上的"猎人"数量也已经超过了一万名。在每一笔的交易中，面包猎人会抽取 8%~20% 不等的佣金，取决于平台在交易中投入的时间和资源等。

3. 分享类 APP 案例分析

面包旅行—面包猎人

（1）产品介绍[7]

面包旅行服务于目的地旅游市场，重点是为休闲自助游客，在旅途过程中提供旅途轨迹记录，及基于轨迹的文字和照片分享。其核心产品是记录用户旅行轨迹的文字及照片，以结构化的方式存储，自动生成有条理的游记。具体而言就是提供旅途轨迹记录，及基于轨迹的文字和照片分享，为即将出行或正在旅行的人提供快捷、精准的帮助。

2016 年 6 月，面包旅行更新为面包猎人，意味着之前的旅游业务将被丢弃，而之前上线的猎人项目将作为主营业务。2016 年 6 月 23 日，在社交平台基本固化的大背景下，面包猎人召开了"面包猎人带你浪"的主题发布会。从面包旅行拆分后的面包猎人定为泛娱乐生活方式APP，是一个注重娱乐的分享型社交平台。

拆分后的面包猎人在不同程度上都进行了改变，不论是在产品的视觉升级还是完善用户体验各个方面都做了最具前瞻性的切实变化，结合地图完善游客的旅行体验，用户的评价是游客接触产品的第一瞬间，推送热点，让游客轻轻松松掌握流行趋势，个人页面清晰简约，用户与猎人不同版本随意切换，使用方便。

经过4年的发展，面包旅行足够成为同行业中的标杆，在共享经济与社区文化兼顾的现今，任何形式的创业都在面临挑战，而面包猎人却在探索中成功发现了主题旅行这个果实，不论是个人还是品牌，都需要一个平台来展现自己，面包猎人就是一个泛娱乐生活方式社交平台，面包旅行带给用户的则是回归初心的记忆，而面包自由行则要求用户一定行走在去旅行的路上。拆分后的面包猎人希望大家能够共享生活乐趣，改变既有的旅行模式，每个人都可以有一场说走就走的旅行，希望所有人通过使用面包猎人而获得了从"心"的新感受。

（2）功能分析

"面包猎人"作为"面包旅行"的一个频道上线，猎人将兴趣爱好或个人技能，转化成性价比高、有趣、个性化的体验产品。用户可以在线下单，线下和猎人采用"一对多"或"一对一"的多种形式进行分享体验，结交新朋友，学习新技能。目前有超过5000位面包猎人，遍布海内外70多个热门城市，通过移动客户端社区，重新定义旅游产品，营造出共享生活乐趣的新理念，让人们体验到更好的"心"世界。

升级以后，面包猎人热门城市项采用全新首页：多维度展示APP内在线的活动类型，并为用户推荐近期热门、折扣的活动，满足用户不同的需求。增加地图模式：产品地理位置一目了然，便于了解每个城区的活动分布。

用户可以通过搜索活动关键字、商圈和分类等来寻找感兴趣的猎人项目。猎人项目分为多个主题，包括：摄影、城市探索、占卜、美食、油画、咨询、旅行、健身，等等。用户找到感兴趣的猎人项目可以点击下单，与猎人约好时间地点，远程或见面学习新技能。

在脱胎于小清新旅游类应用面包旅行的"面包猎人"上，有诸多有趣的行程。诸如此类：探班京味舞台剧"黄叶红楼"台前幕后、DIY手工花、INS大神带你来一场都市旋梯探秘之旅等。如今的面包猎人，已经布满北京、上海、广州、深圳、成都、西安、重庆等一二线城市。想发现生活中的美，预约面包猎人。带你探索这个城市。

相比较当年各种网络红人文艺青年在面包旅行上扎堆分享行程攻略，如今的面包猎人在"旅游"这两个字里面，似乎弱化了"旅"这个行程远近问题，拼命挖掘着身边各种神人大咖，把"游、玩"当作了重点。

（四）工具类旅游

1. 工具类APP含义及分类

工具类别的APP的整体功能相对较为单一，其主要的特征就是可以帮助游客进行各种路线的导航，也可以起到翻译的作用，具有简单使用的效果；工具类旅游 APP 的特点为功能专一、特色鲜明，旨在应对旅游者在旅行中产生的个别细节需求，是旅途中的实用助手，以旅行翻译官、百度地图、穷游清单等为代表。如穷游网推出的"穷游清单"，可轻巧记录行前事项、出行物品、购物清单等作为备忘；又如马蜂窝的"旅行翻译官"，以翻译旅行中会遇到的外语、方言的词汇、语句为卖点；再比如一些查询火车时刻表、地铁公交线路图的应用，如百度地图，飞常准等，设计简单易用便可省去出行中的诸多麻烦。此外，还有一些为用户旅行前准备的清单，这类应用多以笔记本备忘录的形式出现。

2. 工具类 APP 案例分析

美景听听

（1）产品概况

美景听听是一家专为海外景点提供中文语音讲解的旅游平台，是全球第一家海外旅行中文语音导游 APP。美景听听基于人工智能技术引擎，利用大数据和语义理解技术收集数十种语言的全球景点信息，贯通上下五千年，致力于为用户提供有趣的中文语言讲解。

美景听听过去两年来产出的"50000+"讲解内容都是由团队与用户自行生产。内容产出后，团队会对其做优化，保证其趣味性后再由专人进行语音转录。这种看似"缓慢笨重"的内容生成方式在卢振业的眼里反而被看作是美景听听的护城河。目前平台已覆盖 80 多个国家的 400 多个城市。

（2）产品功能

以法国巴黎的卢浮宫为例。在选定巴黎后，用户可以在地图上选择相应的景点进行提前浏览，也可以到达景点后打开基于 LBS 功能的语音自动播放。当我们选择"卢浮宫"后，平台会向用户展现三个模块，分别为"分布图""景点总览"，以及"推荐景点"。每一张分布图都按照卢浮宫的机构由团队自行绘制，除此之外，团队还把卢浮宫内每个作品打上标记，并把类似"方片 A 的作弊者"这类重点画作用红色标出。

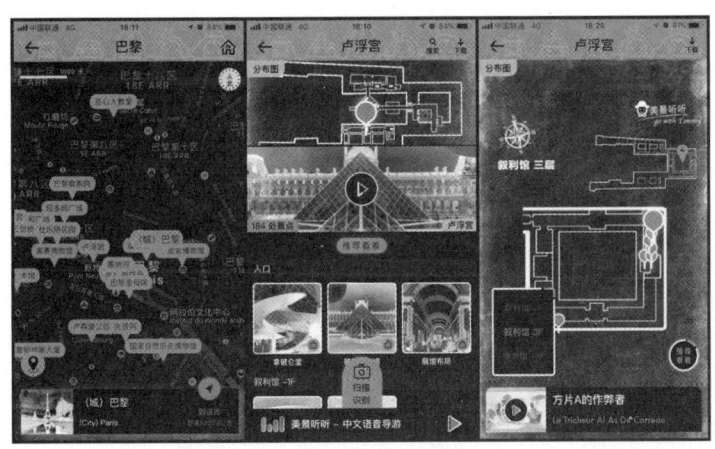

图 8-13　美景听听 APP 界面

美景听听于2017年年底上线了一项新功能——博物馆之眼,即为画作、雕塑等作品提供图像识别的服务。

用户只需要通过镜头拍摄景点内的画作、雕塑或其他物件,平台会自动匹配相对应的中文语音讲解。卢振业表示,画作由于其本身的特征点确定,所以机器学习的样本量并不大,但是雕塑以及物件则会由于用户拍摄时的角度与光线的差异而带来识别的精确性下降,因此在样本量与算法上,美景听听正在加大投入。

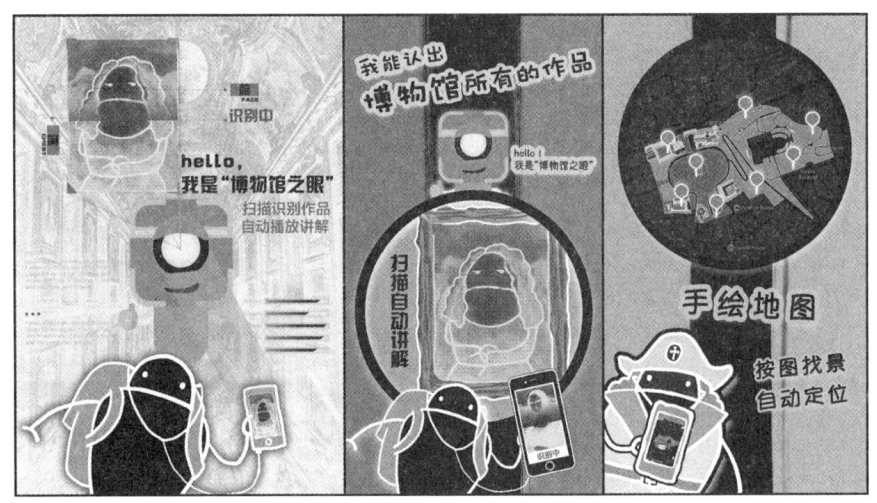

图8-14　美景听听APP漫画界面

美景听听还将其最优质的内容改编成漫画[8],将每个国家赋予不同的人物形象并故事化,意在打造一个旅游行业的"同道大叔"。目前"我们在世界等你"系列已完成80篇连载,完成了"70+卡通人设"的创作并做了版权的保护。团队下一步将IP与语音解说平台做更多的结合并发行相应的文本、动漫以及相关衍生品。

在商业变现方面,美景听听最主要的手段是内容收费。目前单个城市的中文解说的客单价为30元人民币,解说全球景区的费用为78元人民币。

第四节　旅游微信小程序发展分析

一、微信小程序概况

(一)微信小程序简介

手机安装最多、使用最频繁的移动应用中,微信首屈一指,并几乎成了必备软件,拥有着数量巨大的活跃粉丝数。2016年第一季度,微信的月活跃账户达8.06亿。

几年来，微信的功能不断扩展，持续推出订阅号、服务号、企业号、支付等功能，现在已经成为航母级 APP。

微信官方对小程序的功能描述是，它是一种不需要下载安装即可使用的应用，它实现了应用"触手可及"的梦想，用户扫一扫或者搜一下即可打开应用。它体现了"用完即走"的理念，用户不用担心安装太多应用占用空间的问题。应用将无处不在、随时可用，但又无须安装卸载。简单来说，微信小程序就是内置于微信中的应用，是一种不需要下载安装就可以在移动终端使用的互联网应用，它是区别于 Native APP 的另外一种 APP 形式，可以直接在微信里面打开，并且拥有和 Native APP 几乎一样的功能和形式，在保持使用流畅的前提下，不会占用太多的手机内存。微信小程序用户通过二维码扫描或者"搜一搜"功能就可以打开，是基于微信的 Web 化解决方案。微信小程序于 2017 年 1 月 9 日发布后立刻成为互联网领域的新秀。

（二）微信小程序的特性及优势

1. 小程序的特性

（1）无须安装，触手可及

小程序之于 APP，就像 Web 服务之于 PC 软件，都是为了更好的用户体验。生活当中遇到的线下产品可以通过移动设备来与线上链接，只需几个手势就可以实现掌上操作，省去了很多繁杂程序和宝贵的时间，真正做到信息触手可及。

（2）用完即走，无须卸载

例如到一家餐馆吃饭，顾客往往需要排队点餐，但是并不需要顾客去下载这个餐馆的应用程序，而只需扫描餐馆的二维码，就可以打开餐馆的小程序立即点餐。以往顾客点餐后，会担心内存等问题会选择卸载相关应用程序，现在吃完饭却不需要卸载任何 APP，因为它只是临时性的，用完就可以离开。

再如，一款关于交通地图导航方面的小程序"知了交通"[9]，只要打开小程序就可以看到选择城市和输入查询两个功能区域，用户点击当前城市选项，可以进入搜索页面来更换城市。只要在起点、目的地选项输入相应的信息，小程序便自动检索从起点到目的地的多种选择路线，其中有多项条件筛选，大部分用户选择推荐路线。"知了交通"接入了百度地图的 API，因此查询结果和百度地图是一致的，只是界面会比较简单，方便用户观看。此款小程序集合了全国 23 个城市的最新地铁线路图，方便用户查询和导航，对于生活在地铁密集的大城市的人来说是非常有用的。这款 APP 的定位就是用完即走的产品，不需要复杂的程序操作，乘坐地铁时，可以通过它快速了解一个城市的交通地图。

2. 小程序的优势

（1）开发成本低

新的微信生态中，小程序完全可以做到低成本开发、低成本推广，还具备低门槛的优势，使传统企业转型升级的难度降低了很多。可以说这是小程序从发布到现在最明显的优势。有别于开发同样功能的 APP 或 Web，小程序只需要依托微信的开发标准开发，便可以自动适配不同操作系统的使用要求，如 iOS 系统和 Android 系统。只要小程序迭代，用户随时打开就是新版本，除了可以节省维护成本、提高更新版本的效率，还可以在一定程度上获得受众流量。

（2）推广成本低

小程序推广成本低是相对于 APP 和网站的推广成本而言的，目前用户还处于一个对小程序好奇的阶段，获取的用户难度会小很多。重要的是，小程序的搜索排名机制是比较严格而且短期不会进行商业化的，这就意味着，如果能够早期做好小程序的关键词优化工作，后续也会带来一些流量。

（3）用户体验好

同类场景下，通过小程序获取服务会比 APP 和网站更为高效，同一周期，小程序的迭代速度比用户需求反馈的速度要更快。小程序除了上述三项优势外，还有很多功能也是作为互联网新产品的优势所在，如扫码功能，小程序支持用户使用扫一扫；会话推荐分享功能，用户打开小程序去分享小程序和相关的页面内容；消息通知功能，用户可以发送模板消息给接收过服务的用户，用户可以在小程序内联系客服，支持文字和图片；切换功能，使用小程序的过程中，如果用户收到消息，可以快速返回到聊天界面；历史列表记录功能，用户不必担心之前使用过的小程序会找不到，可以通过历史列表找回；公众号关联功能，微信小程序和公众号不是分离的，可以相互关联；搜索查找功能，直接输入小程序的完整名称或者完整的品牌信息，可以快速找到需要的小程序。

3. 微信小程序适用领域

移动应用就其功能大致可以分为提供工具、内容和服务 3 类，或者三者兼而有之。工具类如美图秀秀、清理大师等，内容类就是诸如提供媒体和娱乐等属性的 APP，服务类就是电商、O2O、移动互联网金融等之类的平台。微信的订阅号和服务号分别承载了内容和服务，这是微信公众号最核心的两大能力。微信小程序更适合提供内容和服务为主，但又需要功能性的小应用，比如服务相对单一的 O2O 应用等，以及在内容之外还希望提供简单功能的应用。对那些功能和交互上要求很多的"大"应用，微信小程序是不适宜的。

二、微信小程序发展现状

"依托于微信，即用即走，不用下载，不占手机内存"，这是微信小程序本身所拥有的优势，"即用即走"这个特征优化了用户体验，特别是不用安装下载，占用手机内存，得到了小程序使用用户的欢迎，用户需要时候还会再来，所以，从实际情况可分析出来，"即用即走"不是用了就走，不会再用的意思，而是用了走了，走了需要时候再用，用户使用率极高、留存率也高。

小程序对零售业带来的影响是最直接的，甚至会带来变革性的影响。传统零售企业存在的最大问题，只注重线下客户，不关心客户行为数据分析。小程序的到来，能真正实现线上线下打通。通过附近的小程序，顾客可了解周边商店的集合情况，可直接在手机上查看商品清单，直接下单支付，具有极高的便利性；零售店管理者则可以通过附近的小程序增加门店曝光度，通过小程序数据助手了解顾客消费信息，分析商品售卖情况，制定商品营销策略。

餐饮业关注的是流量和服务。小程序通过线下二维码入口，附近的店、微信分享等入口很好地解决了餐饮业关注的流量问题。以往和客户交互的过程要等到顾客进店才开始，现在，店外就全部都可以发生了。小程序的出现，给顾客预约、下单、支付提供了很大的方便，也简化了餐饮企业的服务流程，提升了服务质量。

小程序的推出不仅让消费者可以获得更好的门店体验服务，也解决了线上用户对线下门店的服务需求。线下门店也可以通过小程序带来线上流量，消费者可以在线上通过多种入口直达商家小程序，享受门店服务。

三、旅游微信小程序

（一）旅游微信小程序的优势

第一，微信内容非常容易进行传播。而旅游行业本身就具备超强的社交以及内容属性。很多时候，游客看到一篇深有感触的游记，发现了一张特价机票，都会有想分享的冲动。

第二，用户体验度良好。旅游行业的小程序符合了小程序的特点，快捷、轻便，用户用完就走，没有多余的广告推送，也没有复杂的功能，对于每年出游1~2次的游客来说，思途小程序非常契合此种需求。

第三，获客成本大大降低。旅游单价较高，因此旅行社的获客成本也相应很高。高昂的开发和推广成本，再加上旅游业务的低频天然属性，在用户量未达到一定量级之时，开发APP已经变得越来越不划算。对于旅游业的创业公司来说，不确定是否要用自己有限的资源来开发一个真正的APP之时，可以从小程序开始测试，以此获得足够多的回应和用户数据。

（二）旅游微信小程序在旅游中的表现

1. 总体态势

微信小程序使用与中低频的应用，利好线下实体行业，种种的特性，显示了小程序对于旅游行业友好。据了解在小程序上线之初就有一大批在线旅游行业不约而同地推出了各自小程序。例如，携程、同程旅游、艺龙、驴妈妈等公司已于第一时间上线了小程序，其功能主要是火车票、机票及景区门票的预订，还有像马蜂窝、穷游网等在线旅游UGC（内容平台）也推出各自的攻略问答应用，另外众多航空公司也相继推出了微信小程序。这些小程序的出现似乎预示着小程序在旅游行业的重要地位和巨大影响力。

对于门票预订小程序来说，小程序有小而美的优点。小，不占很多内存，不用下载、安装，随时随地使用，不费流量；快，内存小，页面跳转速度快，体验更好，游客可以随时随地，想去哪儿就去哪儿。而且旅游行业的小程序也的确符合小程序的特点，快捷，轻便，用户用完就走，没有多余的广告推送，也没有复杂的功能，其只是为广大的用户提供了一个最为便捷的方法。

2. 不同企业表现

（1）传统线下旅行社

对于线下传统旅行社而言，由于 OTA 的横空出世抢占了大量的旅游市场，虽然有很多企业也尝试开发 APP 或网站来向线上发展，但实际结果却并不理想。主要是因为开发成本获客成本都极高，且效果得不到保障。而相对于 APP 和网站而言，微信小程序的门槛和开发成本都很低，同时也拥有微信 9 亿的活跃用户量，所以微信小程序的出现能够帮助他们有效地改善这种局面。[10]

比如现在旅行社只能以口述或纸质打印的方式告知用户一个旅游产品的价格、日期、内容等详细的信息，但通过微信小程序制作产品目录，相对于老旧的服务模式更能够高速的提供信息。

（2）线上旅游企业

对于很多线上旅游平台来说用户的出行场景都是线下的，比如旅游景点、酒店、火车站等，而微信小程序作为线上线下连接的桥梁，它的入口和使用场景刚好与此契合。不论是线上搜索还是线下扫码，微信小程序都能让那些没有下载 APP 的用户体验到他们的服务。

如下图这个由即速应用开发的旅游服务微信小程序：它就像一个原生态的 APP 一样，给用户提供不同的服务。

特色推荐功能：展示商家近期的优惠活动、线路以及热门的旅游景点攻略，给用户提供不同的旅游体验。

图 8-15 旅游小程序界面

社交互动功能：根据不同的旅游目的地、旅游线路等发起不同的话题讨论，用户在里面进行自由的交流沟通。

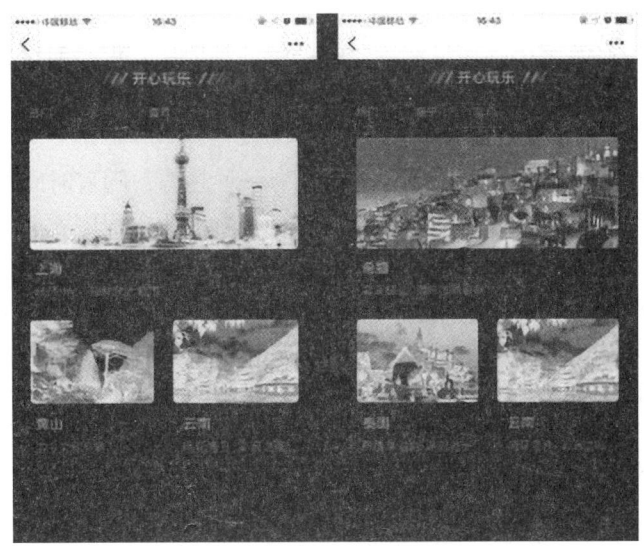

图 8-16　旅游小程序界面

产品交易功能：全面地展示不同主题，如亲子游的旅游线路，为用户提供多样化的选择，满足用户的不同需求。

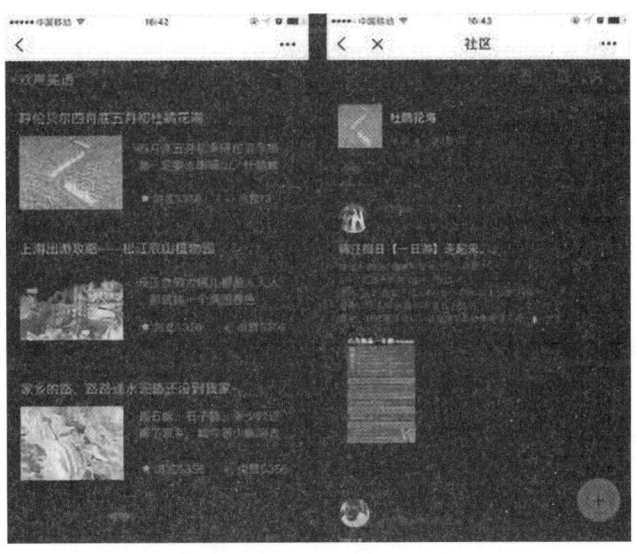

图 8-17　旅游小程序界面

后台管理功能：通过不同的用户数据监控用户的消费行为，方便企业及时地调整营销策略，制造出更加符合用户需求的内容。

携程最开始的小程序并没有像现在如此的简介，但是其经过一系列的瘦身之后，页面同样呈现出清爽干净的风格。从整体看，携程小程序页面简单明了，共有酒店、机票、火车票、汽车票、景点门票五大产品入口，满足了用户出行、住宿的"刚需"。可以说旅游类小程序虽然针对的是中低频应用，但是对于游客而言，这些却是刚需。所以很多旅游公司的小程序都为其带来了巨大利益点。

3. 旅游微信小程序发展前景

目前，旅游行业开发微信公众号已经成为一种趋势，随着时间的推移，越来越多的用户会摒弃操作烦琐的 APP，从而选择相对简单的小程序就能买票，而且住宿等问题都能一并解决。无论是功能还是场景，微信小程序都非常符合旅游行业的发展。对创业者来说，小程序极有可能从移动互联网创业的效率和体验上带来颠覆，让低成本试错成为可能，同时改变移动产品的应用场景和推广方式。对于旅游企业而言，开发旅游类微信小程序的商机，就在于通过一种简单的工具，实现流量吸引和红利的转化。旅游类微信小程序的开发，将帮助用户更好地实现旅游线路的确定，旅游门票的预订等功能，将会提高用户的旅游体验感。

参考文献

[1] http：//guba.eastmoney.com/news，cjpl，709030342.html.
[2] http：//www.askci.com/news/chanye/20180207/161323117813.shtml.
[3] http：//www.sohu.com/a/225041297_99992343.
[4] http：//www.sohu.com/a/197219584_100001551.
[5] http：//www.techweb.com.cn/internet/2017-12-19/2620195.shtml.
[6] http：//www.sohu.com/a/214638538_228864.
[7] http：//software.it168.com/a2016/0623/2734/000002734318.shtml.
[8] http：//36kr.com/p/5103042.html.
[9] http：//www.fx361.com/page/2017/0602/1851736.shtml.
[10] http：//www.sohu.com/a/137752824_446706